사도행전, 삶으로 읽다

한기채 지음

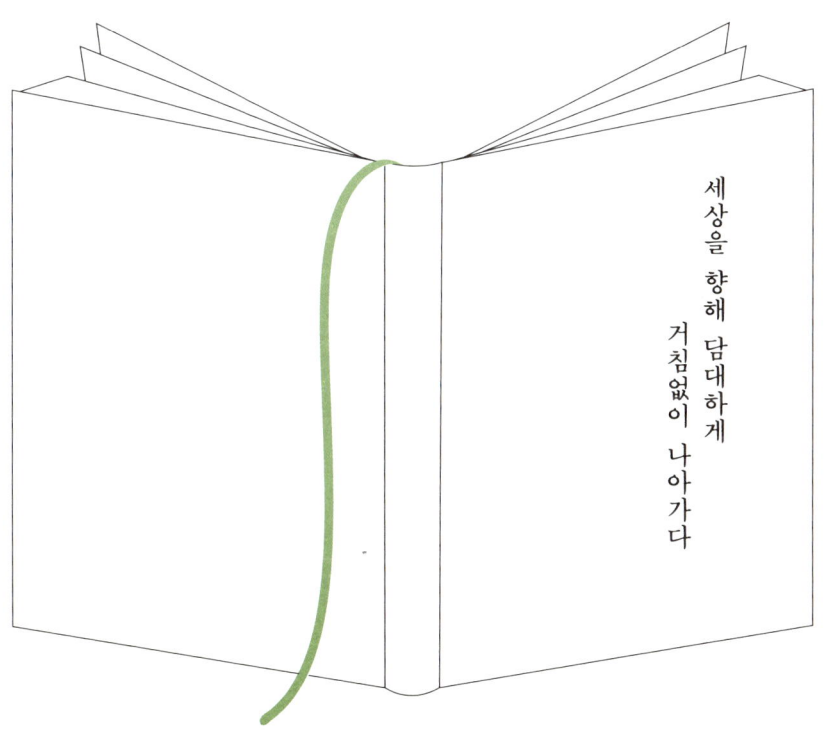

세상을 향해 담대하게
거침없이 나아가다

사도행전, 삶으로 읽다

한기채 지음

토기장이

추천의 글

한 발 먼저 책을 읽는 복을 누렸습니다. 책 제목처럼 '그때 거기에서' 일어났던 복음의 역사가 '지금 여기' 우리의 삶에서 읽히는 역동적인 힘을 느낍니다. 많은 이들이 교회의 시대는 갔다 하고 성령의 역사는 희미해졌다 하지만, 저자는 여전히 살아 움직이는 성령의 역사와 교회의 희망을 이야기합니다. 저자의 깊은 묵상과 성실한 삶으로 숙성된 내용들이 교우들의 삶의 자리에서 요리된 친절한 음식을 맛보는 듯했습니다. 고마운 마음으로 추천합니다. 저자의 말대로 사도행전은 삶의 행전이요, 세상을 향해 담대하고 거침없이 나아가야 할 ACTS입니다.

김의신 광주다일교회 담임목사

본서는 한기채 목사님이 읽어 주시는 사도행전입니다. 저자의 단아한 성품과 교회와 성도를 향한 사랑, 학자로서의 철저함, 독자(청중)를 배려한 눈높이, 현실 상관성이 높은 목회적 접근이 모두 녹아 있습니다. 목회자든 성도든 이 한 권으로 사도행전 전체를 묵상하는 데 충분할 것입니다. 쉽지만 가볍지 않고 진지하지만 무겁지 않고 편안하지만 느슨하지 않는, 완성도 높은 설교를 보여 주고 있습니다. 독자들과 청중들이 이 책의 메시지를 진심으로 받는다면, 분명 오늘의 교회처럼 세상으로부터 외면을 받지는 않을 것입니다. 우리가 다시 주께서 사용하실 선교적 교회를 꿈꾼다면, 이미 이 책에 나온 메시지를 통해 제 역할을 묵묵히 감당하고 있는 한 목사님의 교회가 그 한 가능성을 보여 줄 것이며, 이 책이 그 길을 제시해 줄 것이라고 기대합니다.

박대영 광주소명교회 책임목사, 〈묵상과 설교〉 책임편집 깊은 샘에서 끌어올린 샘물 같은 청량감을 주는 메시지들입니다. 사도행전의 역동적 역사가 섬세한 주해와 묵직한 묵상, 균형 잡힌 신학을 통해 오늘 우리 삶의 현장의 이야기로 다가옵니다. 성경적인 공동체, 미셔널 교회, 글로컬한 비전을 꿈꾸는 독자라면 이 책이 그 꿈에 현실성을 더해 줄 것입니다. 지도에 없는 길을 찾아가야 하는 한국교회의 앞날에 성경이 여전히 우리의 나침반이 되어 줄 것이라는 확신을 더해 주는 본서의 출판이 무척 반갑습니다.

박영호 포항제일교회, 제4차 로잔대회 사도행전말씀네트워크 지도목사

사도행전에 내적 온기와 현실적 생기를 담아내었습니다. 사도행전에서 인격을 느끼게 하고, 그 인격이 내 곁에 늘 있었던 이야기가 되게 합니다. 「사도행전, 삶으로 읽다」라는 제목이 그냥 붙은 게 아니었습니다. 저자에게는, 나를 거기에 있게 하고 거기에 있었던 초대교회의 인물들이 우리 이웃이 되게 하여, 우리가 함께 하나님의 큰 이야기 안에 서 있음을 알게 해주는 각별한 능력이 두드러집니다. 정밀한 학자가 목회적 온정 가득한 설교자가 되는 드문 일이 저자 안에서 성취된 느낌입니다. 사도행전을 보다 생생하게 '오늘의 이야기'로 들려주려는 목회자들과, '나의 이야기'로 읽고자 하는 성도들에게는 더할 나위 없이 적절한 책입니다. 저자에게서 느껴지는 인격처럼, 이 책에서는 우리에게 말하는 사도행전뿐 아니라, 우리에게 귀 기울이는 사도행전도 만날 수 있습니다.

정갑신 예수향남교회 담임목사

들어가는 글

세상을 향하여 담대하게 거침없이!

제4차 로잔대회가 2024년 9월 22일부터 28일까지 한국 서울(송도)에서 열립니다. 주제는 "Let the Church Declare and Display Christ Together!"(교회여 함께 그리스도를 선포하고 나타내자!)입니다. 해외에서 5,000명의 참석자, 한국에서 3,000명의 기독교 지도자들이 참여합니다. 2010년 남아프리카공화국 케이프타운 제3차 대회에서는 21세기의 급변하는 글로벌 환경 속에서 기독교 선교가 당면한 도전과 위기를 극복하기 위한 전략들이 제시되었습니다. 에베소서를 함께 읽으며 '우리가 섬기는 세상을 위하여: 케이프타운 행동 요청 6가지'를 이끌어 냈습니다. 4차 대회는 사도행전을 읽으면서 복음을 향한 선교적 열정을 찾을 것으로 보입니다.

한국교회는 초교파적으로 '말씀 네트워크'(Network Of Witness)를 구성하고, 사도행전을 공동으로 연구하고 준비하여 2024년 총 40주 동안 모든 한국교회에서 증언하는 운동이 일어날 것입니다. 이를 위해 설교 준비를 위한 말씀 나눔 소그룹인 프로페짜이(prophezei)가 조직되어 온라인, 오프라인으로 목회자들이 말씀을 연구하고 나누고 있습니다. 사도행전을 통해 "더 깊이 복음 안으로, 더 멀리 세상 속으로" 나가고자 합니다. 우리가 예수 그리스도의 복음 안으로 더 깊이 들어갈수록 우리는 세상 속으로 더 멀리 보냄을 받습니다. 누가복음과 사도행전은 항상 믿음과 구원을 연결하고 있습니다. 우리는 복음을 믿음으로 구원을 받았습니다. 그런데 예수님은 나의 구원자일 뿐 아니라, 온 세상의 구주이시기 때문에, 예수님을 주로 믿는 믿음은 우리 시야를 "땅 끝"까지 향하게 합니다. 4차 로잔대회는 초교파적이면서 전 세계적인 교회와 보조를 맞추면서 '복음을 선포하는 교회, 복음을 살아내는 신자' 즉 '지속 가능한 교회'를 추구합니다.

나는 한국교회의 일원으로서 그동안 사도행전을 읽고 묵상하고 나누고 실천했던 것들을, 비록 부족하지만, 차제에 토론과 나눔의 자료로서 여기에 내놓습니다. 내 평생의 목회 모토는 "사람을 세우고 세상을 구하는 교회"입니다. 그리고 바람직한 교회의 모습은 '건강한 선교적 교회'라고 생각합니다. 사도행전에 기록된바 역사상 처음 나타난 교회의 특징은 성령께서 사용하시는 대안 공동체로, 예루살렘에서 시작하여 온 유다와 사마리아와 땅 끝까지 흩어지는 원심력적인 선교가 펼쳐집니다. 온 세상의 도시들로 나아가 일으키는 예수 복음의 실천 운동입니다. 지역적으로뿐 아니라 인종적, 사회적, 경제적, 문화적, 신분적, 성별, 신체적, 온갖 차별과 분리를 철폐하고 길을 내는 전인적 구원 운동입니다. 저자 누가는 누가복음에서 예수님이 선언하신 희년 정신(눅 4:18)이 어떻게 제자들의 사역을 통해 실천되고 확장되는가를 사도행전에서 잘 보여 주고 있습니다. 성령께서 쓰시는 증인의 증언을 통해, 기독교인들이 세세토록 전해야 할 복음의 케리그마(전도)와 디다케(교육), 그리고 변하는 세상에서 변함없는 진리를 보여 주고 있습니다.

갈 길을 잃었거나 처음 열정이 사라질 때는 잠시 멈춰 서서 처음 시작했던 곳으로 돌아갈 필요가 있습니다. 한국교회는 다시 불타올라야 합니다. 교회 재활성화(revitalization)를 위해서는 교회의 원형이며 모범인 초대교회를 면밀하게 살펴보면서, 성령님이 어떻게 사람을 세우시는지, 어떻게 교회를 세워 가시는지, 어떻게 복음으로 사회를 바꾸며 세상을 구하는지를 고찰해야 합니다. 교회는 어떻게 당면한 안팎의 문제와 시험들을 해결해 나가며, 신자들은 어떠한 고난을 받고 견디어 내는지, 그러면서도 어떻게 성령님의 인도하심을 받았는지, 성령님은 어떤 방식으로 믿는 자 가운데 역사하시는지를 경험해야 합니다. 이로써 복음서에서 예수님이 말씀하신 지상명령(마 28:18-20)이 어떻게 나타나는지를 직접 목격할 수 있습니다.

예수님이 부여하신 "권세"(엑수시아) 아래서 어떻게 "능력"(두나미스)이 나타나며, "모든 민족을 제자"로 삼는 일이 어떻게 전개되며, "가르쳐 지키게 하라"는 일이 교회에서뿐 아니라 사적 영역과 공적 영역에서 그리고 치유와 돌봄과 구제와 긍휼 사역에서 어떻게 실천되며, "내가 세상 끝 날까지 너희와 항상 함께 있으리라"

는 임마누엘의 약속이 어떻게 지켜지는지를 들여다볼 수 있습니다. 그리고 어떻게 예루살렘 교회에서 안디옥 교회로 선교적 주도권이 넘어가는지, 베드로와 바울의 행적 그리고 수없이 많은 유명 혹은 무명의 동역자들이 실제 시간과 장소에서 역동적으로 성령님께 쓰임 받는지 그 궤적을 추적할 수 있습니다. 성령님께서 우리 같은 보통 사람들을 들어 일으키신 신앙 사건을 반추하면서, '지금 이곳에서' 다시 신앙 사건을 일으키는 계기로 삼을 수 있습니다.

사도행전의 교회 이야기는 여전히 진행되고 있는 미완의 기록으로, 세상을 향해 "담대하게 거침없이" 나아가는 열린 교회의 역사입니다. 이 대열에 한국교회가 적극적으로 참여하면서 다시 오실 주님의 재림을 어떻게 맞이할까를 결단해야 합니다. 이 책에 실린 글들은 중앙성결교회 수요 저녁 예배 때 나누었던 말씀입니다. 교우들에게 감사드립니다. 본서를 추천해 주신 사도행전 말씀 나눔 동역자들에게도 감사드립니다. 이 책이 동역자들의 설교 준비에 영감을 제공할 수 있다면 한없는 영광일 것입니다.

중앙성결교회 목사 서재에서
한기채

차례

추천의 글
들어가는 글

01	서로 다른 꿈	013
02	보선된 제자 맛디아	028
03	오순절의 사람	042
04	위대한 설교와 위대한 청중	056
05	처음 교회처럼	067
06	내게 있는 것	077
07	거룩한 용기	093
08	교회의 합심 기도	106
09	소유에서 소통으로	115
10	하나님께 솔직히	124
11	초대 집사들	139
12	최초의 순교자	150
13	빌립의 전도	162
14	나의 택한 그릇	177
15	더 넓은 비전	191

16 착한 사람 바나바	204
17 기도의 응답이 문 앞에	217
18 성령의 보내심을 따라	229
19 인생의 척도를 하나님께	240
20 첫 번째 교회회의	253
21 한밤중의 노래	264
22 알지 못하는 신	276
23 아굴라와 브리스길라: 하나님 말씀에 붙잡혀	291
24 너희가 믿을 때에	304
25 바울의 고별설교	313
26 바울의 변명: 나와 같이 되기를	324
27 구원의 여망	336
28 사도행전 29장을 향하여	348

1
서로 다른 꿈

¹데오빌로여 내가 먼저 쓴 글에는 무릇 예수께서 행하시며 가르치시기를 시작하심부터 ²그가 택하신 사도들에게 성령으로 명하시고 승천하신 날까지의 일을 기록하였노라 ³그가 고난 받으신 후에 또한 그들에게 확실한 많은 증거로 친히 살아 계심을 나타내사 사십 일 동안 그들에게 보이시며 하나님 나라의 일을 말씀하시니라 ⁴사도와 함께 모이사 그들에게 분부하여 이르시되 예루살렘을 떠나지 말고 내게서 들은 바 아버지께서 약속하신 것을 기다리라 ⁵요한은 물로 세례를 베풀었으나 너희는 몇 날이 못되어 성령으로 세례를 받으리라 하셨느니라 ⁶그들이 모였을 때에 예수께 여쭈어 이르되 주께서 이스라엘 나라를 회복하심이 이때니이까 하니 ⁷이르시되 때와 시기는 아버지께서 자기의 권한에 두셨으니 너희가 알 바 아니요 ⁸오직 성령이 너희에게 임하시면 너희가 권능을 받고 예루살렘과 온 유대와 사마리아와 땅 끝까지 이르러 내 증인이 되리라 하시니라 ⁹이 말씀을 마치시고 그들이 보는데 올려져 가시니 구름이 그를 가리어 보이지 않게 하더라 ¹⁰올라가실 때에 제자들이 자세히 하늘을 쳐다보고 있는데 흰 옷 입은 두 사람이 그들 곁에 서서 ¹¹이르되 갈릴리 사람들아 어찌하여 서서 하늘을 쳐다보느냐 너희 가운데서 하늘로 올려지신 이 예수는 하늘로 가심을 본 그대로 오시리라 하였느니라 행 1:1-11

올림픽 개막식을 보신 분들은 성화가 봉송되는 과정을 보았을 것입니다. 계속 이어지는 릴레이와 전달되는 불길, 그렇게 해서 경기장까지 이어집니다. 저는 신학교 시절부터 제가 뛰어야 할 한 구간을 생각하면서 준비하였고 봉송주자처럼 신앙의 반열에 서게 해달라고 기도했습니다. 아브라함과 이삭과 야곱과 요셉으로 이어지던 그 불. 모세와 여호수아와 사사들과 선지자들로 이어지는 그 불. 예수님의 제자들과 순교자들의 피와 땀과 눈물로 이어져 온 그 예수님의 불. 루터와 웨슬리와 본회퍼와 주기철로 이어져 오는 그 복음의 불을 이어받아 이제 한 시대를 잘 완주하고 다음 세대에 바통을 잇는 것이 우리의 사명이라 믿고 있습니다. 당대에 수평적으로 이루어지는 제자 삼기도 중요하지만, 세대에 걸쳐서 이어지는 수직적 믿음의 반열도 중요합니다.

이 면면이 이어져 내려오는 믿음의 반열에 들어 있는 것도 영광스럽지만 앞서간 믿음의 선조들에게 부끄럽지 않고, 뒤를 이을 후진들에게 떳떳한 모습을 보여야 할 책임은 막중한 것입니다.

히브리서 12장에 신앙의 경주를 말하기 전에 히브리서 11장은 믿음으로 승리한 구약의 믿음의 선배들의 경주 모습들을 열거해 주고 있습니다. 사복음서는 예수님의 사역을 통하여 예수님 자신이 우리가 따라야 할 모델로 제시되고 있으며, 사도행전은 성령님의 사역을 통하여 초대교회와 제자들, 처음 그리스도인들이 우리의 모범으로 제시되고 있습니다.

사도행전은 영어표기대로 Acts(활동), 사도들의 활동과 성령님의 행적이 기록되어 있는 성령행전이라고 부르기도 합니다.

〈미션〉(Mission) 영화를 보면 추기경이 교황청에 보고하는 형식으로 영화의 시작과 끝을 처리하고 있는데, 사도행전은 AD 61년경에 바울의 동역자이며 누가복음의 저자인 누가가 데오빌로 로마총독에게 보내는 글로 되어 있습니다. '데오빌로'는 '하나님을 사랑하는 자'라는 뜻입니다. 누가복음에서 '각하'라고 부르던 것이 사도행전에서 호칭 없이 '데오빌로'라고 부르게 된 것은 그리스도 안에서 형제가 되었음을 보여 줍니다. 사실 누가복음과 사도행전은 같은 글의 전후편이라고 보아야 되는데, 누가복음은 예수님의 지상사역에 대하여, 사도행전은 예수님이 승천하신 후 성령님의 사역에 대하여 기록하고 있습니다. 그래서 사도행전 1장 1-3절은 전편 누가복음의 결말을 회고합니다. 사도행전은 복음서와 서신들을 연결하는 다리 역할을 하는 역사서입니다. 초대교회의 탄생 배경과 세워지는 과정을 역사적으로 보여 줍니다.

사도행전 1장 8절 "오직 성령이 너희에게 임하시면 너희가 권능을 받고 예루살렘과 온 유대와 사마리아와 땅 끝까지 이르러 내 증인이 되리라"는 말씀은 사도행전 전체의 요절이 되면서도 사도행전의 청사진을 크게 3부분으로 나누어 보여 줍니다. 그것은 예루살렘 전도(1-7장), 유대와 사마리아 전도(8-12장), 이방 전도(13-28장)입니다.

사도행전에 대한 또 다른 중요한 요절들은 앞으로 다시 말하기로 하고 지금은 "서로 다른 두 개의 꿈" 이야기를 하고자 합니다.

사람이 꿈을 갖는다는 것은 아주 좋은 일입니다. 마틴 루터 킹 목사는 그의 유명한 설교 "나에게는 꿈이 있습니다"에서 이렇게 말했습니다.

나에게는 꿈이 있습니다.

내 아이들이 피부색을 기준으로 사람을 평가하지 않고

인격을 기준으로 사람을 평가하는 나라에서 살게 되는 꿈입니다.

지금 나에게는 꿈이 있습니다.

골짜기마다 돋우어지고 고르지 않은 곳이 평탄케 되며

험한 곳이 평지가 될 것이요,

주님의 영광이 나타나고 모든 육체가 그것을 함께 보게 될 날이

있을 것이라는 꿈입니다.

"아주 먼 옛날 하늘에서는 당신을 향한 계획(꿈) 있었죠"라는 노랫말처럼 우리를 향한 하나님의 꿈이 먼저 있었습니다. 하나님은 먼저 꿈을 축복으로 주시고 꿈을 통해 일하십니다. 내가 어떤 꿈을 갖느냐가 중요하지만, 내 꿈이 하나님의 꿈과 일치되느냐는 더 중요합니다.

여호와의 생각은 사람의 생각과 다르고, 여호와의 길은 사람의 길과 다르고, 여호와의 일은 사람의 일과 다르고, 여호와의 계획은 사람의 계획과 종종 다릅니다(사 55:8-9 참고). 심지어 예수님의 제자들도 예수님이 승천하시는 그 시각까지도 예수님의 뜻을 알아차리지 못했습니다.

같은 배를 타고 가면서도 예수님의 꿈과 제자들의 꿈이 이렇게 다를 수 있습니다(오월동주, 동상이몽). 이렇게 엇박자가 나면 힘을 발휘할 수가 없습니다. 어쩌면 저나 성도들도 교회에 늘 나와

서 앉아 있지만 예수님과 상관이 없는 꿈을 키우고 있을 수도 있습니다. 누가 누구에게 맞추어야 할까요?

예수님이 공생애를 시작하시기 전 40일을 광야에서 보내신 것처럼, 제자들의 새 시대 사역을 위한 40일간의 가르침은 중요합니다. "예루살렘을 떠나지 말고." 고난과 핍박, 상처와 실패가 있었던 자리를 피하거나 도망가지 않고 그곳에서 다시 시작합니다. 그곳에서 성령을 경험합니다. 누가복음 24장 47-49절에서 말씀하신 것을 다시 확인합니다. 예수님은 부활하신 후 승천하시기 전 40일 동안 제자들과 함께하시면서 두 가지, 하나님 나라의 일(행 1:3)과 성령세례(행 1:5)를 집중적으로 가르치십니다.

예수님이 승천하실 때가 가까이 오니 자연히 제자들은 가장 중요한 자신들의 관심사를 아뢰었을 것입니다. 예수님이 성령으로 40일 동안 가르치신 결과, 제자들은 얼마나 달라졌을까요?

"주께서 이스라엘 나라를 회복하심이 이때니이까"(행 1:6).

이 질문만큼 제자들의 과거 행적을 단적으로 나타내는 말은 없습니다. 이것이 그들이 예수님을 따른 목적이었습니다. 이것 때문에 고기 잡는 배와 그물도, 어부라는 직업도, 부양해야 될 가족들도 버리고 예수님을 따랐습니다. 오늘날 대권 주자들을 따르는 무리들을 보십시오. 당선이 되면 한 자리 차지할 생각에 모든 것을 다 버리고 따르지 않습니까? 당선자를 위해서 일했던 사람들이 당선된 후로 자기 자리로 돌아가지 않고 논공행상을 하면 당선자를 죽이는 것입니다. 그를 통해 덕을 보려고 해서는 안 됩니다. 정치만 바르게 하면 됩니다. 제자들은 예수님이 왕권을 잡는 날 자신들은 애국자가 되리라 생각하고, 누가 더 높은 자리의 좌측과 우측 자리를 차지할 것인가에 대해 지대한 관심을 가졌습니다. 정치적 야망을 가졌었습니다. 예수님이 기적을 행하시고, 병을 고치시고, 권세 있는 말씀을 하실 때는 곧 자신들의 꿈이 실현될 것처럼 바라다가도, 군중들의 인기와 힘을 이용하지 않으신 것에 대해서는 이해할 수가 없었습니다. 그들은 순전히 자신들의 꿈 때문에 얼마간 인내도 하였습니다.

예수님이 정치적인 메시아가 될 수밖에 없도록 하기 위해 가룟 유다가 예수님을 팔아넘겼다고 주장하는 사람도 있지만, 예수님이 십자가에서 처형당하신 후 제자들의 꿈은 산산이 부서진 것 같았습니다. 그래서 그들은 옛날의 자신들로 돌아갔습니다. 사도행전의 저자인 누가는 엠마오로 내려가던 제자들을 통하여 분명히 제자들의 심중을 밝히고 있습니다. "우리는 이 사람이 이스라엘을 속량할 자라고 바랐노라"(눅 24:21).

이 말에는 예수님이 십자가에 못 박힘으로 이스라엘을 구속하는 데 실패했다는 생각이 담겨 있습니다.

그런데 십자가 후에 부활은 실로 대역전극이라고 할 수 있습니다. 예수님의 의가 승리하고 하나님께서 능력을 보이신 엄청난 사건입니다. 이 여세를 몰아 무엇인가 가시적인 성과를 거두고 싶은 것이 보통 사람들의 생각입니다.

이제 부활하신 주님을 대면하게 되자 이들은 죽었던 꿈도 다시 되살려 "이스라엘 나라를 회복하심이 이때니이까?"라고 묻고 있는 것입니다. 참 집요한 사람들입니다. 우리나라 사람들은 모이기만 하면 온통 정치 이야기입니다. 제자들은 하나님 나라 대신 이스라엘 나라의 회복에 관심이 있습니다. 우리는 하나님의 뜻이 아니라 내 뜻을 이루는 데 관심이 있습니다. 제자들은 이스라엘이 회복되어야 하나님 나라가 시작된다고 보았을 수도 있습니다.

이렇게 보면 우선순위의 문제입니다. 이스라엘이냐 하나님 나라냐? 그러나 이런 경우에도 우리는 먼저 하나님 나라를 구해야 합니다. 그래야 이스라엘도 회복됩니다. 제자들은 예수님의 뜻을 아직도 모르고 있습니다. 김회권 목사는 "이스라엘의 미래에 대한 예수님의 뜻은 이스라엘의 정치적 독립이 아니라 이스라엘의 거룩하고 창조적인 자기분해였다"라고 말했습니다.

칼빈은 제자들의 질문 속에는 그 단어 수만큼 틀린 것이 많다고 했습니다. '회복'(restoration)이라는 동사. 제자들은 정치적·영토적 회복을 생각하고, 예수님은 영적 회복을 말씀하셨습니다. '이스라엘'이라는 명사. 제자들은 자기 나라(민족)를 생각하고, 예수님은 세계를 생각하셨습니다. '이때'라는 부사. 제자들은 즉각적으로 이루어지는 것을 생각하고, 예수님은 점진적으로 이루어지는 것을 생각하셨습니다.

사도행전은 교회와 신자들을 통하여 일으키시는 하나님 나라 운동입니다. 예수님은 공생애 기간에도, 부활하신 후 40일간도 하나님 나라를 가르치셨습니다. 사도행전의 부흥 전략은 하나님 나라가 누룩처럼 우리 삶에 들어와 개인과 사회를 전반적으로 변화시키는 운동입니다. 이렇게 힘이 하나의 목표로 모아질 때 역사가 나타납니다. 하나님 나라는 성령 충만을 통하여 자기 비움과 자기 부인으로 나타납니다. 세상 나라는 능력과 권세로 자아실현과 자기 충만으로 나타납니다.

7-8절의 말씀을 통하여 예수님은 제자들의 잘못된 개념들을 고쳐 주셨습니다. 즉 왕국의 성격에 대하여, 왕국의 내용에 대하여, 왕국 도래의 시기와 방법에 대하여 말입니다.

1. 하나님 나라의 성격은 영적인 것입니다

제자들은 이스라엘의 회복을 고대했지만 예수님은 하나님의 나라의 도래를 복음서 시작부터 지금껏 말씀하셨습니다. 예수님에게는 하나님 나라 백성들의 삶과 가치관을 변화시키는 영적 회복이 더욱 중대한 것이었습니다.

이스라엘은 지금까지 이집트, 앗수르, 바벨론, 페르시아, 로마 같은 나라의 압제를 받으면서 살았습니다. 예수님 제자 중에는 열심당 출신도 있었는데 그들은 정치적으로 로마 식민지에서 해방되는 일, 다윗 후손의 왕정을 복구하는 일이 메시아가 오시면 될 것으로 소망했습니다. 하지만 예수님에게는 죄와 흑암의 세력에 억눌린 인간을 해방하여 하나님이 다스리시는 나라의 삶을 살게 하는 일이 메시아 왕국이었습니다.

이것은 열심당(젤롯)이 추구하는 정치적 힘이 아니라 성령의 능력에 의해 이루어지는 회복이었습니다. 전쟁에 능한 군사가 아니라 성령이 충만한 증인들에 의해 이룩될 나라입니다. 전쟁의 선전포고가 아니라 평화의 아름다운 소식으로 정복될 나라입니다. 신앙은 세상적인 야망을 이루기 위한 수단이 아닙니다.

2. 하나님 나라의 대상은 전 우주(세계)적인 것입니다

제자들은 이스라엘을 지목해서 말하고 있습니다. 하나님 나라를 이스라엘이라는 영토와 백성으로 제한하려는 제자들의 발상은 잘못되었습니다. 그들의 꿈은 편협하고 민족적인 것입니다. 기독교는 민족주의가 아니며, 하나님은 어떤 부족의 신도 아닙니다. 복음은 모든 족속이 대상입니다(눅 24:47). 예수님은 그들의 삶의 지평을 넓혀 주셨습니다. 물론 예루살렘과 유대에서 시작합니다. 그러나 사마리아와 이방 땅 끝까지 증인이 될 것을 말씀하십니다. 예수님은 그 보잘것없는 시골뜨기들에게서 세계를 보고 계셨습니다. 예수님은 내가 나를 보는 것보다 더 크게 나를 보시는 것이 확실합니다. 예수님은 우리에게서 세계를 보시는데, 우리는 예수님을 믿는다고 하면서 자신밖에 보지를 못합니다. 우리의 시야는 너무 좁습니다.

구약에도 선교와 세계에 대한 관념이 없었던 것은 아니지만 부활과 성령강림이 과거의 구심력적인 선교 즉 들어오는 선교에서, 원심력적인 선교 즉 찾아가는 선교로 전환됩니다. 여기서 선교는 자기중심에서 벗어나 다른 사람의 유익을 위하고 그들의 필요를 채워 주기 위해 섬김을 한없이 베푸는 운동입니다. 결국 선교는 자기 부인과 참된 자기 확장입니다. 자기를 부인하고 녹아져서 세상에 편만해지는 것입니다. 증인(martyr)은 순교자와 통합니다. 증인이 되는 것은 죽는 것입니다. 정복적인 것이 아닙니다. 제국주의적인 것도 아닙니다. 민족주의적인 것도 아닙니다. 하나님의 나라는 민족, 나라, 인종, 계급, 성, 문화, 언어, 모든 것을 넘어 확장됩니다. 사도행전에서는 베드로를 위시하여 유대인 선교(1-12장)가, 바울을 필두로 하여 이방인 선교(13-28장)가 예수님의 말씀대로 진행됩니다. '생각은 세계적으로, 행동은 지역적으로'(Think Globally, Act locally)라는 말에서 '글로컬'(Glocal)이라는 단어가 나왔습니다. 지역적이면서 세계적인, 세계적이면서도 지역적인 교회가 가능합니다. 교회가 지역교회의 역할을 잘 하면서, 지역교회의 사역이 온라인이나 선교를 통하여 세계적으로 영향을 미칠 수 있는 시대입니다.

3. 하나님 나라의 확장 시기와 방법은 점진적입니다

제자들은 즉각적으로 임할 것을 고대하였습니다. "이때니이까?"

주님께서는 때(Times, Chronoi)와 기한(Dates, Kairoi)은 하나님의 계획 하에 하나님의 주권에 따라 될 것으로 너희가 관심 가질 것이 아니라고 하셨습니다. 즉 "그것은 너희의 참견할 바가 아니라"(It's not your business)라는 것입니다. 실제로 우리는 쓸데없는 데 관심을 많이 쓰고 마땅히 관심 가져야 할 일에는 무관심할 때가 많습니다. 우리의 관심사는 약속하신 성령을 받는 일에 있어야 하고 그 후에는 땅 끝까지 이르러 주의 증인이 되는 것이어야 합니다. 성령강림과 재림 사이의 중간기(Pentecost Parousia - interim period)를 성실하게 증인된 삶으로 사는 것이 제자의 마땅한 도리입니다.

예수님의 말씀 "땅 끝까지"(행 1:8)는 "세상 끝 날까지"(마 28:20)와 통하는 것입니다.

이렇게 예수님의 꿈과 제자들의 꿈이 달랐습니다. 아직도 예수님을 믿어 이 세상에서 한번 영화를 누리며 살아보겠다고 생각하는 사람들은 잘못된 꿈에서 깨어나지 못한 것입니다. 현실 세상의 왕국을 추구하는 열광주의자(열심당, 젤롯)가 되지 말고, 성령의 능력을 기다리며 기도하는 사람이 되어야 합니다.

또 다른 부류의 잘못된 오해도 있습니다. 그것은 예수님이 구름 사이로 하늘에 승천하실 때 된 일입니다. "올라가실 때 제자들이 자세히 하늘을 쳐다보고 있는데"(행 1:10).

하늘만 쳐다보는 사람이 되지 말라는 이야기입니다. 이런 부류의 사람은 이스라엘의 회복을 외치는 행동주의자보다는 정적이며 묵시적, 도피적인 사람들 가운데 많이 있습니다. 외향적 열심당(젤롯당)보다 내향적인 에세네파(은둔파)에서 많이 나타납니다. 예수님의 공생애 시절 변화산상에서 신비로운 체험을 했을 때 베드로가 "주여 우리가 여기 있는 것이 좋사오니"(마 17:4)라고 하면서 그곳에 천막을 치고 살자고 제안했습니다. 복잡한 세상, 죄 많은 세상, 근심 많은 세상 모두 등지고 하늘만 쳐다보며 살리라는 현실 도피적이며 염세적인 수도원적 신앙입니다.

두 천사들은 하늘을 네 차례나 언급하면서 그들의 잘못된 망상을 깨워 줍니다(10-11절). 아직 성령님이 그들에게 임하지 않아서 천사가 하나님의 말씀을 전합니다. "어찌하여 서서 하늘을 쳐다보느냐 너희 가운데서 하늘로 올려지신 이 예수는 하늘로 가심을 본 그대로 오시리라." 천사들은 제자들의 관심을 예수님의 승천에서 예수님의 재림으로 바꾸어 줍니다. 승천과 재림 사이에 감당해야 할 제자들의 증인 역할을 이야기합니다.

예수님의 재림 신앙은 예수님의 승천에 기초하고 있습니다. 예수님은 가신 대로 다시 오신다는 것입니다. 우리가 지금 하늘로 따라갈 수도 없고, 예수님을 끌어내릴 수도 없습니다. 그분은 올라가셨을 때처럼 하나님의 때에 하나님의 아들의 영광으로 다시 오실 것입니다.

그렇다고 오실 때까지 하늘만 바라보고 있을 것이 아니라, 열심히 예수님을 전하는 증인이 되어야 합니다. 예수님이 승천하셨으니 예수님 대신 열심히 활동을 해야 합니다. 하늘로 올라가는 것이 아니라 땅 끝까지 나아가 증인이 되어야 합니다. 하늘을 향하여 눈을 쳐들고 있지만 말고 온 세계를 향해 눈을 돌려야 합니다. 예수님이 하늘 처소를 마련하시는 동안 우리는 부지런히 천국의 입주자들을 모집해야 합니다. 우리는 하늘을 관측하는 사람이 아니라 땅의 증인이 되어야 합니다. 단순히 기다리거나 기념하는 것이 아니라 삶을 통한 증거를 계속해야 합니다. 이것은 도피가 아니라 도전입니다. 우리에게는 아직 해야 할 일이 많이 있습니다.

제자들의 두 가지 큰 오해는 이렇게 교정됩니다. 땅만을 바라보는 정치적이고 민족적이고 너무 세상적인 잘못된 열광주의도, 하늘만 바라보는 도피적이고 신비적이고 너무 파괴적인 경건주의도 말고, 하늘과 땅을 고루 보며 하나님의 성령의 능력으로 선교적 책임을 감당하는 증인의 삶을 살아가라는 것입니다.

초대교회는 이렇게 제자들이 예수님의 비전에 동참할 때 성령의 능력(dunamis)으로 증인이 되어 하나님 나라를 확장해가는 성령과 사도가 함께 행전 역사를 이루게 됩니다.

교회의 부흥, 우리 삶의 진정한 성공은 꿈의 일치로부터 시작됩니다. 하나님 나라의 비전에 우리 교회의 목적을, 우리 삶의 목적을 둡시다. 다시 한번 사도행전의 부흥이 일어날 것입니다.

당신의 비전은 무엇입니까? 혹시 예수님의 하나님 나라에 대한 비전과는 너무도 거리가 있는 것은 아닙니까? 비전을 일치시키십시다. 그리고 성령의 능력을 받읍시다. 또 한 번의 불길이 우리의 행전에 활활 타오르게 되기를 축원합니다.

미국의 전래 동화에 "세 나무의 꿈"이 있습니다.

옛날 깊은 산속 언덕에 어린 나무 세 그루가 있었습니다. 그들은 각각 큰 꿈이 있었습니다. 첫째는 잘 자란 다음 세상에서 가장 귀한 보물을 담는 보석함이 되는 꿈, 둘째는 넓은 바다를 항해하면서 임금과 장군을 태우고 다니는 가장 강한 배가 되는 꿈, 셋째는 하늘을 향해 계속 자라 사람들이 자신을 우러러보며 하나님을 찬양하는 큰 나무가 되는 꿈입니다.

오랜 세월이 지난 어느 날 목수가 첫째 나무를 잘라다가 여물통을 만들었습니다. 나무는 지저분한 먹이통이 되었습니다. 둘째 나무도 잘려 배를 만드는 데 쓰였는데 군함이 아니라 고깃배가 되었습니다. 늘 비린내가 났고 죽은 고기가 가득했습니다. 셋째 나무는 반듯하게 잘 자랐는데 벌목되어 목수의 어두운 창고에 보관되었습니다. 모두 다 꿈을 잃고 슬프게 지냈습니다.

그런데 어느 날 젊은 부부가 갓 태어난 아기를 누일 곳을 찾다가 구유를 보고 "아기를 위한 아름다운 잠자리가 될 수 있을 것 같아요" 하며 아기를 뉘었는데, 갑자기 첫째 나무는 자기가 세상에서 가장 귀한 보물을 담고 있다는 사실을 깨닫게 되었습니다. 세월이 지나 낡은 고깃배는 지친 여행자와 친구들을 실어 나르게 되었습니다. 여행객이 잠든 사이 폭풍이 일기 시작했고, 배는 파산할 지경이었습니다. 그때 여행자가 일어나더니 "잠잠하라" 말씀하시니 폭풍이 멈추었습니다. 둘째 나무는 자신이 하늘과 땅을 다스리시는 임금을 모셨다는 사실을 알게 되었습니다. 그리고 셋째 나무는 어느 금요일 갑자기 창고에서 꺼내졌는데, 목수는 그 나무로 무엇인가 바쁘게 만들었습니다. 그 나무는 성난 군중 사이로 운반되어 결국 산 위에 세워졌습니다. 그리고 병사는 그 위에 어떤 사람의 손을 올리고 못을 박아 나무에 매달았습니다. 그 나무는 잔인함과 비참함을 느꼈습니다. 하지만 주일이 밝아오자 셋째 나무는 하나님의 사랑이 모든 것을 변화시킨 것을 알게 되었습니다.

첫째 나무는 아름다워졌고, 둘째 나무는 강해졌고, 셋째 나무는 사람들이 우러러보며 하나님을 찬양하게 되었습니다. 세상의 어떤 큰 나무들보다 귀한 나무가 된 것입니다. 이 세 나무는 자신들이 소망한 대로 소원을 이룬 것은 아니지만, 너무나도 신비스러운 방법으로 그들의 진정한 소원을 이루게 되었습니다.

2
보선된 제자 맛디아

¹²제자들이 감람원이라 하는 산으로부터 예루살렘에 돌아오니 이 산은 예루살렘에서 가까워 안식일에 가기 알맞은 길이라 ¹³들어가 그들이 유하는 다락방으로 올라가니 베드로, 요한, 야고보, 안드레와 빌립, 도마와 바돌로매, 마태와 및 알패오의 아들 야고보, 셀롯인 시몬, 야고보의 아들 유다가 다 거기 있어 ¹⁴여자들과 예수의 어머니 마리아와 예수의 아우들과 더불어 마음을 같이 하여 오로지 기도에 힘쓰더라 ¹⁵모인 무리의 수가 약 백이십 명이나 되더라 그 때에 베드로가 그 형제들 가운데 일어서서 이르되 ¹⁶형제들아 성령이 다윗의 입을 통하여 예수 잡는 자들의 길잡이가 된 유다를 가리켜 미리 말씀하신 성경이 응하였으니 마땅하도다 ¹⁷이 사람은 본래 우리 수 가운데 참여하여 이 직무의 한 부분을 맡았던 자라 ¹⁸(이 사람이 불의의 삯으로 밭을 사고 후에 몸이 곤두박질하여 배가 터져 창자가 다 흘러 나온지라 ¹⁹이 일이 예루살렘에 사는 모든 사람에게 알리어져 그들의 말로는 그 밭을 아겔다마라 하니 이는 피밭이라는 뜻이라) ²⁰시편에 기록하였으되 그의 거처를 황폐하게 하시며 거기 거하는 자가 없게 하소서 하였고 또 일렀으되 그의 직분을 타인이 취하게 하소서 하였도다 ²¹이러하므로 요한의 세례로부터 우리 가운데서 올려져 가신 날까지 주 예수께서 우리 가운데 출입하실 때에 ²²항상 우리와 함께 다니던 사람 중에 하나를 세워 우리와 더불어 예수께서 부활하심을 증언할 사람이 되게 하여야 하리라 하거늘 ²³그들이 두 사람을 내세우니 하나는 바사바라고도 하고 별명은 유스도라고 하는 요셉이요 하나는 맛디아라 ²⁴그들이 기도하여 이르되 뭇 사람의 마음을 아시는 주여 이 두 사람 중에 누가 주님께 택하신 바 되어 ²⁵봉사와 및 사도의 직무를 대신할 자인지를 보이시옵소서 유다는 이 직무를 버리고 제 곳으로 갔나이다 하고 ²⁶제비 뽑아 맛디아를 얻으니 그가 열한 사도의 수에 들어가니라 행 1:12-26

예수님의 십자가와 부활 그리고 승천 후 제자들은 한자리에 모였습니다. 사실 이들은 예수님의 십자가 사건 직전에 뿔뿔이 흩어져 각기 자기의 길로 갔던 사람들입니다. 예수님의 부활 사건이 없었다면, 그리고 예수님이 이들을 각각 만나시지 않았다면 이렇게 다시 모여 규합될 수가 없었습니다. 그러므로 예수님의 부활 사건은 예수님의 제자들에게 있어서는 삶이 극적으로 변화되는 전환점(turning point)이었습니다. 베드로도 예수님의 부활 사건 후의 만남이 없었다면 교회의 반석이 되지 못했을 것입니다. 도마도 부활하신 주님을 만나지 않았다면 선교사가 되지 않았을 것입니다. 다른 제자들도 부활하신 주님을 만나지 못했다면 주님을 위하여 사명을 감당하다가 순교자가 되는 일은 없었을 것입니다. 그러므로 제자들의 삶의 극적인 변화에서 우리는 부활하신 예수님에 대한 증거를 보게 됩니다.

요새는 농사도 이모작, 삼모작을 하는데, 우리의 인생도 한평생만 산다고 생각하지 않습니다. 이제는 '인생 다모작 시대'입니다. 사실 성경의 인물들은 한결같이 여러 평생을 살았던 사람들입니다. 아브라함도 75세를 기점으로 제2의 인생을 살았고, 모세도 이집트 40년, 광야 40년, 출애굽 40년 해서 최소한 세 평생을 살았던 사람입니다. 예수님의 제자들도 예수님을 만난 후에 새로운 인생을 살았습니다. 역사가 예수님을 기점으로 BC(Before Christ)와 AD(Anno Domini)로 바뀌듯이, 인생은 예수님을 만나기 전과 만난 후에 극적인 변화가 있습니다. 우리도 부활하신 주님을 만나 새로운 인생을 다시 시작할 수 있습니다. 예수님을 만나면 누구나 이전 것은 지나가고 새사람이 됩니다.

하나님이 일으키는 부흥의 역사

예수님이 승천하신 후 제자들은 모두 한곳에 모였습니다. 그들의 명단이 사도행전 1장 13절에 나와 있습니다. 베드로, 요한, 야고보, 안드레, 빌립, 도마, 바돌로매, 마태, 야고보, 시몬, 유다. 사도들의 명단은 복음서에도 기록되어 있지만(눅 6:14-16; 마 10:2-4; 막 3:16-19) 차이가 있습니다. 복음서는 부름받은 제자들 명단이라면 사도행전은 훈련을 마친 제자들의 이름입니다. 입학생 명단과 졸업생 명단의 차이라고 할까요. 열두 명 중에 한 사람이 탈락하여 열한 명입니다. 누가 빠졌습니까? 가롯 유다입니다. 물론 14절과 15절에는 예수님의 제자들 외에 예수님의 형제들과 모친 마리아와 여인들, 그리고 120여 성도들이 함께 나와 있습니다. 특별히 예수님의 형제들은 부활 사건 이전에는 예수님을 믿지 않았을 뿐만 아니라 예수님을 미쳤다고 생각하여 붙잡으려 했던 것을 상기해 보면(요 7:3-5; 막 3:21) 예수님의 부활 사건의 능력은 예수님의 형제들에게도 임한 것을 볼 수 있습니다. 거기에다 한결같은 믿음의 여인들과 120여 명의 성도들이 모인 것을 보면 부활의 생명력은 놀랍게 타오르고 있었습니다. 열두 제자에서 백이십 명으로 열 배가 늘어났습니다. 더구나 이들은 초대교회의 리더십입니다. 그 가운데는 여성들도 있었습니다.

그런데 이곳에 꼭 있어야 할 사람 중 두 자리가 특별히 눈에 띄게 비어 있습니다. 유월절 만찬 때와 비교해 보면 중앙에 자리하실 예수님 자리와 열두 제자 중 예수님을 배반하여 팔아넘기고 자살을 한 가룟 유다의 자리가 비어 있습니다. 이제 사도행전의 역사는 이 빈 두 자리를 채우는 일로부터 시작됩니다. 성령강림의 역사는 빈자리를 채우는 것부터 시작합니다. 새 역사를 이루기 위해서 우리 교회도 꼭 있어야 할 사람의 자리를 채우는 일부터 시작합시다. 이전에 신앙생활을 함께하던 사람, 가족들 가운데 나오지 않는 사람, 꼭 나와야 할 사람을 불러 모아야 합니다. 결론부터 이야기하면 가룟 유다의 빈자리는 맛디아에 의해 채워지고, 예수님의 빈자리는 오순절 성령으로 채워지는 역사가 일어나게 됩니다.

제자들은 이러한 역사를 이루기 위하여 모두 한곳에 모여 먼저 마음이 하나가 되었습니다. 너무도 다르고 분열되고 흩어졌던 제자들인데, 이제는 같은 예수님의 이름 아래, 같은 장소에서, 같은 마음으로, 같은 소원을 두고 기도할 때(꿈의 일치) 하나님께서 일으키시는 부흥의 역사가 일어납니다. 이전에는 뿔뿔이 흩어지거나, 같이 있어도 마음은 다른 곳에 가 있거나, 제각각 소원도 달랐는데, 이제는 그들의 몸과 마음과 심령이 하나가 된 것입니다. 거기에다가 오직 기도에 힘쓰게 되었습니다. 사실 의논할 일, 할일도 많이 있었겠습니다만 이제는 자신들의 계획이나 생각을 말하지 않고 하나님의 뜻과 약속하신 성령의 역사를 기다리며 전심으로 기도하였습니다. 이 기도는 "오로지 기도"하는 몰입기도, 전심기도, "한마음으로"하는 합심기도, 120명이 함께하는 단체기도, 기도합주회입니다. 사람에게는 진심을 담아 하는 말이 통하고, 하나님에게는 전심으로 기도하는 것이 통하는 법입니다. 예수님이 승천하신 후 오순절까지 십 일 동안 이들은 오직 기도하면서 약속하신 하나님의 역사를 기다렸습니다. 이렇게 하여 오순절 성령강림의 역사가 나타납니다.

제자의 자격 조건

한마음으로 기도하다가 베드로는 자기들에게 아직 무엇인가 부족하다는 것을 발견하였습니다. 성령님이 강림하시기 전에 준비해야 할 자신들의 모습 속에서 실족한 가룟 유다의 자리가 눈에 띄었기 때문입니다. 베드로는 형제들 가운데 일어나 "직무의 한 부분(몫)을 맡았던 자"(행 1:17) 가룟 유다에 대하여 이야기를 했습니다. 그는 자기의 몫을 살아내지 못한 사람입니다. 자기의 자리를 지키지 못한 사람입니다. 자기의 직분을 감당하지 못한 사람입니다. 그는 주님이 주신 자리를 버리고 이탈하여 자기의 길로 가 버린 사람입니다. 그래서 그의 자리는 황폐해졌고 사람이 살 수 없는 장막이 되었습니다(시 69:25 참고). 우리는 하나님이 부르신 가정에서, 일터에서, 교회에서 하나님이 주신 사명의 몫을 잘 감당해야 합니다. 그렇지 못하면 자신도 황폐해지고 다른 사람도 살릴 수가 없습니다. 베드로는 예수님이 이 땅에 계실 때 열두 제자에게 "세상이 새롭게 되어 인자가 자기 영광의 보좌에 앉을 때에 나를 따르는 너희도 열두 보좌에 앉아 이스라엘 열두 지파를 심판하리라"(마 19:28; 눅 22:28-30)라고 말씀하신 것이 생각났습니다. 그리고 요한계시록 21장 12-14절은 거룩한 성 새 예루살렘에 열두 문과 열두 기초석이 있는데, 열두 문에는 이스라엘 열두 지파의 이름이, 열두 기초석에는 열두 제자의 이름이 새겨진다 했습니다. 그런데 지금 가룟 유다는 자기의 길로 갔습니다. 거룩한 성에다 가룟 유다의 이름을 새길 수는 없는 노릇입니다. 이제는 오순절의 역사를 통해 열두 사도가 새로운 영적 이스라엘이 되는 것입니다. 그러므로 대처 방법을 베드로는 역시 다윗을 통한 예언의 말씀에서 찾았습니다. 그는 시편 109편 8절의 말씀을 통하여 가룟 유다의 자리를 대체하는 예언의 말씀을 상기시킵니다.

"그의 직분을 타인이 빼앗게 하시며"(시 109:8).

가룟 유다는 배신으로 자신의 몫을 저버렸기 때문에 보선을 하지만, 다른 제자들은 나중에 죽었어도 보선하지 않습니다. 왜냐하면 그들은 믿음을 끝까지 지킴으로 자신의 자리를 지켰기 때문입니다. 자기의 몫을 잘 감당했기 때문입니다.

주어진 직분을 감당하지 못하면 사명의 촛대가 옮겨지게 됩니다. 가룟 유다는 배신했을 뿐 아니라 회개하지 않고 죽었기 때문에 그 자리를 보선하게 됩니다. 회개(repent)하지 않으면 교체

(replace)됩니다. 원래 제자는 예수님께서 직접 뽑은 사람들이었지만, 이번에는 제자들이 기도하면서 예수님께서 계셨으면 누구를 뽑으셨겠는가를 헤아리면서 보선을 합니다. 그러므로 두 가지 중요한 기준이 설정되어 있습니다. 이것은 제자들의 자격 요건으로도 볼 수 있습니다. 이번 기회에 제자가 누구인가를 설명해 줍니다.

첫째는, **처음부터 항상 예수님을 따라 함께 다니던 사람** 가운데에서 선출해야 한다는 것입니다(행 1:21-22a). '항상 함께 다니던 사람'은 아마도 열두 제자 중에는 못 들었어도 칠십인 가운데에는 들었을 것입니다. 적어도 이들은 예수님에 대해 남의 말을 듣고 간접적으로 아는 사람이 아니라 예수님을 직접 보고 체험적으로 만난 사람들입니다. 우리는 예수님에 관해서 아는 것이 아니라 예수님을 직접 알아야 합니다. 예수님의 직접 증인으로서 역시 예수님께서도 잘 아는 인물이어야 합니다. 그들은 사도들의 실수도 보았겠지만 실망하거나 비난하며 돌아가지 않았습니다. 직접 제자가 될 자격을 갖추고 있었지만 그렇게 되지 않았다고 해도 낙심하지 않았습니다. 이것은 과거의 행적입니다.

둘째는, **부활하신 예수님을 직접 만나 본 사람**이어야 한다는 것입니다(행 1:22b). '예수의 부활하심을 증언할 사람', 이것은 사실 사도의 직무와 관련되어 있습니다. 예수님의 부활은 사도들을 비롯해서 오백여 명의 목격자가 있었다고 합니다(고전 15:5-6). 예수님의 부활 사건은 제자들을 참으로 제자 되게 하는 중요한 사건이므로 부활의 체험이 있어야 합니다. 그리고 앞으로 제자들의 사명은 예수님의 증인이 되는 것인데 무엇보다 중요한 증언 내용은 다름 아닌 "예수님이 부활하셨다"는 메시지입니다. 그러므로 직접 증인이 필요했습니다. 부활의 주님을 본 자만이 말할 수 있고, 경험한 자만이 진리를 위해 목숨을 바칠 수 있기 때문입니다. 순교적인 상황이지만 부활을 목격하고 믿는 자는 비굴하지 않고 목숨을 걸고 용기를 낼 수 있습니다. 이것은 미래의 사역을 위해서입니다.

이렇게 해서 후보를 두 명으로 좁혀 놓았습니다. 이것은 유명한 교황 선출 방법으로 요사이 한국에서는 대학 총장을 뽑을 때 가장 민주적인 제도라고 각 대학에서 도입하고 있는 방식입니다. 이렇게 복수로 추천하여 올리면 사립학교는 대학의 이사회가, 국립대학은 대통령이 한 사람을 선정하도록 하는 것입니다. 추천된 요셉과 맛디아는 위의 두 가지 요건을 갖춘 칠십인 중에 드는 사람들로서 여러 가지 면에서 훌륭한 사람들이었으리라 사료됩니다. 제 생각에는 예비 선거에서는 요셉이 앞서지 않았나 생각됩니다. 그의 이름이 먼저 나오는데다가 이름이 세 개씩이나(바사바, 유스도, 요셉) 기록된 것을 보니 말입니다. 사람들의 관점으로는 요셉이 더 적합하다고 생각했는지 모릅니다.

여기까지는 기존의 제자들이 하나님이 자신들에게 주신 지혜를 활용하여 준비한 과정입니다. 그리고 그들은 하나님 앞에 기도했습니다. 하나님의 주권을 인정하는 것입니다. 초대교회 리더십은 자질에 기초를 둔 '올라가는 방식'(bottom up)과 하나님의 선택으로 낙점을 하는 '내려오는 방식'(top down)을 적절히 조화시킨 것입니다.

> "뭇 사람의 마음을 아시는 주여 이 두 사람 중에 누가 주님께 택하신 바 되어 봉사와 및 사도의 직무를 대신할 자인지를 보이시옵소서"(행 1:24-25).

그러고는 제비를 뽑았습니다. 자격이 있는 두 사람 가운데 하나님의 결정을 의뢰하는 행위입니다. 이 방법은 구약시대 때 하나님의 뜻에 맡기는 방법으로 종종 통용되었습니다(수 18:6; 대상 24:5). 아직 성령이 강림하시기 전에 하나님의 뜻을 알 수 있는 최선의 방식이었을 것입니다. "제비는 사람이 뽑으나 모든 일을 작정하기는 여호와께 있느니라"(잠 16:33)는 말씀을 믿고 하는 것입니다. 시행 방법은 석판에다 이름을 쓰고 항아리에 넣어 흔든 다음 석판이 튀어나오게 하여 뽑는 것입니다. 이렇게 하여 맛디아가 뽑혔고, 모두 그 결정에 순복하였습니다. 뽑히지 못한 요셉은 어떻게 하였을까요? 사도들을 도우면서 다른 자리에서 충성을 다했을 것입니다. 그래서 그의 이름을 먼저 기록했는지 모릅니다.

언제나 함께하시는 하나님

오늘날 교회에서 회의를 하다가 문제가 발생하는 경우는 적합한 절차를 무시하거나 결정된 사항에 대하여 승복을 못 할 때입니다. 회의 시간에 자유롭게 의견을 개진할 수 있어야 하는데 그럴 분위기를 마련해 주지 못하니 밖에서 말을 많이 하여 교회를 어지럽힙니다. 그리고 회의 중에 다른 의견을 내면 마치 어떤 사람을 반대하는 것처럼 감정적으로 받아들이는 데 문제가 있습니다. 사람과 의견은 분리하여 생각해 볼 필요가 있습니다. 그러나 제자를 보선하는 회의에서 찾아볼 수 있는 것은 하나님께서 모든 회의 과정을 주재하고 계시다는 사실을 모두가 확실하게 믿고 있었다는 것입니다. 그 안에서 자신들의 최선의 의견을 끌어내고 마지막 결정은 하나님께 맡기며 자기 생각과 다른 결정이 나왔더라도 하나님의 뜻으로 받아들이고 전적으로 순복합니다. 이것으로 종결이며 더 이상 잡음이 없습니다.

제가 미국에서 담임했던 갈보리교회에서도 제직회에서 제비뽑기를 한 적이 있습니다. 주일 저녁 예배를 진행하고 있었는데 저녁 예배 대신 가정 중심의 예배를 드리며 신자들이 친교할 수 있는 프로그램을 갖자는 의견이 대두되었습니다. 제가 살던 미국 내슈빌의 많은 미국 교회들이 저녁 예배를 드리지 않았습니다.

그러자 한편에서는 종전대로 저녁 예배를 계속해야 한다고 반론을 폈습니다. 양편의 의견은 모두 타당한 근거를 가지고 있는 좋은 내용들이었습니다. 그러면서도 서로 어느 편에든지 다수결로 결정하기를 원하지 않았습니다. 누구도 예배를 폐지하자는 데 손을 들 수 없고, 억지로 저녁 예배를 고집하고 싶지도 않았기 때문입니다.

그래서 다 같이 하나님께서 결정해 주시기를 기도한 다음, "저녁 예배를 종전같이 드리자"와 "가정 예배로 드리자"는 두 안을 똑같은 수만큼 종이에 기입하여 보자기에 넣고 돌아가며 하나씩 뽑았습니다. 결과 양쪽 안에 동일 수가 나오게 되었습니다. 집사님들이 "목사님이 하나 더 뽑으시지요"라고 해서 제가 뽑으니, 저녁 예배를 계속해서 드리는 것으로 나왔습니다. 그러자 집사님들이 "하나님께서 교회에 모여 저녁 예배를 드리라고 하시는 말씀으로 믿고, 이전보다 더 열심히 참여하여 예배를 드립시다"라고 했습니다. 그 후로 저녁 예배 참여율이 더욱 많아진 것은 사실입니다. 저는 늘 제비를 뽑아야 한다는 입장은 아니지만 그때 그 상황 속에서는 하나님께서 그런 생각을 회의 중에 저에게 주셨습니다. 간혹 교회의 제반 일들을 제비를 뽑아 결정하자고 주장하는 분들이 있지만 저는 그렇게 하는 것만이 능사는 아니라고 생각합니다. 사도행전 6장 5절과 14장 23절에는 교회의 집사와 장로들을 세울 때 '택하여' 뽑는 방식, 즉 선출했다고 했습니다. 민주적인 투표 방식도 좋은 방법입니다.

구약시대에는 제비를 뽑았고, 맛디아의 경우도 성령강림의 역사 이전이므로 구약의 방식을 따랐다고 봅니다. 지금은 성령님께서 직접 우리에게 바른 길을 가르쳐 주시므로 신자들이 시간을 두고 기도하면서 성령님의 인도하심을 바라며 결정하는 것이 좋습니다. 그러나 어떤 특별한 상황에서 성령님께서 제비를 뽑도록 인도하시면 그렇게 순종할 수도 있을 것입니다.

하나님의 뜻을 찾아가는 방법

본문의 말씀은 베드로와 제자들이 제자를 보선하는 데 있어서 하나님의 뜻을 찾아가는 방법을 보여 주고 있습니다.

첫째는 성경의 말씀 속에서 제자를 보충해야 한다는 확신을 끌어냅니다(행 1:16-21). 둘째는 정해진 기준에 따라 자신들에게 주신 지혜를 활용하여 자격과 경험을 가지고 있는 후보자를 찾아냅니다(행 1:21-23). 셋째는 모든 것을 아시는 주님 앞에 간절히 기도합니다(행 1:24). 넷째는 하나님의 역사에 의지하며 제비를 뽑았습니다(행 1:26).

그러므로 오늘날에도 하나님의 뜻을 찾기 위해서는 성경으로부터 시작하여, 주신 지혜를 활용하며, 하나님께 간절히 기도하고, 성령님의 역사를 기다려야 합니다. 중요한 일을 결정할 때, '하나님이 주신 뜻인가? 성경적인 기준이 있는가? 기도하고 선택했는가?' 스스로 물어야 합니다.

이렇게 가룟 유다 빈자리에 맛디아를 가입시키고, 마가의 다락방에서 모여 기도하였습니다. 인간이 할 수 있는 준비를 다하고 기도할 때 하나님의 역사가 일어납니다. 예수님께서 보내 주겠다고 약속하신 성령님이 모든 사람에게 임하시는 역사가 일어났습니다. 예수님의 빈자리를 성령님께서 채우시며 성령시대를 여신 것입니다.

맛디아의 자세한 행적은 성경에 기록되어 있지 않지만 그는 열두 사도 중의 한 사람으로 사명을 감당하였습니다(행 6:2; 9:27). 그리고 교회사의 전승에 의하면 에티오피아에까지 복음을 전하다가 돌에 맞고 목매달려 순교한 것(AD 61년이나 64년)으로 알려집니다. 맛디아의 성일은 2월 24일입니다. 그는 제자들 중 마지막으로 새 예루살렘 성의 반석에 이름을 새기는 영광을 얻게 된 것입니다.

저는 이런 이야기를 들은 적이 있습니다. 옛날 한 포악한 왕이 신자들을 잡아 큰 가마솥에 넣은 다음 물을 붓고 불로 물을 끓여 죽이려 했습니다. 집행하는 군사가 죽어가는 신자들을 보고 있으니 하늘에서 천사들이 나타나는데 제각각 영롱한 빛의 면류관을 들고 순교자들의 머리에 씌워 주려고 내려오는 것이었습니다. 그 광경이 너무나 영광스러웠습니다. 그런데 뜨거운 물속에서 견디다 못한 한 신자가 "나 이제부터 예수를 믿지 않겠으니 제발 살려달라"고 소리쳤습니다. 그 말이 떨어지자마자 내려오던 천사 중 하나가 실망한 표정으로 면류관을 가지고 다시 돌아 올라가는 것이었습니다. 그래서 집행하는 군사가 부인하는 그 사람을 재빨리 끊는 물에서 이끌어내고 자기가 대신 그곳에 들어갔습니다. 그러자 천사가 방향을 바꿔 다시 내려왔지요. 그래서 결국 마지막까지 견디지 못한 그 사람의 면류관을 그 군사가 차지하게 되었다는 이야기입니다. 맛디아가 바로 그런 사람입니다.

제가 말씀드리고자 하는 요지는 우리도 맛디아처럼 제자의 반열에 들어가는 사람들이 되자는 것입니다. 물론 첫 사도와 제자를 구별하여 예수님이 직접 부르셔서 쓰신 원 사도와 그 후에 가입되는 제자인 바울, 바나바, 실라, 디모데, 마가 등을 구별하기도 합니다만, 바울이 자신도 사도들과 같이 주님께 부름받은 제자로 늘 여기고 살았던 것처럼 우리도 이 제자들 중의 하나가 되자는 것입니다.

3
오순절의 사람

^{1}오순절 날이 이미 이르매 그들이 다같이 한 곳에 모였더니 ^{2}홀연히 하늘로부터 급하고 강한 바람 같은 소리가 있어 그들이 앉은 온 집에 가득하며 ^{3}마치 불의 혀처럼 갈라지는 것들이 그들에게 보여 각 사람 위에 하나씩 임하여 있더니 ^{4}그들이 다 성령의 충만함을 받고 성령이 말하게 하심을 따라 다른 언어들로 말하기를 시작하니라 ^{5}그 때에 경건한 유대인들이 천하 각국으로부터 와서 예루살렘에 머물러 있더니 ^{6}이 소리가 나매 큰 무리가 모여 각각 자기의 방언으로 제자들이 말하는 것을 듣고 소동하여 ^{7}다 놀라 신기하게 여겨 이르되 보라 이 말하는 사람들이 다 갈릴리 사람이 아니냐 ^{8}우리가 우리 각 사람이 난 곳 방언으로 듣게 되는 것이 어찌 됨이냐 ^{9}우리는 바대인과 메대인과 엘람인과 또 메소보다미아, 유대와 갑바도기아, 본도와 아시아, ^{10}브루기아와 밤빌리아, 애굽과 및 구레네에 가까운 리비야 여러 지방에 사는 사람들과 로마로부터 온 나그네 곧 유대인과 유대교에 들어온 사람들과 ^{11}그레데인과 아라비아인들이라 우리가 다 우리의 각 언어로 하나님의 큰 일을 말함을 듣는도다 하고 ^{12}다 놀라며 당황하여 서로 이르되 이 어찌 된 일이냐 하며 ^{13}또 어떤 이들은 조롱하여 이르되 그들이 새 술에 취하였다 하더라 행 2:1-13

본래 오순절은 유월절 후 50일로, 하나님께 첫 보리 수확을 드리는 칠칠절이며 맥추절인데, 예루살렘 성전 파괴 후에는 모세가 율법을 전수받은 날로 지켜오던 감사절기입니다. 그런데 신약에서는 예수님이 부활 후 40일간 활동하시다가 승천하신 후, 제자들이 마가의 다락방에 모여 10일간 '약속하신 성령'을 간구하다가 120성도가 성령강림을 체험한 날입니다. 9일까지 합심기도를 해도 아무 징조가 보이지 않았습니다. 그러나 마치 임계점에 도달하자 물이 끓기 시작하는 것처럼 10일째 성령강림이 일어났습니다. 그러므로 우리도 성령이 임하실 때까지 믿음의 분량, 기도의 분량을 채워야 하겠습니다. 이날이 초대교회의 시작점이 된 성령강림절입니다. 예수님 부활하신 후 50일이 된 날이므로 오순절이라 하였습니다. 이로써 율법을 받았던 날이 성령을 받은 날로 바뀝니다. 돌에 새긴 것에서 마음에 새긴 것으로의 변화, 하드웨어에서 소프트웨어로의 변화, 즉 율법에서 은혜로의 변화가 일어나고, 율법의 종교가 아니라 성령의 종교가 시작되었습니다. 첫 번째 추수에서 영적 추수가 시작되었습니다. 이 오순절 성령강림으로 교회가 탄생하였습니다. 성령님이 강림하심으로 교회가 태동하게 되었으니 성령시대와 교회시대가 동시에 시작된 것입니다. 그리고 성령을 따라 나가는 사도시대가 전개되는 것입니다. 가룟 유다의 자리를 맛디아가 채운 데 이어 성령님이 예수님의 빈자리를 채우는 역사입니다.

    사도행전의 저자인 누가는 누가복음 24장 49절에서 예수님의 마지막 당부를 소개합니다.

    "내가 내 아버지께서 약속하신 것을 너희에게 보내리니 너희는 위로부터 능력으로 입혀질 때까지 이 성(예루살렘)에 머물라."

    제자들은 이 말씀대로 예루살렘 성에 있는 마가의 다락방에 올라가 마음을 같이하여 집중적으로 기도하였습니다. 그 결과, 오순절 날에 그곳에서 기도하던 120명 모두 "위로부터 능력"을 힘입게 되었습니다. 성령강림은 예수님께서 예고하신 것이 이루어진 것입니다.

1. 오순절의 사람은 "위로부터 오는 능력을 힘입은 사람"입니다

베드로의 경우만 보아도 위로부터 오는 능력을 힘입기 이전에는 어린 여종 앞에서도 예수님을 부인하는 나약한 사람이었습니다. 그러나 성령의 능력을 힘입은 다음 설교할 때 3,000명씩 회개하고 돌아오는 다이나마이트('두나미스')와 같은 능력의 소유자가 되었습니다. 아무리 예수님의 부활을 목격했다고 하더라도 성령을 받지 못하면 능력 있게 증언할 수가 없습니다. 온갖 좋은 것들은 하늘로부터 내려옵니다. 성도들의 삶도 위로부터 능력을 입기 전과 그 이후의 삶은 전적으로 다릅니다.

위로부터 능력을 힘입는 일 없이는 신앙생활도, 교회의 부흥도, 능력 행함도, 어떠한 기적도 나타날 수가 없습니다. 구약의 사사들, 선지자들도 다 "여호와의 신"이 임할 때 하나님의 역사가 나타났습니다. 옷니엘에게 "여호와의 신이 임했고"(삿 3:10), 기드온, 삼손(삿 14:6; 15:14), 입다(삿 11:29)에게 역시 성령이 임했습니다. 구약에도 이렇게 성령의 역사가 있었지만 특정한 사람에게, 특별한 사역을 위해 일정 기간 나타났습니다. 그러나 사도행전에서는 언제든지 성령을 구하는 모든 사람에게 임하십니다. 바야흐로 성

령의 민주화가 일어난 것입니다.

요엘 2장 28-29절은 "그 때에 내가 또 내 영을 남종과 여종에게 **부어 줄** 것이며"라고 했고 사도행전 2장 33절도 "하나님이 오른손으로 예수를 높이시매 그가 약속하신 성령을 아버지께 받아서 너희가 보고 듣는 이것을 **부어 주셨느니라**"고 했습니다.

사울이 사무엘을 만났을 때 "하나님의 영이 사울에게 크게 임하므로"(삼상 10:6, 10)라고 하였고, 나중에 하나님의 영은 사울을 떠나 다윗에게 임하여 "다윗이 여호와의 영에게 크게 감동"(삼상 16:13)되었다고 했습니다. 구약의 선지자들은 하나님의 영에 크게 감동된 사람들이었습니다. "오직 나는 여호와의 영으로 말미암아 능력과 정의와 용기로 충만해져서"(미 3:8). 이들은 말하자면 구약의 오순절의 사람들입니다. 교회사에도 존 웨슬리, 조지 휫필드, 찰스 피니, 디엘 무디, 이성봉 목사님 같은 분들이 다 오순절의 사람입니다.

우리가 다 이런 오순절의 사람들이 되기를 기원합니다. 오순절의 성령강림은 예수님의 약속을 믿는 무리들이 한마음으로 같은 장소에서 10일 동안 기도할 때 일어난 사건입니다. 이 성경의 약속은 120명에게만 주어진 것이 아닙니다. "이 약속은 너희와 너희 자녀와 모든 먼 데 사람 곧 주 우리 하나님이 얼마든지 부르시는 자들에게" 주어진 것입니다(행 2:39). 오순절 성령강림은 오순절 날 일어난 일회적인 사건이 아니라 계속적으로 일어날 사건의 전조입니다. 사도행전에도 사마리아에서(행 8:14-17), 가이사랴에서(행 10:44-48), 에베소에서(행 19:1-7) 연속적으로 일어나고 있습니다. 그러므로 우리도 이 같은 약속을 붙들고 한마음으로 열심히 기도하면 오순절 성령강림의 체험을 오늘날 동일하게 할 수 있습니다.

   능력은 위로부터 옵니다. 물을 위에서 부어 주듯이, 엘리야의 제단에 불이 위에서부터 붙듯이 하늘에 기원을 가진 능력입니다. 성령님이 능력이십니다. 제자들은 '오순절 이전에' 능력을 제대로 행사하지 못했습니다. 그러나 '오순절 때' 능력을 받았습니다. '오순절 이후' 그들은 능력 있는 사람이 되었습니다. 위로부터 능력이 임하지 않고서는 우리의 문제가 결코 해결되지 않습니다. 우리가 거듭나는 것도 위로부터 나는 것이듯이 성령의 능력도 위로부터 납니다. 아래에서 오는 힘인 건강, 지식, 권력, 물질 가지고는 불충분합니다. 식물은 뿌리를 둔 땅에서 힘을 얻고, 동물은 옆에서 얻는 힘으로 생존합니다. 그러나 인간은 하늘에 뿌리를 두고 삽니다. 인간은 세상에서 오는 능력보다 하늘에서 오는 능력을 받아야 합니다. 위로부터 임하는 성령의 능력(영력)과 세상의 힘은 하늘과 땅 차이입니다.

2. 마가의 다락방에 모였던 120성도는 세 가지 신비한 체험을 하였습니다

첫째는 청각적인 것으로, 급하고 강한 바람이 부는 소리를 들었습니다(sound). 귀가 먼저 열립니다. 바람 같은 성령입니다. 그것은 다 같이 느낄 수 있을 정도의 세찬 바람이었습니다. 폐쇄된 다락방에 있었으므로 그 안에서 바람이 부는 소리를 듣는 것은 참으로 신비로운 일입니다. 에어컨이나 선풍기도 없이 어떻게 안에서 바람이 일어납니까? '영'이란, 히브리어('루아흐')와 헬라어('프뉴마토스')에 의하면 '바람'이고 '숨'입니다. 이때 바람은 생명의 기운을 의미합니다. 바람이신 성령은 우리의 영혼에 생명을 불어넣으십니다. 이러한 성령의 모습은 이미 하나님의 사람 창조 이야기에 깊게 각인되어 있습니다. 하나님이 진흙으로 사람을 빚으신 이후 그 코에 생기를 불어넣으시자 비로소 사람이 영적으로 살아 있는 존재가 되었습니다. 하나님의 영이 우리 인간의 생명의 기원임을 보여 주는 대목입니다. 에스겔이 하나님의 숨으로 말미암아 마른 뼈들이 생명 있는 존재로 변화되는 과정을 보는 것처럼 말입니다(겔 37:4-6). 숨, 기운, 바람 등의 이미지들은 성령의 생명력을 보여 줍니다. 성령이 생명입니다(롬 8:10). 예수님도 성령의 역사를 바람에 비유하신 적이 있는데(요 3:8) 바람 같은 성령의 역사는 주로 변화로 나타납니다. 오순절의 사람들은 바람 같은 성령의 역사로 새사람이 되었습니다. 성령의 바람이 불어와 놀라운 변화가 일어나기를 바랍니다. 제자들은 귀가 열려 바람 소리를 똑똑히 듣게 되었습니다.

현대가 생각해 온 가장 큰 오해는 나무가 바람을 움직인다는 것입니다. 이는 눈에 보이는 물질이 눈에 보이지 않는 세계를 결정한다는 신념입니다. 그러나 나무는 바람을 움직일 수 없습니다. 바람이 나무를 움직이게 하는 것입니다. 다시 말해 진정한 힘은 보이는 물질에서 나오는 것이 아니라 보이지 않는 영적인 세계에서 나오는 것입니다. 이미 준비되어 있는 하드웨어에서 소프트웨어로 전환을 하는 것입니다.

성경은 이 힘의 근원이 바로 '성령'이라고 분명히 가르쳐 주고 있습니다. 하지만 현대는 성령 대신 소위 좋은 프로그램이 변화를 일으킬 수 있다고 생각했습니다. 그래서 현대적 교회는 좋은 프로그램 개발에 온통 매달렸습니다. 하나님이 만드신 세상은 물질이 아니라 영이라는 것을 잊은 채 현대의 교회는 나무를 부둥켜안고 완벽한 프로그램을 찾아 애처로운 질주를 했던 것입니다.

이제 교회는 나무를 껴안는 대신 바람을 타야 합니다. 윈드서퍼들은 파도타기를 즐기기 위해서는 '물결과 바람'에 몸을 맡겨야 한다고 조언을 합니다. 눈에 보이지 않고 손에 잡히지 않더라도 철저히 그리고 완벽하게 자신을 '물결과 바람'에 맡겨야 합니다. 교회의 지도자는 바람을 잘 타는 자가 되어야 합니다. 즉 성령의 바람을 타고 하나님이 펼치시는 넓은 세상을 항해하는 사람이 되어야 합니다.

둘째는 시각적인 것으로 불이 갈라져 각 사람에게 위로부터 임하는 광경을 보게 되었습니다(sight). 눈이 열립니다. 불같은 성령입니다. 이 불은 호렙산 가시떨기에 붙었던 불입니다. 갈멜산에 내렸던 불입니다. 주님이 "내가 불을 던지러 왔다"고 하실 때 주시기를 원하셨던 불입니다. 이것은 우리를 정결케(purify)하시는 성령의 사역을 나타냅니다. 성령은 소멸하는 불, 거룩하게 하는 불입니다. 제자들은 눈이 열려 각 사람에게 임하는 성령의 불을 똑똑히 보았습니다. 불은 '두나미스' 즉 성령의 능력(power)을 나타냅니다.

불은 또한 열정의 상징입니다. 성격이 불같은 사람은 열정이 너무 뜨거워 잠시도 가만있지 못합니다. 성령은 우리에게 열정을 일으키시는 분입니다. 하나님을 향한 열심을 주십니다. 우리의 마음이 하나님을 찾고, 그분과 연합함을 갈망하게 하십니다. 또한 성령은 우리로 하여금 이웃에 대한 불붙는 사랑의 마음을 지니게 하십니다. 우리 자신이 고통에 이를지라도 고난받는 이들과 함께할 수 있는 희생적인 삶을 살게 하시는 이 또한 불같은 성령입니다.

셋째는 성령님의 듣게 하시고, 보게 하시는 역사에 이어 각 사람에게 충만하게 임하면서 제자들로 하여금 성령님의 인도하심을 따라 다른 방언으로 말하게 하시는 것입니다(speech). 입이 열립니다. 소통하게 하시는 성령입니다. 자의로 말하지 않고 성령님이 주시는 말씀을, 서로 다른 언어를 사용하고 있었음에도 불구하고 서로 알아들을 수 있는 언어로 말하게 된 것입니다. 이제 비로소 제자들의 입이 열리기 시작한 것입니다. 15개 나라 출신의 디아스포라 유대인들이 서로 알아듣게 되었습니다. 베드로는 그들 모두에게 아람어로 설교를 했습니다. 각기 다른 말을 하던 사람들이 통역이 없이도 다 알아들었습니다. 성령을 받으면 기존에 하던 말이라도 달라집니다. 이제 비로소 제자들의 입이 열리기 시작한 것입니다. 언어가 달라지면 성품과 행동이 달라집니다. 여기 알아들을 수 있는 방언을 말하게 하시는 성령의 역사는 성령님의 우주적인 사역을 보여 주는 대목입니다. 성령님 안에서 모든 나라와 부족과 인종과 언어가 하나로 통일되는 순간입니다. 성령 안에서 우주가 소통하고 연합됩니다. 이때 성령은 온 세상을 향한 선교의 영입니다. 모든 족속 각종 방언을 말하는 세계선교를 예고하는 예언적 사건입니다.

이것은 바야흐로 새로운 영적인 세계가 열리는 것을 보여 줍니다. 신령한 귀와 눈과 입이 열립니다. Sound(청각)-Sight(시각)-Speech(언어) 3S입니다. 그리고 모든 것이 새로워집니다. 듣는 것, 보는 것, 말하는 것이 바뀝니다. 새사람은 다른 말로 표현하면 듣는 것, 보는 것, 말하는 것이 바뀐 사람입니다. 이것이 바뀌면 생각이 달라지고 성품이 달라지고 가치관이 바뀌고 나아가 행동이 변화됩니다. 성령님은 그러한 역사를 일으키는 능력입니다.

존 베일리(John Baillie, 스코틀랜드 신학자)는 다음과 같이 기도했습니다.

> 오 하나님, 제게 **열린 귀**를 주시어 더 높은 소명으로 부르시는 주님의 음성을 듣게 하소서. 저는 너무나 자주 주님의 소리에 귀먹어 있었습니다. 이제 "제가 여기 있나이다, 저를 보내소서"라고 대답할 용기를 주소서. 주님의 자녀 중 누구든 곤경 속에서 부르짖을 때 그 외침 속에서 주님의 음성을 들을 수 있는 열린 귀를 주시어 섬기게 하소서. (중략)

> 오 하나님, **열린 눈**을 주소서. 주님이 만드신 이 세상에서 주님의 임재를 금방 알아차릴 수 있는 열린 눈을. (중략)
> 오 하나님, **열린 손**을 주소서. 제게 주신 주님의 복을 어려운 사람들과 나누는 일에 재빠른 열린 손을. 모든 야비함과 인색함에서 저를 건지소서. 제 모든 돈을 청지기처럼 관리하게 하시고 제 모든 소유를 주님께 맡기게 하소서.

성령강림사건을 체험한 성도들은 귀가 열리고, 눈이 열리고, 입이 열린 다음, 마음이 열리고 이웃을 향한 손이 열렸습니다. 모든 단절되었던 것, 막혔던 것이 열렸습니다.

성령강림을 표현하고 있는 바람, 불, 언어는 변화이며 에너지이며 운동입니다. "각 사람 위에 하나씩 임하여 있더니"라는 표현에서 알 수 있듯이 성령님은 공동체의 영이면서 각 개인에게 임하시는 영입니다. 하나님이 나의 일부가 아니라 나의 전부가 되어야 합니다. 성령님이 역사하실 때 내가 하나님의 일부가 됩니다. 성령님이 충만하면 성령님이 나의 주인이 됩니다.

3. 성령님의 역사는 "소통"으로 나타납니다

당신은 자녀들과 대화가 원활하십니까? 미국에 사시는 분들의 제일 애로사항은 자녀와의 대화 문제입니다. 영어를 몰라서도 그렇고, 아이들 문화를 모르기 때문이기도 합니다. 부부간에도 소통의 문제가 있고, 성도들 간에도 그렇고, 하나님과도 소통의 문제가 있습니다. 예수님의 공생애 사역은 하나님과 우리 사이의 단절된 관계를 회복시켜 주신 "소통"으로 보아야 합니다. 그런데 더욱 구체적으로 오순절에 이 일이 일어나고 있습니다.

오순절 체험은 의사소통의 이적(miracle of communication)입니다. 오순절은 그동안 단절되어 왔던 하나님과 나와의 관계의 회복, 나와 이웃과의 관계의 회복인 것입니다. 인류의 역사는 하나님과의 단절과 그로 인한 인간 간의 단절의 역사였습니다. 아담과 하와의 범죄는 하나님과의 교제를 단절시켰습니다. 인간과 자연의 관계도 단절시켰습니다. 가인과 아벨 사건은 인간과 인간의 교제를 단절시킨 대표적인 사건이었습니다.

창세기의 바벨탑 사건(창 11:1-9)은 이러한 단절을 극복해 보려는 인간적인 노력을 보여 주고 있습니다. 그들은 아직 하나 남은 언어 소통을 소재로 인간으로부터 하나님께 올라가는 탑을 쌓아 하나님과 같이 되어 보거나 하나님께 도달하는 길을 자신들의 힘으로 만들려고 했습니다. 인간의 지혜로 바벨탑을 만들고, 자신들끼리 흩어지지 않고 그 위대한 건축물을 중심으로 함께 살아 보려는 어리석은 죄를 생각해 냈습니다.

여기에는 불신앙과 교만과 인간적인 수단과 지혜, 그리고 물질숭배, 출세지향주의, 인본주의가 깔려 있습니다. 바벨의 방법은 다름 아닌 "땅에서부터 하늘로"입니다. 인간 내면에 뿌리 깊이 잠재해 있는 수직상승욕구(skyscraper)입니다. 은혜의 수단이 아닌 공로에 기초한 자력적인 것입니다. 그것이 과학만능, 기술숭배, 바벨

종교, 바벨문화에 나타납니다. 라인홀드 니버는 현대의 문명을 바벨탑이라고 불렀습니다. 현대 과학 문명과 인본주의 철학 가지고는 사회와 인간의 삶의 질을 개선하기는커녕 더 많은 죄와 불신과 모순과 절망을 가져옵니다. 이것은 하나님의 뜻이 아닐 뿐 아니라 하나님이 미워하시는 것입니다. 이래서 결국 인간의 계획은 수포로 돌아갈 뿐 아니라 더욱 악화됩니다. 인간의 계획과는 정반대되는 결과가 나타났습니다. 탑 쌓기도 중단되고 사람들은 마지막 남은 언어조차 혼잡하게 되어 서로 흩어지게 되었습니다. 단절을 극복해 보자는 인간의 계획이 더 철저히 나누어지는 결과를 초래하였습니다. 그 결과 우리는 같은 말을 사용하면서도 서로 오해하고, 대화가 단절되는 상황을 직면하고 있습니다. 하나님과도 멀어지고, 이웃과도, 심지어 가족들과도 자꾸만 멀어져 갑니다. 이제 같은 언어를 말하면서도 의사가 통하지 않습니다.

오순절 성령강림은 이 일에 대한 하나님의 응답입니다. 오직 성령으로만, 오직 하나님의 은혜로만 소통이 이루어집니다. 오순절은 무릎 꿇고 열심히 기도하며 하나님의 역사를 기다리는 자들에게 "하늘에서부터 땅으로" 오시는 하향의 방식으로 일어납니다. 오스왈드 챔버스는 "그리스도 안에서 이루어지는 모든 과정은 아래쪽으로 향한다"고 했습니다. 하나님과의 교제를 회복시키고, 이웃과의 교제도 회복시킵니다.

커뮤니케이션(communication)의 회복이 일어나는데 먼저 하나님과 통함으로 그리고 서로 하나님을 통하여(중심으로) 소통하게 되는 순서입니다.

바벨탑 사건은 소통부재, 'communication' 단절의 죄인데, 오순절 사건은 의사소통의 은혜의 역사입니다. 그리고 그 대화는 피상적인 대화가 아닙니다. 창조적인 대화입니다. 잘못 말하고, 잘못 듣는 경우가 많은데 잘 말하고, 잘 알아듣는 역사입니다. 이것은 고린도전서 12장에 나오는 방언의 은사와도 다른데 알아듣지 못하는 방언이 아니라 오순절 방언은 알아듣는 방언이었습니다. 방언과 통역이 동시에 되었다고 할까요.

하나님과의 교제의 회복은 두 가지로 나타나는데, 하나는 기도의 문이 열린 것을 볼 때 확실히 알 수 있습니다. 제자들은 기도하고 하나님은 응답하십니다. 그리고 또 하나는 제자들이 하나님의 이름으로 능력을 행함에 있어서도 하나님이 함께하심을 볼 수 있습니다. 지금도 오순절의 사람은 기도의 사람이며, 능력을 행하는 사람입니다. 하나님과의 막혔던 벽이 기도로 열립니다.

이웃과의 교제의 회복은 친교와 전도로 나타납니다. 친교라는 단어 Fellowship은 "fellow in the same ship"이란 말로, 같은 배를 타고 있는 공동운명체라는 의식으로 긴밀하게 협조하며 사랑하는 관계를 뜻합니다. 오순절 이후 초대교회는 세상 어느 기관에서도 찾아볼 수 없는 아름다운 친교의 공동체를 이루었습니다.

"믿는 사람이 다 함께 있어 모든 물건을 서로 통용하고 또 재산과 소유를 팔아 각 사람의 필요를 따라 나눠 주며 날마다 마음을 같이하여 성전에 모이기를 힘쓰고 집에서 떡을 떼며 기쁨과 순전한 마음으로 음식을 먹고"(행 2:44-46).

소유의 벽, 거리의 벽, 마음의 벽이 다 없어졌고 서로 소통이 됩니다. 전도하는 데 있어서도 하나님의 언어가 전달되는 소통의 역사가 일어났습니다. 그래서 날마다 믿는 사람들이 더해 갔습니다. 친교의 공동체가 점점 확장되었습니다.

우리 모두가 오순절의 주인공들이 되기를 바랍니다. 오순절의 사람은 위로부터 은혜와 능력을 힘입는 사람입니다. 하나님과 통함으로 기도와 능력을 받는 사람입니다. 이웃과 통함으로 교제와 전도의 역사가 나타나는 사람입니다.

이로써 제자들은 부활의 증인에서 성령의 증인이 되었습니다. 부활체험도 중요하지만 부활의 설교자에서 더 나아가 성령체험하고 성령의 설교자가 되어야 합니다.

4
위대한 설교와 위대한 청중

³⁶그런즉 이스라엘 온 집은 확실히 알지니 너희가 십자가에 못 박은 이 예수를 하나님이 주와 그리스도가 되게 하셨느니라 하니라 ³⁷그들이 이 말을 듣고 마음에 찔려 베드로와 다른 사도들에게 물어 이르되 형제들아 우리가 어찌할꼬 하거늘 ³⁸베드로가 이르되 너희가 회개하여 각각 예수 그리스도의 이름으로 세례를 받고 죄 사함을 받으라 그리하면 성령의 선물을 받으리니 ³⁹이 약속은 너희와 너희 자녀와 모든 먼 데 사람 곧 주 우리 하나님이 얼마든지 부르시는 자들에게 하신 것이라 하고 ⁴⁰또 여러 말로 확증하며 권하여 이르되 너희가 이 패역한 세대에서 구원을 받으라 하니 ⁴¹그 말을 받은 사람들은 세례를 받으매 이 날에 신도의 수가 삼천이나 더하더라 행 2:36-41(14-41)

오순절 날 일어난 세 가지 기적을 사도행전 2장은 기록하고 있습니다. 이 오순절의 기적은 제자들이 하나님 나라에 대한 비전에 자신들의 꿈을 일치시키고 다락방에 올라가 예수님의 약속에 근거해 마음을 같이하여 기도에 힘쓸 때 일어났습니다. 예수님이 말씀하신 대로 보혜사 성령께서 오신 것입니다.

"내가 떠나가는 것이 너희에게 유익이라 내가 떠나가지 아니하면 보혜사가 너희에게로 오시지 아니할 것이요 가면 내가 그를 너희에게로 보내리니"(요. 16:7).

전에는 성령님이 특정한 사람에게, 특별한 사역을 위하여, 일시적으로 나타나서 역사하셨지만, 예수님 대신 이 땅에 임하신 오순절의 성령님은 모든 믿는 사람에게 차별 없이 임하셨습니다. 성령의 민주화가 이루어진 것입니다.

오순절에 성령님이 능력(Dunamis)으로 임하실 때 일어난 3가지 기적은 대화의 기적(행 2:1-13), 설교의 기적(행 2:14-41), 교회의 기적(행 2:42-47)입니다. 이번에는 설교의 기적을 살펴보고자 합니다.

> "오직 성령이 너희에게 임하시면 너희가 권능을 받고 예루살렘과 온 유대와 사마리아와 땅 끝까지 이르러 내 증인이 되리라 하시니라"
> (행 1:8).

성령의 능력이 임하자 베드로는 모인 무리들 앞에서 담대히 하나님의 말씀을 전하는 첫 증인이 되었습니다. 그 가운데는 성령의 역사를 "새 술에 취했다"고 조롱하는 사람들도 있었습니다. 마치 기도하는 한나를 보고 엘리 대제사장이 취한 줄로 오해하고 책망하던 장면이 떠오릅니다(삼상 1:13-14). 이때에 행한 베드로의 오순절 설교를 살펴보면 과연 기적이 아닐 수 없습니다. 사도행전을 기록한 누가의 복음서 22장 54-57절에 따르면 베드로는 예수님을 멀찍이 따라가며 어린 계집종 앞에서도 예수님을 모른다고 부인했던 비겁한 사람이었습니다. "여자여 내가 그를 알지 못하노라." 이런 베드로가 그 수많은 군중들 앞에 담대히 서서 그들의 가슴을 찢는 설교를 했다는 것은 오순절 성령의 능력이 아니고서는 불가능한 기적입니다. 설교에서 우리는 성령 충만 받은 베드로의 모습을 볼 수 있습니다. 그의 담대함, 말씀의 권위, 전하는 열정, 구약을 인용하는 지혜, 능력을 행함, 죄와 잘못을 지적하는 도전적인 말씀을 보면 베드로는 분명 성령강림을 통하여 말씀의 은사와 신유의 은사들을 받았습니다. 사도행전의 베드로는 비로소 예수님이 주신 이름에 합당한 사람이 되어 있습니다.

사도행전 12장까지 베드로가 중심이 된 기사에는 예수님의 삼중사역처럼 설교하고, 가르치고, 치유하는 베드로의 사역이 나옵니다. 성령 충만으로 인한 베드로의 변화를 보여 주고 있습니다. 설교의 내용을 살펴보아도 학문이 없는 어부 출신 베드로가 선지자의 글을 적절하게 인용하며 말씀을 전하는 것은 참으로 놀랍습니다. 요엘서와 시편 다윗의 글을 즉석에서 적절히 인용하면서 말씀을 전개하는 것을 보십시오. 예수님의 사역을 전하고 결단을 촉구할 때, 3000명이 회개하고 세례를 받았다는 것은 설교의 기적이 아닐 수 없습니다.

단 한 번의 설교로 3000명씩 회개를 하고 결단을 했다는 것, 같은 설교자로서 저에게는 너무나 부러운 사건입니다. 말씀의 위력을 경험하는 것입니다. 베드로 같은 사람이 하나님의 말씀을 전했다는 것, 그 설교를 듣고 군중들이 "마음에 찔려" "우리가 어찌할꼬" 하고 회개하였다는 것, 가히 기적입니다. 이것이 누구의 능력이며, 무엇이 베드로를 이토록 강력하게 사용하셨다는 말입니까? 학문이 아니라, 성령이고 능력입니다. 그를 이렇게 위대하게 변화시킨 것은 '오직 성령'입니다. '오직 성령이 임하심'밖에는 설명이 안 됩니다.

누가 우리의 삶을 송두리째 변화시킵니까? (성령)

누가 우리로 하여금 하나님의 일을 능력 있게 할 수 있도록 하십니까? (성령)

무엇이 이토록 위대한 기적의 역사를 일으키십니까? (성령)

답은 오직 하나 '오직 성령'입니다.

베드로의 처음 설교는 이렇게 시작되었고, 3000명의 결신자를 얻는 기적적인 역사가 나타났습니다. 사도행전에는 적어도 19번 이상의 설교가 담겨 있습니다. 베드로의 짧고 긴 설교가 8번(1, 2, 3, 4, 5, 10, 11, 15장), 스데반의 설교 1번(7장), 야고보의 설교 1번(15장), 바울의 설교가 9번(13, 14, 17, 20, 22, 26, 28장) 나옵니다.

베드로의 오순절 설교는 오순절 방언의 역사를 보고 놀라는 사람, 의심하는 사람, 조롱하는 사람, 술에 취했다고 오해하는 사람들에게 사전 준비된 원고도 없이 하나님의 역사를 변증하기 위해 갑자기 선포된 것입니다. "너희 마음에 그리스도를 주로 삼아 거룩하게 하고 너희 속에 있는 소망에 관한 이유를 묻는 자에게는 대답할 것을 항상 준비하되"(벧전 3:15).

술 취했다고 조롱하는 사람들에게 오전 9시인데 아침부터 술이 취했겠느냐고 하면서 그러면 무슨 일이 있었는가를 해명하고 있습니다. 이것은 우연히 된 것이 아니라 이미 오래전 선지자를 통해 말씀하신 것이 이루어진 것이라 했습니다. 이 능력 있는 말씀은 간단하면서도 성경 중심적이고, 그리스도 중심적이고, 구원 중심적이고, 강력한 성령님의 역사에 민감하게 따르는 설교였습니다. 베드로의 증언은 꾸밈이 없는 열정으로 가득 차 있습니다. 자신이 보고 듣고 체험한 것을 모두 다 알기를 바라는 열망으로 가득합니다. 베드로의 설교는 쉽고, 성경적이고, 예수님 중심적입니다. 예수님에 대한 이야기만 합니다.

전반적으로 설교는 네 가지를 말씀하고 있습니다. 1) 하나님의 목적이 성취되었음(행 2:14-21), 2) 예수님의 삶과 죽음 그리고 부활(행 2:22-24), 3) 시편을 통한 확증(행 2:25-35), 4) 회개하고 믿음(행 2:36-40)입니다.

베드로의 설교는 두 가지가 짝을 이루는 4개의 대지로 구성되어 있습니다.

1. 첫 번째 요지는 예언의 성취인데, 두 증인을 언급하고 있습니다

무리들 가운데서 오순절 성령의 역사를 조롱하며 의심하거나 놀라는 사람들도 있었습니다. 베드로는 그들의 반대 의견을 다루면서 성경적으로 접근하고 있습니다. 먼저 율법과 상식선에서 답변하기를, 희생을 드리기까지 아무것도 먹지 않는 전례를 들며 지금 오전 9시(삼시)인데 어떻게 술을 먹었겠냐고 말하고 이어서 왜 이렇게 되었는가를 설명합니다.

그러면서 일어난 사건에 대하여 하나님의 말씀으로 풋노트(footnote)합니다. 요엘과 시편을 인용합니다. 구약 예언자 요엘의 말씀(욜 2:28-32)을 인용합니다. 요지는 하나님께서 모든 믿는 자들에게 성령을 부어 주겠다고 약속하셨는데 지금 그 약속이 실현되었다는 것입니다. 이스라엘이 자랑스럽게 여기던 조상 다윗 왕의 예언적인 시편 말씀도 인용합니다(시 16:8-11; 110:1). 다윗은 비록 오래전 사람이지만 예수님을 주(Lord)로 고백하며 예수님의 죽으심과 부활하심을 예언하였습니다. 인간으로서 훌륭한 업적을 남긴 다윗은 죽어서 무덤에 묻혔지만 다윗의 후손으로 오신 예수님은 영원한 왕권을 가지시고 부활의 주가 되어서 다스리신다는 다윗의 예언의 말씀을 인용합니다.

"그런즉 이스라엘 온 집은 확실히 알지니 너희가 십자가에 못 박은 이 예수를 하나님이 주와 그리스도가 되게 하셨느니라 하니라"(행 2:36).

이렇듯 베드로의 설교는 하나님 말씀 중심의 설교인데 구약의 예언과 신약의 성취를 연결시킵니다. 하나님은 말씀하신 대로 성취하시는 하나님입니다. 성령님에 대하여 예언하시고 오늘 보는 대로 성취하시며, 예수님의 부활에 대해 예언하시고 우리 증인들이 목격한 대로 이루셨다는 말씀에 기초한 역사해석입니다.

2. 두 번째 대지는 예수님의 사역인데, 십자가(죽음)와 부활입니다

신학자 다드(C. H. Dodd)는 베드로와 바울의 설교의 골격을 이루는 복음의 핵심 즉 케리그마를 설교의 원형으로 보고 있습니다. 그것은 예수님의 탄생과 공생애, 죽음, 부활, 승천과 재림입니다. 그들의 십자가 처형은 불법이지만, 부활은 하나님의 긍정입니다. 구약과 신약의 중심은 예수 그리스도, 설교의 중심도 예수 그리스도여야 합니다. 예수님 중심적인 설교입니다. 하나님의 구속사입니다.

베드로는 예수님의 십자가를 목격했던 실제적 역사를 그들에게 말합니다. "너희도 아는 바와 같이", "나사렛 예수로 큰 권능과 기사와 표적을 너희 가운데서 베푸사", "너희가 법 없는 자들의 손을 빌려 못 박아 죽였으나"(행 2:22-24).

사실 모인 무리들은 나사렛 목수 예수에 대해 너무도 잘 알고 있습니다. 그의 행적과 죽음 등 당시 일어난 일에 대해 관심이 많았습니다. 베드로는 그들이 아는 것으로부터 시작했습니다. 이 예수를 하나님께서 하나님의 섭리대로 이 땅에 보내셨고, 예수님의 죽음은 단순한 죽음이 아니라 하나님께서 인류를 구원하시기 위한 계획에서 된 일입니다. 예수의 부활도 하나님께서 구원의 죄 사함과 구속을 위하여 일으키신 사건이라는 신학적 해석을 하고 있습니다. 예수님은 십자가에서 우리의 죄의 문제를 해결하시고, 부활하심으로 우리의 죽음의 문제를 해결하셨습니다.

"하나님께서 그를 사망의 고통에서 풀어 살리셨으니 이는 그가 사망에 매여 있을 수 없었음이라"(행 2:24).

사망의 굴레가 예수님을 맬 수 없습니다. 어떤 결박과 무지와 지식과 재물과 권력도 예수님을 얽맬 수 없습니다. 따라서 예수님께 속한 자들을 결박할 수 없습니다.
이렇게 베드로의 설교는 예수님의 구속을 위한 죽음과 부활에 초점을 두고 있습니다. 예수님은 형제의 죄를 구원하시기 위하여 십자가를 지셨고, 그 사망에서 부활하심으로 당신의 결박을 풀어 주셨습니다.

3. 세 번째 요지는 하나님의 두 가지 약속에 대한 말씀인데, 죄 사함(구원)과 성령에 대한 약속입니다

만일 회개하고 그 표로 세례를 받으면 과거의 어떠한 죄에서든지 하나님께서 용서해 주시겠다는 죄 사함 즉 구원에 대한 약속입니다(행 2:38).

"누구든지 주의 이름을 부르는 자는 구원을 받으리라 하였느니라"(행 2:21).

우리가 이 "패역한 세대에서 구원"(행 2:40)을 받는 죄 사함의 길은 주 예수 그리스도를 믿고 영접하는 것입니다. 누구든지 예수

님의 이름을 부르는 자에게 죄 사함이 약속되어 있습니다. 이것은 "너희와 너희 자녀와 모든 먼 데 사람 곧 주 우리 하나님이 얼마든지 부르시는 자들에게 하신 것"(행 2:39)입니다. 모두를 위한 죄 사함의 약속이 있습니다.

성도의 삶에 기적과 같은 능력을 제공하는 오순절 성령님에 대한 약속도 있습니다. 예수님의 이름으로 죄 사함을 받고 예수님을 영접할 때 성령님은 차별 없이 모든 믿는 자에게 충만히 임하십니다.

4. 네 번째 요지는 결단을 촉구하는 말씀인데, 회개하고 세례를 받으라는 구원을 위한 두 가지 요구입니다

베드로의 설교는 예수님의 십자가와 부활, 말씀의 성취의 신학적, 역사적 과거 사실을 말했고, 죄 사함과 성령의 약속인 가까운 미래적 사실을 하나님께서 하신 전적인 역사로 말하였습니다. 이제 현재적이고, 남이 대신할 수 없는 나 자신의 개인적 결단을 촉구하고 있습니다. 이 결단은 하나님의 과거적 역사와 미래적 약속이 나에게 이루어지는 다리를 놓는 현재적 결단입니다. 이 결단이 없으면 예수님의 사역과 하나님의 구원 계획이 나와는 상관이 없습니다. 나를 위한 역사가 되지 못합니다.

예수님의 공생애, 십자가, 부활, 승천이 모두 과거 사건입니다. 그러나 성령이 그것을 시간과 공간을 넘어 오늘 나를 위한 사건으로 생생하게 현재화시킵니다. 인간적인 능력으로 잘하는 설교는 인간의 재치를 드러내지만 성령의 기름부음은 하나님의 임재를 드러냅니다. 우리가 해야 할 설교는 하나님의 임재를 드러내고, 사람들을 하나님의 임재 앞에 세워야 합니다. 말씀을 들을 때 하나님의 존전에 서 있는 느낌이 들어야 합니다. 그리고 설교자가 말씀을 잘 선포해야 하지만, 청중은 그 말씀을 잘 들을 줄도 알아야 합니다. 잘 말하고 잘 알아듣는, 위대한 설교자에 위대한 청중들이었습니다. 베드로의 말씀을 듣고 무리들은 "마음이 찔려" "우리가 어찌할꼬"(What shall we do?)라고 반응하였습니다. 위대한 청중은 이렇게 반응합니다.

당신은 말씀 앞에 이렇게 서 본 적이 있습니까? "형제들아, 우리가 어찌할꼬?" "화로다, 나여 망하게 되었도다!" 하나님의 존전에 선 느낌이며 거룩한 두려움(경외감)입니다.

우리는 죄 가운데 살면서 생명의 예수님을 몰라보고 그를 십자가에 넘겨주고 이 패역한 세대에서 하나님의 섭리를 망각하고 살아왔는데, 어떻게 해야 구원을 받을 수 있겠습니까?

구원의 처방은 "회개하라"입니다. 내가 예수님의 십자가에 책임 있음을 깨닫고 회개하는 것입니다. 회개로 삶을 바꾸는 것입니다. 그러니까 예수님을 안 믿던 마음을 바꾸고 믿는 것입니다. 하나님 없이 살았던 삶의 방향을 바꾸는 것입니다. 그리고 예수의 이름으로 세례를 받습니다. 회개와 믿음의 표로 세례를 받습니다. 과거의 나는 죽고 새로운 나로 사는 표식으로 세례를 받는 것입니다. "회개하고 세례를 받으라"는 구원 메시지의 핵심입니다. 마음의 돌이킴을 넘어 행동의 변화를 촉구하고 있습니다. 회개와 믿음의 고백입니다. 이것은 이전에 세례 요한과 예수님이 전하셨던 말씀입니다.

이렇게 말씀을 마친 후 베드로는 초청을 하였습니다. 찰스 피니가 강단 초청(alter call)을 처음 했던 것으로 알려지는데 사실은 베드로가 여기에서 했습니다. 베드로의 말씀을 진실로 받아들인 사람들이 세례를 받기 위하여 제자들 앞에 나왔습니다. 이때는 예수님을 믿는다는 것이 목숨을 걸 만큼 어려운 시기였지만 3,000명이 결신을 하였습니다. 3000명이 세례를 받았을 뿐 아니라 이어서 성령을 받았을 것입니다. 회개하고 세례를 받으면 성령을 선물로 받으리라고 약속되었기 때문입니다. 예수님이 성령님을 보내 주십니다. 이제 예수님에서, 12제자로, 120문도로, 그리고 3,000명으로 기하급수적인 신자의 확장이 일어나고 있습니다.

물론 본문의 베드로의 설교는 전문을 기록했다기보다 요약한 것입니다. "또 여러 말로 확증하며 권하여"(행 2:40)가 그 증거입니다. 그러나 말이 많으나 적으나 예수님이 당신을 위하여 행하신 일을 들으십시오. 하나님께서 이 모든 일을 섭리하신 말씀을 믿으십시오.

구원과 성령님에 대한 약속은 오늘 우리에게도 유효합니다. 이 시간에 3,000명의 결단에 동참하십시오. 회개하고 예수님의 구원을 믿으십시오. "주의 이름을 부르는 자는 구원을 받으리라." 이 패역한 세대에서 예수님의 이름을 믿음으로 구원을 얻으십시오.

5
처음 교회처럼

[42]그들이 사도의 가르침을 받아 서로 교제하고 떡을 떼며 오로지 기도하기를 힘쓰니라 [43]사람마다 두려워하는데 사도들로 말미암아 기사와 표적이 많이 나타나니 [44]믿는 사람이 다 함께 있어 모든 물건을 서로 통용하고 [45]또 재산과 소유를 팔아 각 사람의 필요를 따라 나눠 주며 [46]날마다 마음을 같이하여 성전에 모이기를 힘쓰고 집에서 떡을 떼며 기쁨과 순전한 마음으로 음식을 먹고 [47]하나님을 찬미하며 또 온 백성에게 칭송을 받으니 주께서 구원 받는 사람을 날마다 더하게 하시니라 행 2:42-47

성령강림 사건 이후 믿는 자가 12사도에서 120명으로, 3000명으로 갑자기 늘어났습니다. 따라서 좋은 면도 있었겠지만 해결해야 할 문제도 많아졌습니다. '갑자기 많아진 신자들을 어떻게 할 것인가?' 지금까지 보고 배울 모델도 없고, 지침도 없고, 조직도, 예산도, 건물도 없습니다. 구성원도 다양하여 각기 다른 출신 배경을 가지고 있었습니다. 언어가 다르고, 지역이 다르고, 계층이 다르고, 경제적 생활 수준이 다르고, 문화적 배경이 다르고, 성경 지식이 다르고, 신앙적 체험이 다릅니다. 귀족과 노예, 로마시민과 지방민, 유대인과 이방인, 남자와 여자, 늙은이와 젊은이, 부자와 가난한 자, 학식 있는 자와 무식한 자….

이런 사람들을 모두 아우르는, 이제까지 지구상에 존재한 적이 없는 하나의 공동체가 만들어졌습니다. 이것이 교회의 기적입니다. 그들은 서로를 형제라 불렀고, 지위가 낮은 자, 궁핍한 자, 병든 자에게는 오히려 특별한 배려가 주어졌습니다.

다양성 속의 연합을 이루는 새로운 공동체가 탄생한 것입니다. 성령은 이렇게 통합하는 역사로 나타났습니다.

이제 믿는 것도 중요하지만 서로 속하는 것이 중요하게 되었습니다. 신자는 믿는 것(believing)에서 더 나아가 교회에 소속(belonging)이 되었습니다. 최근에는 가나안 신자나 플로팅 크리스천(floating Christian)이란 말이 많이 나오지만 본질적인 교회의 모습은 아닙니다. 학교에서도 청강생과 수강생은 다릅니다. 나뭇가지가 열매를 맺기 위해서는 나무에 붙어 있어야 합니다. 우리는 교회 공동체에 소속되어야 합니다. 폴 투르니에는 "혼자서는 할 수 없는 것이 둘 있다. 하나는 결혼이고, 또 하나는 그리스도인이 되는 것이다"라고 말했습니다.

제가 이것을 기적으로 부르는 이유는 인간의 본성 때문입니다. 우리는 근본적으로 이기적입니다. 우리의 관계는 필요, 이익, 기대, 두려움에 기초한 것입니다. 주고받고 하는 관계입니다. 조건부적입니다. 우리는 본성적으로 희생적이거나 이타적이거나 무조건 주는 생활을 못합니다. 심지어 윤리적인 행위도 자기의 이익을 위해서 합니다. 이기주의가 심화되고 있는 사회에서 처음 교회와 같은 이타적인 공동체가 탄생했다는 것은 기적입니다. 성령님의 역사가 아니고는 불가능합니다. 교회는 아무리 생각해도 기적입니다. 한 번도 만날 일이 없었을 그렇게 다른 사람들이 모여 하나의 교회를 이룬다는 것은 기적입니다. 확대된 가족 같은 공동체가 탄생한 것입니다. 교회는 말씀을 배우고 기도하고 성찬을 나누는 예배하는 공동체를 넘어 서로의 것을 나누는 공동체, 믿지 않는 자들에게 칭찬받는 공동체가 되었습니다. 성령 충만한 신자들은 성령 충만한 교회를 만듭니다.

전반적으로 보면 처음 교회는 성령님이 이끌어 가는 교회였습니다. 성령님이 교회의 본질입니다. 다음으로 비전(목적)이 이끌어 가는 교회였습니다. 그리고 신자들이 이끌어 가는 교회였습니다.

처음 교회 공동체는 막 태어난 신자들의 영적 인큐베이터 노릇을 잘 하였습니다. 이 처음 교회가 우리 교회의 모델입니다. 42절은 처음 교회의 본질적인 모습을 네 가지로 설명했습니다. 성령의 인도하심을 따라 사도의 가르침을 받는 교회, 서로 교제하는 교회, 함께 떡을 떼는 교회, 기도하는 교회입니다. 43절부터 47절까지 이런 교회의 모습을 좀 더 자세하게 설명하고 있습니다.

첫째, 처음 교회는 배우는 공동체였습니다(디다케 교회)
우리는 오순절 성령강림의 강력한 역사를 앞에서 보았습니다. 급하고 강한 바람, 불의 혀, 방언을 말하는 것 같은 현상입니다. 베드로가 성령에 감동되어 강력한 메시지를 전했고 3000명의 청중들이 가슴을 치며 회개하고 물로 세례를 받고 성령 충만해지는 광경도 보았습니다. 너무나 놀라운 모습들입니다. 그렇습니다. 이 모든 것이 오순절에 일어났습니다. 그러나 이것이 전부는 아닙니다.

종교생활에서의 문제는 순간적인 열광주의, 극적 피상적 체험만을 추구한다는 것입니다. 감정적 체험만을 강조하는 것은 종교중독을 낳습니다. 따라서 종교금단현상도 만듭니다. 그래서 현실에 적응하지 못하고 자꾸만 현실에서 도피하려고 합니다.

그러나 처음 교회는 하나님의 말씀을 통하여 오순절의 열광적인 체험을 즉각적으로 내면화시킵니다. 우리는 뜨거운 마음뿐 아니라 차가운 머리도 필요합니다. 차가운 성령입니다. 성령 체험하게 되면 스스로 무엇이 된 것처럼 교만해지는 위험도 따릅니다. 그런데 초대교회 교인들은 먼저 사도들의 가르침을 받았습니다. 성령님의 역사의 첫 번째 열매는 예루살렘에 학교를 연 것입니다. 반 지성주의와 성령 충만은 양립 불가능합니다. 왜냐하면 성령은 진리의 영이시기 때문입니다. 교회는 한순간의 감정적인 폭발에서 다음의 폭발로 넘어가는 것이 아니라, 가르치는 것으로 넘어갑니다.

처음 교회에서 우리의 믿음은 배움을 통해 더 깊어지는 것을 봅니다. 이것이 성경공부를 통한 양육입니다. 이런 과정을 통하여 신자가 제자가 됩니다. 믿는 자에서 제자로 키워집니다. 지도자와 사역자를 세우는 지도력이 발휘됩니다.

둘째, 처음 교회는 사랑으로 교제하는 공동체였습니다 (코이노니아 교회)

헬라어로 '교제'는 '코이노니아'입니다. 코이노니아는 'common', 즉 '공동'이라는 어근에서 왔습니다. 공동의 것을 나눈다는 뜻입니다. 코이노니아는 삼위일체적인 경험입니다. 하나님, 예수님, 성령님을 공동으로 나누는 것입니다. 처음 교회는 말씀을 나누는 영적인 차원뿐 아니라 정신적, 물질적 차원의 사랑과 나눔과 섬김까지 보입니다.

서로, 함께, 교제, 나눔, 통용, 기쁨, 순전한 마음, 가르침, 모임, 칭찬, 증가…. 이런 말들이 나옵니다. 이것은 새롭게 시작한 공동체가 강력한 힘을 가지게 된 이유를 설명해 줍니다. 서로 함께 모여 사랑으로 교제를 나눌 때 큰 힘을 발휘하게 됩니다.

우리는 손 안에 한 번 들어오면 움켜쥐고 놓지 않으려는 경향이 있습니다. 우리의 손은 어떻게 취득할지는 배우지만 어떻게 줄 것인지는 잘 배우지 못했습니다. 우리는 사회에서 어떻게 벌 것인가에 대하여 배우지만 다른 사람들에게 주는 법은 훈련받지 못했습니다. 교회는 주는 법을 배우는 학교입니다. 로버트 슐러 목사는 "교회는 죄인을 리크루트하기 위해 수백만 달러를 쓰는 유일한 기관"이라고 했습니다. 우리 교회가 하는 선교뿐 아니라 사회봉사, 구제사업, 무료급식, 지역아동센터, 마을도서관 모두 금전적으로만 보면 손해나는 사업입니다. 그러나 교회는 손해나는 사업을 해야 합니다.

예수님은 "네 손을 펴라"(눅 6:10)고 말씀하십니다. 움켜쥐고

펴지 못하면 장애인이 됩니다. 아니 죽습니다.

제가 원숭이 잡는 법을 가르쳐 드리겠습니다. 말레이시아에 가 보면 아이들이 원숭이를 정글에서 잡아 시장에 내다 파는데, 어떻게 잡았는지 물어보면 간단합니다. 우선 조롱박을 골라 속을 파내고, 쌀 한 줌을 구멍에 넣은 다음, 원숭이가 다니는 길에 놓고 줄을 나무에 묶어 둡니다. 그러면 원숭이가 쌀 냄새를 맡고 손을 조롱박 속에 넣어 쌀을 한 줌 움켜쥡니다. 그러나 주먹을 쥔 손이 조롱박에서 빠져 나오지 않습니다. 손을 펴서 쌀을 버리면 손을 뺄 수 있지만, 쌀을 잃을까 봐 끝까지 주먹을 쥐고 있습니다. 그러다가 결국은 잡힌다는 것입니다. 시장에 끌려갈 때까지도 손을 빼지 못한답니다. 자기 욕심의 노예가 되어 목숨까지 내주는 것이지요. 이것이 많은 사람들의 모습이기도 합니다.

기쁨을 나누면 배가 됩니다. 슬픔을 나누면 반감됩니다. 물질적인 것을 나누며 서로 돌봅시다. 사랑과 위로, 헌신과 돌봄을 나눕시다. 사랑의 교제를 통해 더 친밀해지는 교회가 되어야 합니다. 사랑지수가 높은 교회는 공식적인 모임 외에 얼마나 교인들이 자주 시간을 보내는가를 보면 알 수 있습니다. 서로 가정으로 식사를 초대하거나, 함께 차를 마시고, "기쁨"과 "순전한 마음"을 갖는 것입니다. 공간적으로 "함께 있어", 물질적으로 공유하고("물질을 나누고"), 합심("마음을 같이하여")하여 소통하고, 네트워킹하고, 공유합니다.

은혜 받은 자의 특징은 나눔입니다. 삭개오의 회심을 보세요.

성도들이 물질까지 나눌 수 있었던 것은 인간의 죄악성과 이기심을 극복했음을 보여 주는 것입니다. 하나님을 최우선으로 하고 있음을 보여 줍니다. 영적 가치를 인정하는 고백입니다. 물질은 소유하기 위해 주어진 것이 아니라 소통하라고 주신 것입니다. 어려운 이웃을 돕고 다른 사람들과 나누라고 위탁된 것입니다. 우리의 교제는 위로 향하면서도 동시에 옆으로 향해야 합니다.

성령 충만한 교회는 사랑하는, 돌보는, 나누는 교회입니다. 우리는 이 세상을 구원하는 구속적 소수(redemptive minority)로 부름을 받았습니다. 예수님은 우리에게 "너희는 세상의 소금이요 빛이다"라고 말씀하셨습니다. 구속적 소수가 되기 위해서는 구속적인 능력이 필요합니다. 구속적인 능력은 구속적인 사귐에서 옵니다. 교회는 구속적 사귐의 공동체입니다.

셋째, 처음 교회는 음식을 함께 먹는 공동체였습니다

식탁에서 함께 같은 음식을 먹는 것은 연합, 연대성, 깊은 우정을 보여 줍니다. 그들 사이에 사회적 장벽이 사라졌다는 증거입니다. 음식이 신분을 구별하던 사회에서 식탁을 함께하는 것은 파격적인 것입니다. 이미 복음서에서 예수님은 그런 모습을 보여 주셨습니다. 예수님의 식탁은 차별이 없었습니다. 그래서 예수님은 '죄인들을 받아들이고 함께 음식을 먹는다'(눅 15:2; 마 11:19)고 비난을 받으셨습니다. 교회에서의 공동식사는 메시아 잔치를 미리 경험하는 것입니다. '내 왕국에서 먹고 마신다'(눅 22:30)는 약속을 미리 맛보는 것입니다. "떡을 떼며"는 성찬을 연상시키는데 아직 공동식사와 성찬식의 구별이 없었습니다. "집에서 떡을 떼며 기쁨과 순전한 마음으로 음식을 먹고"(46절). 교회는 밥상공동체를 이루는 것입니다. 한국에서 식구는 밥을 함께 먹는 사람입니다. 식구(食口)는 다름 아닌 함께 먹는 입입니다. 기독교 복음은 음식을 나누어 먹는 것입니다. 그리스도를 먹고 마시는 것입니다. 복음을 이상화하거나 상징화할 필요는 없습니다. 밥을 나누어 먹는 일로 구체적으로 적용할 수 있습니다. 하나님은 양육하고, 섬기고, 나누는 교회에 더 많은 원자재를 보내십니다.

예수님은 가나에서 첫 번째 기적을 행하셨습니다. 마실 것을 주신 것입니다. 예수님은 광야에서 굶주린 군중을 먹이셨습니다. 설교만 하시고 먹을 것은 각자 해결하라고 보내지 않으셨습니다. 그래서 저는 주일예배 후에 그냥 가시지 말고 교회 식당에서 국수 드시고 가시라고 인사를 합니다. 우리 교회는 먹는 것을 즐깁니다. 물론 준비하는 데 번거롭고, 때로는 불평도 있습니다. 저는 평소에 밀가루 음식이 소화가 잘 안 되어 즐기지 않는 편인데, 교회 국수는 전혀 문제가 없습니다. 국수 먹지 않은 주일은 왠지 허전합니다. 우리 교회처럼 떡을 많이 먹는 교회도 없습니다. 쑥떡, 가래떡, 시루떡, 무지개떡, 감자떡, 인절미, 송편, 약식….

음식을 나눈다는 것은 가정 같다는 것입니다. 음식을 나누지 않고 10년 사귀는 것보다 음식을 나누면서 사귄 1년이 더 친밀할 수 있습니다. 음식을 먹고 간식을 나누면서 회의해 보십시오. 분위기가 부드러워집니다.

넷째, 처음 교회는 기도하면서 예배하는 공동체였습니다
처음 교인들은 기도에 힘썼습니다. 교회에서는 사람들에게 말하기보다 하나님께 말씀드리기를 힘써야 합니다. 우리는 무엇이든지 사람에게 말하여 쉽게 얻으려고 합니다. 그래서는 대단한 것을 얻을 수 없습니다. 하나님만이 주실 수 있는 것을 구해야 합니다. 하나님이 일하시게 해야 합니다. 기도로 하나님의 손을 움직여야 합니다. 하나님의 손은 큽니다.

"기도하는 것이 노동이요, 노동이 기도하는 것이다."

모이기를 힘쓰고, 기도하기를 힘쓰고, 찬미하기를 힘쓰고, 떡을 떼는 것을 힘써야 합니다. 이것이 처음 교회의 예배입니다. 이 일을 위해 힘을 아껴야 합니다.

예배를 통해 더 강해지는 교회입니다. 성전에 모이기를 힘쓰고, 기도하고, 찬미하고, 성찬을 나누는 교회의 영감이 넘치는 예배, 성령이 역사하는 예배가 되어야 합니다.

함께 기도하고, 성경말씀을 배우며, 주님을 찬양하고, 가난한 자들을 돕는 것이 교회입니다. 이것이 공동체에 영적 변화를 가져오게 한 요인입니다. 처음 교회는 역동적이고 어디 경직된 부분이 없었습니다. 교회는 건물이 아니라 그런 모임입니다. 예루살렘 교회는 어디 대단한 건물이 아닙니다.

처음 교회는 성령이 충만한 교회인데, 그것이 바로 우리의 모델 교회입니다. 서로 배우는 교회, 사랑하며 교제하는 교회, 함께 먹는 교회, 기도하는 교회입니다. 이것은 건강한 교회의 4대 영양소입니다. 건강한 신자는 균형 있는 믿음을 가지고 있습니다. 교회성장은 균형 있는 이런 요소들을 갖추고 있을 때 자연히 따라옵니다.

교회는 생명체입니다. 건강해야 성장합니다. 교회 성장은 교회 건강의 자연적인 결과입니다. 교회의 건강은 사역이 균형이 잡혀 있을 때 옵니다.

릭 워렌 목사는 「목적이 이끄는 교회」에서 "모든 교회는 교제를 통해 '더 따뜻하게', 제자훈련을 통해 '더 깊이 있게', 예배를 통해 '더 강하게', 사역을 통해 '더 넓게', 전도를 통해 '더 크게' 자라야 한다"고 했습니다. 이것도 처음 교회 모델에서 온 것들입니다.

처음 교회의 결과로 기사와 표적이 많이 나타나고, 온 백성에게 칭송을 받고, 주님이 구원받는 사람을 더해 주셨습니다. 우리가 힘쓸 것과 하나님이 주시는 것이 있습니다. 성장은 교회가 역할을 잘 감당할 때 주님이 주시는 것입니다. 건강한 교회는 자연스럽게 성장하며 힘 있게 성장합니다.

6
내게 있는 것

¹제 구 시 기도 시간에 베드로와 요한이 성전에 올라갈새 ²나면서 못 걷게 된 이를 사람들이 메고 오니 이는 성전에 들어가는 사람들에게 구걸하기 위하여 날마다 미문이라는 성전 문에 두는 자라 ³그가 베드로와 요한이 성전에 들어가려 함을 보고 구걸하거늘 ⁴베드로가 요한과 더불어 주목하여 이르되 우리를 보라 하니 ⁵그가 그들에게서 무엇을 얻을까 하여 바라보거늘 ⁶베드로가 이르되 은과 금은 내게 없거니와 내게 있는 이것을 네게 주노니 나사렛 예수 그리스도의 이름으로 일어나 걸으라 하고 ⁷오른손을 잡아 일으키니 발과 발목이 곧 힘을 얻고 ⁸뛰어 서서 걸으며 그들과 함께 성전으로 들어가면서 걷기도 하고 뛰기도 하며 하나님을 찬송하니 ⁹모든 백성이 그 걷는 것과 하나님을 찬송함을 보고 ¹⁰그가 본래 성전 미문에 앉아 구걸하던 사람인 줄 알고 그에게 일어난 일로 인하여 심히 놀랍게 여기며 놀라니라 행 3:1-10

2장은 오순절 성령님의 역사와 그에 놀란 군중들을 향한 베드로의 설교였습니다. 3장은 나면서부터 걷지 못했던 사람이 치유되는 이적과 그에 놀란 군중들을 향한 베드로의 설교입니다. 역시 설교는 예수님 중심입니다. 예수님의 십자가와 부활에 대한 증언 그리고 회개를 촉구하는 내용입니다. 2장에서는 3000명의 사람들이 회개하고 세례를 받는 역사가 있었습니다. 3장은 4장 3-4절에 나오는 것과 같이 사도들이 옥에 갇히는 일과 5000명의 결신자들이 생기는 일이 동시에 일어났습니다. 교회는 예수님에게서 12제자로, 그리고 120문도, 3000명의 회심자, 거기에 남자의 수가 5000명을 헤아리는 기하급수적인 성장을 거듭합니다.

본문 기사는 베드로와 요한이 기도하는 시간에 성전에 올라가다가 "아름다운 문"(미문)이라 불리는 성전 문에서 행한 치유 기사로부터 시작됩니다. 처음 성도들은 기도하는 시간을 오전 9시, 12시, 오후 3시 이렇게 정해 놓고 기도했는데, 구 시는 오후 3시에 해당합니다.

오늘의 이적은 베드로와 요한이 의도적으로 계획한 일이 아니라, 평상시처럼 기도하러 성전에 올라가다가 생긴 일입니다. 걷지 못했던 이는 성전에 예배를 드리러 온 것이 아니라 구걸하기 위하여 성전 문 밖에 앉아 있다가 고침을 받았습니다. 세렌디피티(serendipity) 은혜입니다. 사람들이 걷지 못하는 사람을 성전 문 앞에 데려다 놓았습니다. 좌우간 교회에 오는 목적도 다양하고, 원하는 것도 다 다르지만 하나님께서는 좋은 것으로 주시는 줄 믿습니다. 그러므로 하나님 앞에 나오는 것, 교회에 규칙적으로 출석하는 일, 기도를 드리는 일을 소홀히 하지 마십시오. 어느 때에 하나님의 은혜가 임할는지 알 수 없습니다.

베드로와 요한은 하나님이 감동하실 때에 걷지 못하는 사람을 치유하는 일을 기도 후로 미루지 않았습니다. 즉각적으로 예수님의 이름으로 실행하였습니다. 이것이 기도입니다. 그리스도의 이름으로 하는 일이 기도입니다. "기도는 노동이요, 노동은 기도이다"라는 말을 기억하십시오.

　이 치유 이적 기사는 예수님께서 공생애에 하셨던 치유 이적과 동일하게 나타났습니다. 다만 예수님은 직접 자신의 권위로 말씀하셨고, 제자들은 예수님의 이름으로 기도하는 모습의 차이인데, 모두 예수 그리스도가 치유하셨다는 점에서 동일합니다. 이것은 요한복음 14장 12-14절의 약속이 이루어진 것입니다. "나를 믿는 자는 내가 하는 일을 그도 할 것이요 또한 그보다 큰 일도 하리니 이는 내가 아버지께로 감이라 너희가 내 이름으로 무엇을 구하든지 내가 행하리니…" 예수님의 사역도 치유, 말씀, 가르침이 중심이었는데 베드로의 사역도 치유와 말씀과 가르침이 함께하는 것을 볼 수 있습니다.

　사도행전에 베드로의 치유 이적은 세 번 기록되어 있습니다. 걷지 못하는 자(행 3:1-10)를 일으키고, 중풍병자 애니아(행 9:32-35)를 고치고, 죽은 다비다(행 9:36-43)를 살렸습니다.

　본문에서 저는 두 가지를 물어보려고 합니다. 첫째는 (걷지 못하는 자인) 우리는 무엇이 필요한가? 둘째는 (걷지 못하는 자에게) 우리는 무엇을 줄 수 있는가?

1. 우리는 무엇이 필요한가?

나면서부터 걷지 못한 사람은 40여 세(행 4:22)가 다 되도록 사람들에게 메여서 매일 성전 문 앞에 앉아 있었습니다. 이 사람에게 과연 무엇이 필요합니까? 우리가 걷지 못하는 사람의 입장이라면 무엇을 원할 것입니까? 그를 성전 문 앞에 메어다 준 사람들도 그곳에서 날이 저물도록 앉아 있는 그 사람도 공통적으로 원하던 것은 동정(구걸)뿐이었습니다. 성전 안에 들어가 하나님의 말씀을 듣는 것보다, 하나님께 기도드리는 것보다, 성전에 들어가는 사람들을 만나고 그들의 도움을 구하는 것이 성전 문으로 출근하는 이유입니다. 성전에 나오는 것은 거지근성의 발로입니다. 아무래도 다른 장소보다는 동정심 많은 사람들이 다니므로 목이 좋은 장소였는지 모릅니다. 그러나 이 사람은 그 성전에 드나드는 사람에게는 큰 도전이 아닐 수 없습니다. 은혜 받기 위해 성전에 들어가는 이들과 은혜 받고 성전을 나오는 이들에게 그 사람은 은혜 받을 마음과 은혜 받은 마음을 재는 바로미터가 되고 있는지도 모릅니다. 은혜 받으러 가는 사람이 이 불쌍한 사람을 두고 지나간다는 것, 은혜 받고 나가는 사람이 이 사람을 구제하지 않는다는 것은 굉장한 시험이었을 것입니다. 여러분은 그런 것을 느끼신 적이 없습니까? 헌혈버스가 교회 문 앞에 주일마다 있다면 어떨까요? 시각장애인이 전철에서 찬송가를 부르며 지나갈 때 어떻습니까? 나는 가끔 알지 못하는 사람에게서 전화를 받는데, 제가 목사라는 것을 알고 도와달라는 전화입니다. 이럴 때는 거절하기가 참 어렵습니다.

걷지 못하는 사람이 원하는 것은 돈이었고 그곳에 지나는 사람들이 가장 쉽게 할 수 있는 것은 동전 몇 푼을 보태 주는 일이었을 것입니다. 동전이 떨어지는 소리와 함께 그의 복을 비는 인사를 받고 스스로 선행에 대한 자부심도 가질 수 있었을 것입니다.

걷지 못하는 사람이 40여 년 그곳을 떠나지 않고 연명할 수 있었던 것을 보아도 목숨을 부지할 수 있는 정도는 구걸이 되었나 봅니다. 그를 그곳에 데려다 놓는 사람들도 장삿속에서 이권을 취하고, 수입이 될 만큼 타산이 맞는 일이었는지도 모릅니다.

어쨌든 그는 돈을 원했고, 어느 정도의 동정을 받아 살고 있습니다만 그는 여전히 걷지 못하는 자로 남아 있습니다. 이것이 문제입니다.

사람들은 돈이 있으면 문제를 해결할 수 있는 것으로 생각합니다. 모두 돈이 문제라고 합니다. 돈이 문제 해결의 열쇠라고 합니다. 재물이 영혼의 문제를 해결해 줄 수 있다고 생각했던 어리석은 부자를 보십시오. 그는 평소에 영혼이 결핍을 호소하는 것을 들었을 것이고, 물질로 채울 수 있다고 생각을 했습니다.

"내가 내 영혼에게 이르되 영혼아 여러 해 쓸 물건을 많이 쌓아 두었으니 평안히 쉬고 먹고 마시고 즐거워하자"(눅 12:19).

그러나 생각해 보십시오. 물질이 부자의 영혼의 필요를 채워 줄 수 없었습니다. 걷지 못하는 자에게 필요한 것은 돈이 아니라 걷는 것입니다. 그가 가난한 것은 장애를 가지고 있기 때문입니다. 어떻게 그 장애를 극복할 수 있는지가 더 근원적인 처방입니다. 그는 평생 증상을 치료하느라 근원 치료를 놓친 것입니다.

스모키 마운틴 내서널 파크에 가면 야생곰에게 먹을 것을 주지 말라는 경고 표시가 있습니다. 야생 곰에게 먹을 것을 주면 야생성과 자생력을 잃고 사람들의 거주지로 나온다는 것입니다. 그러다가 결국은 멸종한다는 것입니다. 실업자들에게는 실업수당이 아니라 일자리가 필요합니다. 새로운 시각이 필요합니다.

당신은 인생에 있어서 무엇이 필요하며, 무엇이 당신의 문제를 해결해 주고, 참된 삶을 살게 해준다고 생각하고 있습니까? 지식을 추구하고, 지위를 추구하고, 재산을 추구하고, 건강을 추구하고, 쾌락을 추구하고 살면서, 이것만 이루어지면 만족할 수 있겠다고 다그치고 지내왔지만 지난 세월을 돌이켜 보면 진정 당신은 만족한 삶을 살고 있습니까? 어느 정도 이룬 지식과 지위와 재물이 참 만족을 주고, 인생의 문제를 해결해 주었던가요?

"내 백성이 두 가지 악을 행하였나니 곧 그들이 생수의 근원되는 나를 버린 것과 스스로 웅덩이를 판 것인데 그것은 그 물을 가두지 못할 터진 웅덩이들이니라"(렘 2:13).

수가 성 우물가에서 예수님을 만난 여인처럼 우물은 마셔도 마셔도 다시 목이 마릅니다. 우리가 찾는 물은 마셔도 다시 목마르고, 영혼에 해갈을 주지 못하는 물입니다. 어거스틴은 인간에게는 "하나님만이 채울 수 있는 마음의 빈 공간"이 있다고 했습니다. 하나님을 마음에 모시기 전에는 참된 평안이 없다고 했습니다.

사람들은 자신이 진정 무엇이 필요한지를 모릅니다. 그러므로 구하는 것도 잘못 구하는 것입니다. 우리의 문제는 진정 우리가 무엇이 필요한지 모르고 있다는 것입니다. 아직도 근본적인 문제가 해결되지 못하고 무엇인가를 또 기다리는 것입니다. 이래저래 세월만 갑니다. 이름만 "아름다운 문"이지 유대교 성전은 40년 동안 이 걷지 못하는 자에게 아무런 변화도 일으키지 못하는 죽은 종교였습니다.

2. 우리는 무엇을 줄 수 있는가?

우리가 그 성전 문을 지나는 사람이 된다면 우리는 그에게 무엇을 줄 수 있습니까?

거지근성을 키워 준다고 구제를 경멸할 수도 있습니다. 아니면 그런 형편에도 그가 할 수 있는 일을 알선해 줄 수도 있습니다. 얼마간 구걸해 줄 수 있습니다. 이것이 가장 쉬운 보편적인 방법입니다. 그것으로 끝입니까?

나에게 도와줄 수 있는 동전 한 푼조차 없을 때 나는 어떻게 할까요? 사람들의 도움을 바라고 성전 문에 두는 것보다는 하나님의 도우심을 바라고 성전제단 앞에 옮겨놓는 것이 좀 낫지 않았을까요? "하나님, 나는 이 사람을 도울 방도가 없습니다. 보아하니 나보다 이 사람이 하나님의 도움이 더 필요한 것 같습니다. 제 대신 도와주십시오." 그러나 어느 하나 이렇게 하는 사람이 없었습니다. 자기 문제 해결하기에 바쁘지 이 사람의 문제를 하나님께 부탁하는 사람이 없었습니다. 아니면 자기도 성전에 오고는 있지만 하나님의 능력에 대한 믿음이 부족하기 때문에 이 사람의 문제는 해결할 수 없다고 미리 포기했는지도 모릅니다. 왜 이들이 성전에 드나들었는지 알 수 없을 정도로 걷지 못하는 사람은 여전히 성전 문에 앉아 있었습니다. 성전 문을 "아름다운 문"이라고 불렀지만 전혀 아름답지 않은 일들이 벌어지고 있습니다.

이제 베드로와 요한이 성전 문을 지나갑니다. 사실은 베드로와 요한이 이번에 처음 그곳을 지나간 것은 아닙니다. 이날만 해도 베드로는 9시, 12시에도 왔었지만, 지금 3시에야 그 걷지 못하는 사람이 보인 것입니다. 성령님의 역사를 체험하고 나면 세상에서 보이지 않던 것이 보이고, 들리지 않던 것이 들리고, 느끼지 못하던 것을 느낍니다. 성령 받으면 세상과 사물을 새롭게 보게 됩니다.

걷지 못하는 사람이 손을 벌리며, 세상에서 가장 불쌍한 표정을 지은 채 도움을 요청합니다. 이때 가진 돈이 없는 하나님의 사람 베드로는 어떻게 했습니까?

이전에는 은과 금을 구하는 자에게 그것을 주어야 한다고 생각을 했고, 가진 것이 없으니 미안하지만 줄 수 없다고 지나쳤습니다. 그런데 이번에는 그곳에 멈추어 서서 그를 주목하여 "우리를 보라"고 그에게 말을 했습니다. 사물처럼 대우를 받던 걷지 못하는 자가 사람으로 대접을 받는 것 같습니다. 인격적인 관계를 맺는 말입니다. 걷지 못하는 사람은 그가 무엇을 주려고 저러나 잔뜩 기대하며 베드로를 봤을 것입니다. 그때 베드로가 미안하지만 네가 구하는 "은과 금은 내게 없다"고 했습니다. 걷지 못하는 사람은 이 말을 듣고 아마 실망했을 것입니다. 그러나 베드로는 "내게 있는 것으로 네게 주노니"라고 하였습니다. 실망과 기대가 막 교차합니다. 아니 금과 은도 없으면서 무엇을 주겠다는 이야기입니까? 먹을 것, 입을 것 말고 걸인에게 줄 수 있는 것이 무엇입니까?

"네가 찾고 있는 은과 금은 내게 없지만 그러나 내가 가지고 있는 것을 너에게 주겠다."

네가 찾는 것이 너의 문제를 해결해 주지 못하고, 네가 알지 못하는 것이 너의 문제를 근본적으로 해결해 준다는 것입니다. 보이는 것보다 보이지 않는 것을 주고, 보이지 않는 것을 통해 보이는 세계를 변화시키는 것입니다.

이것은 베드로의 위대한 발견입니다. 먼저 베드로는 그가 원하는 은과 금은 그의 문제를 연장시킬 수는 있어도 해결할 수 없다는 사실을 알았습니다. 이제까지 금과 은으로 해결해 보려고 했던 방식대로는 절대로 문제가 해결될 수 없다는 사실을 지적하는 것입니다. 너는 네게 진정 무엇이 필요한지조차도 모르고 있다는 것입니다. 발상의 전환입니다. 문제를 다른 각도에서 보는 것입니다. 문제를 만든 방식으로는 문제를 해결할 수가 없습니다. 패러다임이 바뀌어야 합니다. 이제까지 걷지 못하는 자의 문제를 그렇게 본 사람이 없습니다. 저들이 구하고 원하는 것보다 중요한 것은 저들에게 진정 필요한 것을 주는 것입니다. 우리는 지금까지 세상이 구하는 방식으로 구하며 살았습니다. 다른 길이 있는 것도 알지 못했습니다. 우리는 보다 더 근본적인 것을 구하고, 본질적인 것을 줘야 합니다.

우리도 인생살이나 신앙생활에서 얼마나 잘못 구하고 있는지 모릅니다. 하나님이 보시면 "얘야, 너 잘못 알고 있구나. 지금 네게 그것이 필요한 것이 아닌데, 헛수고 하는구나"라고 말씀하실 것입니다. 우리가 원하는 것이 우리에게 필요한 것이 아닐 때가 많습니다. 하나님은 우리가 원하는 방식대로 주시는 것이 아니라 우리에게 필요한 것을 주십니다.

베드로의 또 다른 위대한 발견은 '내게 무엇이 있는가'입니다. 하나님은 나를 통해 일하고자 하실 때 내게 있는 것을 요구하시고 사용하십니다. 우리는 무슨 일을 할 때 있는 것보다 없는 것을 핑계 삼을 때가 많이 있습니다. 보이는 것만 있는 것이 아닙니다. 유형의 자산도 있지만 무형의 자산도 중요합니다. 하나님은 언제나 내게 주신 달란트를 어떻게 잘 활용했느냐를 물으십니다. 없는 것에 불평하지 말고, 있는 것을 묻어 두지 말아야 합니다.

당신은 무엇을 가지고 있습니까?
물질입니까?
그것으로 하나님의 일을 하십시오.
시간입니까?
그것으로 하나님의 일을 하십시오.

비전입니까?

그것으로 하나님의 일을 하십시오.

아름다운 목소리입니까?

그것으로 하나님의 일을 하십시오.

건강입니까?

그것으로 하나님의 일을 하십시오.

베드로는 예수님의 이름이 있었습니다. "나사렛 예수 그리스도의 이름으로" 그에게 능력을 베풀었습니다. 40년간 묵었던 문제를 단번에 끝장냈습니다. 근원적인 치유가 발생했습니다. 40년 동안 유대교 성전에서 일어나지 못했던 일을 단번에 말씀으로 놀라운 역사를 일으켰습니다. 예수님의 이름의 권세입니다. 죽은 종교에 새로운 생명을 불어넣은 것입니다. 의식적인 제사를 기뻐 뛰며 찬미하는 살아 있는 예배로 변화시킨 것입니다. 겉모양만 그럴듯한 성전을 생동감이 넘치는 교회 공동체로 변화시킨 것입니다. 예수님의 이름으로 일어나는 하나님의 나라는 유대교의 죽은 제도를 송두리째 바꾸는 것입니다.

   물론 금과 은이 필요 없다는 것이 아닙니다. 필요하지만 절대적인 것이 아니라는 것입니다. 상대적 가치를 가지고 있는 것에 절대적 가치를 부여하는 것이 우리의 잘못입니다. 물질은 유한가치입니다. 우리의 문제를 근본적으로 해결할 수 없습니다. 우리가 절대적 가치를 부여하고 있는 것들을 상대화시켜야 합니다. 세상에서 은과 금은 보편적으로 하나님의 라이벌입니다. 오직 예수님의 이름만이 절대적 가치를 지니며 무한한 가치입니다.

우리가 가지고 있는 것이 무엇입니까? 예수님의 이름입니다. 세상은 금과 은은 있지만 예수님의 이름이 없습니다. 처음 교회는 금과 은은 없었지만 예수님의 이름은 생생하게 살아 있었습니다. 현대 교회의 비극은 금과 은은 있으나 예수님의 이름이 없다는 것입니다. 가장 비참한 설교자는 금과 은도 없고, 예수님의 이름도 없는 자입니다.

김회권 목사의 「사도행전」에 이런 내용이 나옵니다. 중세의 한 교황이 토마스 아퀴나스에게 화려한 금으로 치장된 베드로 성당을 자랑스럽게 보이면서 "토마스, 이제 우리는 '은과 금은 내게 없거니와'라는 말은 못하게 되었군"이라고 했다고 합니다. 그러자 토마스 아퀴나스는 "'은과 금은 없다'는 말뿐 아니라 '내게 있는 것으로 주노니 나사렛 예수 그리스도의 이름으로 일어나 걸으라'는 말도 못하게 되었습니다. 이제 우리 교회에는 예수 이름의 권세가 없습니다"라고 대답했다고 합니다.

누가 우리를 이렇게 만들었습니까?

베드로는 은과 금은 없어도 예수님의 능력 있는 이름은 있었으나 오늘날 우리의 교회는 은과 금은 있으나 예수님의 능력 있는 이름이 없습니다. 교회를 교회 되게 하는 것, 신자를 신자 되게 하는 것은 은과 금이 아니라 예수님의 이름입니다. 동정을 베푸는 것보다 훨씬 더한 것을 줄 수 있어야 합니다.

예수님의 이름 안에 권능이 있습니다. 무엇을 하든지 예수 그리스도의 이름으로 해야 합니다. 봉사, 구제, 전도는 예수님의 이름으로 하는 것입니다. "내 이름으로 어린 소자를 영접하고, 냉수 한 그릇 대접한 것을 결단코 잃지 않으리라."

사도행전에는 "예수 그리스도의 이름"이 중요하게 언급됩니다. 예수 그리스도의 이름으로 말합니다(행 3:6). 예수 그리스도의 이름을 믿음으로 걷지 못하는 자가 완전히 낫게 됩니다(행 3:16). "누구든지 주의 이름을 부르는 자는 구원을 받으리라"(행 2:21). "회개하여 각각 예수 그리스도의 이름으로 세례를 받고 죄 사함을 받으라"(행 2:38). 예수의 이름으로 일을 행합니다(행 4:7).

"다른 이로써는 구원을 받을 수 없나니 천하 사람 중에 구원을 받을 만한 다른 이름을 우리에게 주신 일이 없음이라"(행 4:12).

물질의 문제를 무엇으로 해결합니까? 예수님의 이름!
건강의 문제를 무엇으로 해결합니까? 예수님의 이름!
가정의 문제를 무엇으로 해결합니까? 예수님의 이름!
사업의 문제를 무엇으로 해결합니까? 예수님의 이름!
세상의 문제를 무엇으로 해결합니까? 예수님의 이름!
구원의 문제를 무엇으로 해결합니까? 예수님의 이름!
문제는 달라도 해답은 하나입니다. 예수 그리스도.

예수 그리스도의 이름이 우리에게 구원을 주시는데, 그 밖에 무엇을 주지 못하겠습니까? 예수님의 이름으로 무엇이든지 구하십시오. 다 이루어집니다. 예수 이름의 권세. 우리는 세상의 억만금보다 큰 그 이름의 권세를 믿는 사람들입니다. "예수의 이름은 세상의 소망이요 세상의 기쁨일세."

물론 베드로는 말로만 아니라 손으로 그의 "오른손"을 잡아 일으켰습니다. 토마스 원저는 "능력은 그리스도의 것이었으나 손은 베드로의 것이었다"라고 했습니다. 예수 그리스도의 능력은 믿음으로 붙들어 주는 우리의 손이 필요합니다. 내가 하나님이 필요한 만큼 하나님도 내가 필요합니다. 공동 작업입니다. 동역입니다. 그 사람은 발과 발목에 힘을 얻어 뛰어 서서 걸으며 베드로, 요한과 함께 비로소 성전에 들어가 하나님을 찬미하였습니다. 찬송은 배우지 않았어도 성전 문에 앉아 있었으니 익히 들어 알고 있었을 것입니다.

성전 문에만 앉아 있던 사람이 성전 안으로 들어왔습니다. 그가 걷고 뛰는 것과 찬송하는 것은 몸과 영혼이 살아나는 것입니다. 그 성전이 지어지고 이런 예배는 처음이었을 것입니다. 찬송가사에 "기뻐 뛰며 주를 보겠네"라는 구절이 있는데 누가 시키지 않아도 40여 년 만에 처음 걸어보고 뛰게 되니 그 감격과 감사가 얼마나 컸겠습니까?

걷지 못하는 자를 걷게 하고 뛰게 하는 것은 예수 그리스도의 이름입니다. 이러한 변화는 믿음이 만들어내는 것입니다. 걷지 못하는 자가 믿었다는 말이 16절에 암시되어 있습니다.

이것이 금이나 은보다 더 귀한 것입니다. 억만금으로 살 수 없는 은혜입니다. 그리고 우리가 줄 수 있는 것 중에 이보다 더 귀한 것이 없습니다. 세상 사람들은 무엇이 중요한지도, 무엇이 더 귀한 것인지도 모른 채 살고 있습니다. 밭에 감춰진 보화의 비유(마 13:44)는 하나님 나라 백성들의 이야기입니다. 우리는 알고 있습니다. 우리는 보화를 분명히 보았습니다. 무엇이 더 값진 것인지를….

우리는 이것을 가지고 있기 때문에 다른 사람들에게 억만금으로도 줄 수 없는 소망을 줄 수 있는 사람들입니다. 이것이 우리를 통해 다른 사람을 부요케 하시는 하나님의 역사입니다.

이것을 목격하고 놀라는 사람들에게 베드로는 하나님의 말씀을 증거합니다.

"이 일을 왜 놀랍게 여기느냐 우리 개인의 권능과 경건으로 이 사람을 걷게 한 것처럼 왜 우리를 주목하느냐"(행 3:12).

기적은 기적으로 끝나지 않고 하나님의 말씀을 증거할 때 의미가 있습니다. 예수님도 그랬습니다. 기적은 하나님의 나라의 비유와 말씀을 담고 있습니다. 말씀과 연결되지 않는 기적은 마술일 수는 있어도 하나님의 역사는 아닙니다.

베드로는 몰려드는 많은 사람들에게 왜 너희는 놀라며, 왜 우리를 주목해 보느냐고 말문을 엽니다. 이 일은 자신들이 능력이 있거나 경건하고 의로워서 된 것이 아니라는 사실을 말합니다. 이 사람이 온전케 된 것은 사람의 행위나 능력이 아니라 오로지 하나님의 은혜로 된 것이었다는 사실을 말합니다. 영광은 오직 하나님께! 능력은 사람에게서가 아니라 하나님에게서 옵니다. 예수님의 이름을 믿는 믿음을 통해서 옵니다.

이어서 예수님의 십자가와 부활을 증언하므로 걷지 못하는 자가 일어나는 역사보다 더 놀라운 역사가 일어나게 됩니다.

"그러므로 너희가 회개하고 돌이켜 너희 죄 없이 함을 받으라 이같이 하면 새롭게 되는 날이 주 앞으로부터 이를 것이요"(행 3:19).

걷지 못하는 자가 온전히 낫게 되는 치유의 이적보다는 우리의 죄가 씻음 받고 하나님의 자녀로 구원받는 역사가 더 놀라운 기적입니다. 여기 물질적, 육체적 차원에서 영적 차원으로의 전이가 발생합니다.

처음 질문으로 다시 돌아와서, 진정 우리는 무엇이 필요합니까? 예수님의 이름입니다. "우리는 모두 주가 필요해. 모두 다 알게 되리." 진정 우리는 이 세대에 무엇을 줄 수 있습니까? 예수님의 이름입니다. 사람들은 자신에게 무엇이 필요한지 모릅니다. 우리는 세상에 무엇을 줄 수 있는지를 모릅니다.

7
거룩한 용기

¹³그들이 베드로와 요한이 담대하게 말함을 보고 그들을 본래 학문 없는 범인으로 알았다가 이상히 여기며 또 전에 예수와 함께 있던 줄도 알고 ¹⁴또 병 나은 사람이 그들과 함께 서 있는 것을 보고 비난할 말이 없는지라 ¹⁵명하여 공회에서 나가라 하고 서로 의논하여 이르되 ¹⁶이 사람들을 어떻게 할까 그들로 말미암아 유명한 표적 나타난 것이 예루살렘에 사는 모든 사람에게 알려졌으니 우리도 부인할 수 없는지라 ¹⁷이것이 민간에 더 퍼지지 못하게 그들을 위협하여 이 후에는 이 이름으로 아무에게도 말하지 말게 하자 하고 ¹⁸그들을 불러 경고하여 도무지 예수의 이름으로 말하지도 말고 가르치지도 말라 하니 ¹⁹베드로와 요한이 대답하여 이르되 하나님 앞에서 너희의 말을 듣는 것이 하나님의 말씀을 듣는 것보다 옳은가 판단하라 ²⁰우리는 보고 들은 것을 말하지 아니할 수 없다 하니 ²¹관리들이 백성들 때문에 그들을 어떻게 처벌할지 방법을 찾지 못하고 다시 위협하여 놓아 주었으니 이는 모든 사람이 그 된 일을 보고 하나님께 영광을 돌림이라 ²²이 표적으로 병 나은 사람은 사십여 세나 되었더라

³¹빌기를 다하매 모인 곳이 진동하더니 무리가 다 성령이 충만하여 담대히 하나님의 말씀을 전하니라 행 4:13-22, 31

의과대학 교수가 학생들에게 담대함과 섬세함의 균형에 대해 가르칩니다. "의사가 되기 위해서는 반드시 담대함과 섬세함을 갖추어야 하네." 소변을 담은 컵에 교수가 손가락을 넣더니 빼서 입 속에 넣습니다. 그러고는 컵을 학생들에게 돌리면서 자신이 했던

것과 똑같이 하라고 합니다. 모두 손가락을 넣었다 입에 넣으며 얼굴이 일그러졌습니다. 교수는 "좋아, 아주 담대했어. 그런데 세심함이 아쉽군. 나는 둘째 손가락을 컵에 넣었고, 입에는 셋째 손가락을 넣었네. 그걸 알아차린 사람이 아무도 없군" 하고 말했습니다.

걷지 못하는 자를 일으킨 후, 설교를 듣고 성인 남자 5000명이 믿게 되는 좋은 결과와 이 일로 베드로와 요한이 구금당하는 좋지 않은 결과가 동시에 나타났습니다. 관리, 장로, 서기관, 대제사장, 제사장, 사두개인 등 당시의 최고의 권위자들 앞에 소환되어 심문을 받는 가운데 베드로는 성령이 충만하여 그들의 죄를 지적하고 예수 그리스도의 이름과 부활을 증언하였습니다. 죽은 자 가운데서 다시 살아나신 예수 그리스도, 걷지 못하는 자를 걷게 하신 능력의 이름 예수 그리스도, 천하 사람들을 구원할 수 있는 이름 예수 그리스도를 증언했습니다. 그들 가운데는 예수님을 십자가에 못 박을 때 앞장섰던 대제사장 가야바와 안나스도 있었습니다. 이제는 끝날 줄 알았던 나사렛 예수 그리스도의 이름을 다시 들었을 때 그들은 얼마나 떨렸을까요?

믿음의 반대는 두려움입니다. 믿음은 의로운 용기요, 담대함입니다.

복음을 받아들인 5000명의 평범한 남성들과는 달리, 베드로와 요한을 구금하거나 협박하는 특권층 사람들은 예수님의 능력과 예수님의 이름 그리고 예수님의 부활을 전하는 것을 싫어하였습니다. 아니, 두려워하였습니다. 예수님이 부활하셨다는 것은 그들이 내몰았던 십자가형이 잘못되었다는 것과 하나님이 예수님의 전체 사역을 긍정하신 표적이기 때문입니다. 예수님의 이름으로 걷지 못하는 자가 일어난 것도 예수님의 이름의 권세가 여전히 살아서 역사한다는 표적입니다.

예수님의 부활 사건은 저들이 십자가에서 내린 판결을 전적으로 뒤집는 하나님의 최고, 그리고 최종 판결입니다. 예수님이 죄 없으신 것을 선언하신 것입니다. 그들은 무슨 권세로, 누구의 이름으로 이런 일을 벌였습니까? 무엇이 우리에게 담대한 용기를 줍니까? 무엇이 참된 용기의 근원입니까?

육체적으로 힘이 센 장수는 어두운 골목을 거닐 때에 보통 사람들보다 더 당당하게 갑니다. 그래서 사람들은 육체의 힘에서 용기가 난다고 말할 수 있을 것입니다. 돈 많은 부자는 비싼 음식점도, 고급 호텔도, 호화판 서비스도 여유 있게 잘 즐깁니다. 그러므로 용기는 물질의 소유에서 난다고 말하는 사람도 있을 것입니다. 권력이 있는 사람은 어디든지 자유롭게 출입할 수 있으며 대접도 받고 근엄하게 말합니다. 용기는 권력에서 난다고 말할 수도 있습니다. 지식이 있는 사람은 어떤 질문이든지 똑똑하게 대답할 줄 알고, 많은 사람들 앞에서도 자기의 소신을 분명하게 밝힐 수 있습니다. 그래서 용기는 지식에서 난다고 말할 수도 있을 것입니다.

이것들의 공통점은 용기는 무엇인가 '소유하고 있는 것'으로부터 온다는 것입니다. 다시 말해 무엇인가 믿을 만한 것이 있기 때문이라는 것입니다. 그런데 육체적인 것, 물질적인 것, 권력, 지식은 상대적인 가치는 있을지언정 절대적인 가치는 아닙니다. 이런 것들은 상대적인 용기(권위)밖에 못 줍니다. 다시 말해 더 강한 자가 나타나면 어느 정도 힘과 용모를 뽐내던 사람도 이내 용기가 시들해지고 비겁해지게 되는 것입니다. 돈을 더 많이 가진 자 앞에서, 더 높은 권력을 소유한 자 앞에서, 더 빛나는 학위를 가진 사람 앞에서는 그 용기가 사라지는 것입니다. 이런 것들에 대한 믿음은 더 강한 것들을 대하면서 실의로 바뀌고 비굴해지기까지 하는 것입니다. 그리고 이 모든 것은 소멸의 길을 걷습니다.

본문은 산헤드린 공회 앞에 서서 심문을 받는 베드로와 요한의 모습을 보여 주고 있습니다. 산헤드린은 오늘날 국회에 해당하는 유대인 지도자들의 모임으로서 각계의 덕망 있고 지식 있고 재산도 있고 권력도 있는 상류급 사람들 70여 명으로 이루어진 의회 기관입니다. 대제사장, 족장들을 대표한 장로들, 율법학자인 서기관들, 재력이 있던 사두개인들…. 정말 당대의 엘리트 집단, 내로라하는 사람들의 집단입니다.

그들 앞에 붙들려 감옥에서 하루를 지낸 후 권세자 앞에 서서 심문을 받습니다. 갈릴리 어부였던 베드로와 요한은 예루살렘에 와서 평생 이렇게 존귀한 사람들을 처음 대면했을 수도 있습니다. 얼마나 주눅이 들었겠습니까? 베드로, 요한은 시골 출신으로 말소리부터가 사투리가 많이 섞여 천박하고, 하류층 사람이며, 게다가 학교 문전에도 가본 일이 없는 무학으로, 남루한 옷차림에, 내놓을 만한 것이 전혀 없는 정말 보잘것없는 사람이었습니다.

지금 이 시골 사람들이 예루살렘 도시에서 그 유식하고 유명한 산헤드린 70여 의원들 가운데 서서 심문을 받고 있습니다. 더구나 그들은 예수님을 십자가에 달 정도로 대단한 권세가 있는 자들인데, 말 한마디 잘못했다가는 매를 맞고, 옥에 갇히고, 죽을 수도 있다는 위협을 받고 있습니다. 거기에는 실제로 예수님을 십자가에 내어준 대제사장 가야바와 안나스도 있습니다. 수적으로 봐도 절대 열세입니다. 이런 자리에서 베드로와 요한은 어떤 모습을 보였습니까? 이럴 때 정말 용감할 수 있습니까? 변명을 하고서라도 한시바삐 그 자리에서 빠져나오고 싶지 않았겠습니까?

이들은 "무슨 권세와 누구의 이름으로 이 일을 행하였느냐"(행 4:7)라고 심문을 합니다.

그런데 베드로는 심문을 받는 것이 아니라, 그들의 죄를 고발하는 설교를 하고 있습니다.

"너희와 모든 이스라엘 백성들은 알라 너희가 십자가에 못 박고 하나님이 죽은 자 가운데서 살리신 나사렛 예수 그리스도의 이름으로 이 사람이 건강하게 되어 너희 앞에 섰느니라 이 예수는 너희 건축자들의 버린 돌로서 집 모퉁이의 머릿돌이 되었느니라 다른 이로써는 구원을 받을 수 없나니 천하 사람 중에 구원을 받을 만한 다른 이름을 우리에게 주신 일이 없음이라 하였더라"(행 4:10-12).

베드로와 요한은 "담대하게"(13절) 말하였습니다. 오히려 산헤드린 의원들은 "비난할 말"이 없어(14절) "어떻게 할까" 곤경에 처하게 되었습니다(16절). "우리도 부인할 수 없는지라"(16절) 하며 "어떻게 처벌할지 방법을 찾지 못하고"(21절) 결국은 풀어주게 되었습니다. 그들은 병 나은 사람과 함께 기뻐하거나 그러한 이적에 놀라지 못하고 자기들에게 미칠 영향만을 생각하고 있습니다. 살기에 차 있던 의원들이 오히려 당황하여 어찌할 바를 모르고 두려워하는 모습입니다.

무엇이 이 보잘것없는 초라한 사람들로 하여금 당대의 권세 있는 자들을 떨게 했습니까? 대체 베드로와 요한의 담대함은 어디에서 나왔습니까? 이 힘은 체력도, 재력도, 지력도 아니므로 저는 "거룩한 용기"(a Holy Boldness)라고 부르고 싶습니다.

1. 거룩한 용기는 예수님과 함께할 때 생깁니다

13절에 보면 산헤드린 의원들이 잘 관찰한 사실 하나가 있습니다. 베드로와 요한은 랍비학교를 다닌 적이 없는 보잘것없는 사람입니다. 그런데 한 가지 중요한 것은 '예수님과 함께 있었다'는 사실입니다. 공생애 기간 동안 예수님과 동행하였고, 예수님이 승천하시면서 "내가 세상 끝 날까지 너희와 항상 함께 있으리라" 약속하셨습니다.

용기가 필요하십니까? 가진 것을 헤아려 보지 말고 나와 함께 계신 예수님을 보십시오. 용기는 소유(to have)가 아니라 존재(to be)

에서 옵니다. 그것은 "내가 하나님의 자녀이며, 하나님이 기뻐하는 자"라는 의식입니다. 이것이 믿음입니다. 저는 앞에서 믿음의 반대는 두려움이라고 말했습니다. 그렇습니다. 믿음은 담대함입니다. 믿음은 어떤 시험과 역경 속에서도 담대함을 주는 것입니다. 그러기에 풍랑을 만나 애타는 제자들에게 "너희의 믿음이 어디 있느냐?" 하고 예수님은 찾아오셨습니다.

하나님은 모세와 여호수아에게 "마음을 강하고 담대하게 하라. 내가 너와 함께하리라. 내가 너를 도와주리라. 나의 의로운 오른손으로 너를 붙들리라" 말씀하셨습니다. 왼손도 아니고 오른손입니다. 하나님은 오른손잡이인가 봅니다. 사드락과 메삭과 아벳느고를 보십시오. 하나님이 함께하시면 불속에서도 담대할 수 있습니다.

예수님이 함께하시면 인간의 지식 위에 뛰어난 지혜를 주십니다. 인간의 이해 위에 바른 분별력을 주십니다. 인간의 감정 위에 깊은 사랑을 주십니다. 인간의 경험 위에 위대한 진리를 주십니다. 예수님이 함께하는 사람은 평범하지만 비범한 능력을 소유할 수 있습니다. 죽음에서 부활하신 예수님의 이름으로 병자도 고치고, 구원도 얻고, 복음도 증거하며 사는 것입니다. 예수님의 이름으로 나아갈 때 용기가 생깁니다.

둘째, 거룩한 용기는 진리를 따라 살아갈 때 생깁니다

진리를 말하는 것은 용기입니다. 세상에서는 진리를 말하지 말라는 유혹이 많습니다. 때로는 경고와 위협을 합니다. 그러나 베드로와 요한은 플라톤의 「소크라테스의 변명」에 나오는 소크라테스 말과 같이 "하나님의 말씀을 듣는 것보다 당신들의 말을 듣는 것이, 하나님 보시기에 옳은 일인지 판단해 보십시오. 우리는 보고 들은 것을 말하지 아니할 수 없습니다"(19-20절 참고)라고 했습니다.

그들은 하나님의 말씀, 그리고 보고 들은 바에 대한 확신이 있었습니다. 확신한 바를 침묵하지 않고 공공 앞에서 고백하였습니다. 만일 침묵했다면 그 많은 사람들을 어떻게 구원할 수 있었겠습니까?

고관들은 베드로가 말하는 것을 인정하지 않았습니다. 다시 말해 진리를 진리로 받아들이지 않을 때, 그들은 그 많은 권력, 학식, 재산들을 가지고도 비겁해집니다. 이 모든 것이 진리가 아니면 쓰레기(truth or trash)입니다.

1517년 10월 31일 루터가 종교개혁을 일으킬 때도 그는 진리대로 살았기 때문에 무명의 한 수도사이면서도 로마 교황청을 흔드는 힘을 가졌습니다. 당시 엄청난 권력과 물질을 가진 교황이 루터 같은 사람 하나를 왜 처치하지 못했습니까? 교황이 가지고 있지 않은 진리를 루터가 가지고 있었기 때문입니다. 진리가 루터 편이었기 때문입니다. 결국 진리가 이깁니다. 나단이 다윗 앞에서 담대하게 말할 수 있었던 것도, 다윗 왕이 무릎을 꿇고 회개한 것도 나단에게 진리가 있었기 때문입니다. 진리를 가지고 살아가는 자가 담대할 수 있습니다. 사울이 다윗 앞에 서면 작아지는 것도 다윗에게 진리가 있기 때문입니다. 다니엘이 포로로 잡혀와 이방 땅에 있으면서도 왕들에게 영향력을 미쳐 그들의 생각을 바꾸게 한 것도 진리가 있었기 때문입니다. 구약의 예언자들이 모두 다 진리를 이어온 계보입니다. 그렇기 때문에 왕들은 예언자를 가장 두려워했습니다. 자기들이 가지지 못한 진리를 가지고 있었기 때문입니다. 세례 요한이 광야에 야인으로 있었어도 그의 말씀이 가슴을 울렸던 것은 다름 아닌 진리를 외쳤기 때문입니다. 우리의 양심은 진리를 들을 줄 압니다. 아무리 귀를 막아도 가슴을 울립니다.

우리가 세상에서 무엇으로 담대할 수 있습니까? 진리 외에 아무것도 아닙니다. "진리를 알지니 진리가 너희를 자유케 하리라." '오, 하나님, 세상이 감당할 수 없는 의로운 용기를 주옵소서.' '세상의 모든 것을 다 잃어도 진리만은 내 안에 생생하게 살아 있게 하옵소서.' 교회에서 진리가 더 이상 외쳐지지 않을 때, 신자들이 더 이상 진리대로 살지 않을 때, 우리는 삼손처럼 힘을 잃어버리고 맙니다.

우리는 진리대로 살아서 모든 불신자의 입을 막아야겠습니다. 14절에 보면 "비난할 말이 없는지라"라고, 스펄전이 말한 대로 '황금의 입마개'가 나와 있습니다. 예수님의 이름으로 온전케 변화된 사람이 그들 면전에 서 있기 때문에 '비난할 말이 없다'고 했습니다. 진리대로 살아가는 변화된 우리 모습의 증거가 기독교를 비방하는 모든 사람의 입마개가 되어야 할 것입니다.

셋째, 거룩한 용기는 성령님이 충만할 때 나타납니다

베드로는 공회 앞에 "성령이 충만하여"(8절) 예수님을 담대히 증거하였습니다. 31절에도 보면 "무리가 다 성령이 충만하여 담대히 하나님의 말씀을 전하니라"라고 했습니다. 성령 충만하면 담대해집니다. 이것은 내 안에 가지고 있는 것에서 나오는 권위가 아니라 위로부터 부여된 신적인 권위입니다. 베드로가 누구입니까? 예전의 베드로는 어린 하녀 앞에서도 예수님을 부인하던 비겁한 사람이었습니다. 그러나 오순절 성령강림 이후에는 죽음 앞에서도 예수님을 증거하는 증인이 되었습니다. 무슨 차이입니까? 성령 충만 받고 완전히 달라진 것입니다. 오직 성령의 능력이 베드로에게 담대함을 준 것입니다. 성령을 받기 전에는 진리를 가지고 있으면서도 떨리지만 성령이 충만하면 담대하게 증거할 수 있습니다. 성령 충만을 새 술에 취한 것으로 비유해서 말했는데, 마치 술에 취한 사람이 평소에 말하지 못하던 것을 술기운으로 용감하게 말하는 것과 같습니다. 담대함이란 말의 헬라어는 '파레시아'인데, '모두 말하다'(telling all)라는 뜻입니다. 빠짐없이 다 말하는 것입니다. 성령님은 증거의 영이신데, 발언할 때 담대함을 줍니다.

 예수님은 누가복음 12장 11-12절에 "사람이 너희를 회당이나 위정자나 권세 있는 자 앞에 끌고 가거든 어떻게 무엇으로 대답하며 무엇으로 말할까 염려하지 말라 마땅히 할 말을 성령이 곧 그

때에 너희에게 가르치시리라"라고 하셨습니다.

때때로 우리는 문명인이 아니라는 생각이 듭니다. 지금 우리는 천박한 물질주의에 사로잡혀 있고 개발, 권리, 향락의 논리에 모든 것이 매몰되었습니다. 경제의 가치는 정신과 영의 가치로 승화되어야 합니다. 그렇지 않으면 정신 없는, 영혼 없는 문명이 됩니다. 지금 우리는 물량주의가 팽배하고 도덕, 정신적 가치, 문화적 가치, 영적 가치를 상실하였습니다. 배를 채워 주는 정치에서 가슴을 채워 주는 정치로 업그레이드(up grade)해야 합니다. 생명존중, 친생태계적, 윤리적, 공동체적 가치를 창안해야 합니다.

마틴 루터 킹은 에베소서를 풀어 미국인들에게 보내는 편지에서 이렇게 말했습니다. "여러분의 도덕적, 영적 진보가 과학의 진보를 따르지 못하는 듯합니다. 여러분의 삶의 수단인 물질을 인생의 목표인 영의 문제보다 더 중요시하고 있습니다. 나는 여러분이 과학의 진보와 나란히 도덕에서도 진보를 이루기를 간절히 원합니다."

용기는 좋은 것이지만 분별력이 필요합니다. 용기를 내야 할 때 내지 않는 것은 비겁이고, 용기를 내야 할 때가 아닌데 내는 것은 만용이라 합니다. 용기는 비겁과 만용의 중용입니다. 그럼 언제 우리는 거룩한 용기가 필요합니까?

1) 하나님의 대적을 대할 때입니다.
사탄이나 어두움의 세력, 하나님의 역사를 방해하는 자들을 만날 때, 보이는 것들을 두려워하지 말고 하나님만을 두려워하고 용감하게 나아가야 합니다(8-10절).

2) 말씀을 지킬 때입니다.
말씀을 지키고 순종하는 데 용감해야 합니다. 하나님의 말씀을 귀하게 여기고 어려움이 있더라도 복종해야 합니다. 그것이 거룩한 용기입니다(19절).

3) 그리스도를 증거할 때입니다.
세상의 소망은 오직 예수 그리스도입니다. 우리를 침묵시키기 위해 예수의 이름을 전하지 말라고 위협하고 회유하고 온갖 방법을 동원하여 우리를 유혹할 때 우리는 과감하게 이 모든 것을 뿌리치고 담대히 예수의 이름을 증거하는 증인이 되어야 합니다. 그리스도만을 높여야 합니다(12절).

4) 죄를 고백할 때입니다.
성도들이 가장 두려워해야 할 것은 죄입니다. 이 죄는 하나님과 나와의 관계를 파괴시키고, 이웃과의 관계에 상처를 내고, 내 영혼을 죽입니다. 나를 지옥으로 끌고 갑니다. 그러므로 한시도 죄에 빠져 있지 말고 하나님께 회개하는 데 용감하고 빨라야 합니다. 용감하게 한번 회개한 다음에는 하나님께 맡기고 다시 담대하게 새로운 삶을 살아야 합니다(2:37).

우리에게 필요한 거룩한 용기는 예수님과 함께할 때, 성령님이 함께할 때, 기도할 때, 진리 안에 거할 때 가능합니다. 그리고 이 용기를 가지고 하나님의 대적을 이기고, 말씀을 지키고, 예수님을 증거하고, 죄를 고하는 데 사용하시기를 축원합니다.

8
교회의 합심 기도

²³사도들이 놓이매 그 동료에게 가서 제사장들과 장로들의 말을 다 알리니 ²⁴그들이 듣고 한마음으로 하나님께 소리를 높여 이르되 대주재여 천지와 바다와 그 가운데 만물을 지은 이시요 ²⁵또 주의 종 우리 조상 다윗의 입을 통하여 성령으로 말씀하시기를 어찌하여 열방이 분노하며 족속들이 허사를 경영하였는고 ²⁶세상의 군왕들이 나서며 관리들이 함께 모여 주와 그의 그리스도를 대적하도다 하신 이로소이다 ²⁷과연 헤롯과 본디오 빌라도는 이방인과 이스라엘 백성과 합세하여 하나님께서 기름 부으신 거룩한 종 예수를 거슬러 ²⁸하나님의 권능과 뜻대로 이루려고 예정하신 그것을 행하려고 이 성에 모였나이다 ²⁹주여 이제도 그들의 위협함을 굽어보시옵고 또 종들로 하여금 담대히 하나님의 말씀을 전하게 하여 주시오며 ³⁰손을 내밀어 병을 낫게 하시옵고 표적과 기사가 거룩한 종 예수의 이름으로 이루어지게 하옵소서 하더라 ³¹빌기를 다하매 모인 곳이 진동하더니 무리가 다 성령이 충만하여 담대히 하나님의 말씀을 전하니라 행 4:23-31

베드로와 요한이 감옥에서 시달리고 산헤드린에서 위협과 경고를 받고 풀려나왔습니다. 이제 어떻게 할 것입니까? 그들의 말대로 집으로 돌아가 잠잠하고 있을 것입니까? 아니면 그래도 계속 돌아다니면서 말씀을 전할 것입니까?

베드로와 요한은 심문 받고 풀려난 후 교회 공동체로 복귀하게 됩니다. 사도들은 먼저 성도들의 모임을 찾았습니다. 교회 공동체가 그들 사역의 본거지가 됩니다. 사도들은 교회 앞에서 자신들이 당한 모든 일을 자세하게 보고하였습니다. 교회는 하나님의 말씀을 듣는 장소입니다. 교회는 하나님의 인도를 받는 자리입니다. 교회의 모임은 서로 격려하며 새 힘을 얻는 장소입니다. 어떠한 경우에도 처음 교회 교인들은 교회에 모여 말씀을 나누고 힘을 얻었습니다. 사도행전 12장에서도 베드로는 옥에서 나온 후에 제일 먼저 교회를 찾았습니다. 이미 그들의 삶 중심에 교회가 자리하고 있습니다.

사도들은 대제사장과 장로들의 말을 전했습니다. 물론 대제사장과 장로들의 말은 예수님의 이름으로 말하지 말라는 위협과 경고였습니다. 그러나 이 말이 부정적으로 전달되지 않고, 오히려 더욱 적극적으로 전달되었습니다. 같은 말이라도 어떻게 말하느냐에 따라 반응이 달라집니다. 교회에 모였던 사람들은 이 말을 듣고 무서워서 흩어지지 않았습니다. 교회의 모임은 베드로, 요한의 생각과 다르지 않았습니다. "사람의 명령보다 하나님의 명령을 따라야 한다"는 생각입니다.

그러면 초대교회는 이런 위협에 어떻게 대처하였습니까? 초대교회의 대처 방법은 기도였습니다. 그들은 무엇보다도 기도를 앞세웠습니다. 하나님께 모든 것을 고했습니다.

기도의 최우선성입니다. 기도보다 다른 것을 앞세우지 않았습니다. 외부적인 문제(핍박), 위협과 핍박에 대항하는 무기는 기도였습니다. 나중에 내부적인 문제(구제)가 생겼을 때도, "오로지 기도하는 일"(행 6:4)에 전념했습니다. 베드로가 옥에 갇혔을 때도 교회 공동체는 기도했습니다(행 12:5, 12). 선교사를 파송할 때도 기도했습니다(행 13:3). 사도행전 이야기 전체에 걸쳐 이렇게 기도의 언어는 공동체에 빈번하게 나타납니다.

본문은 기도문입니다. 토론문이 아닙니다. 결의문도 아닙니다. 기도는 공동체의 너무나도 자연스러운 언어입니다. 언제든지, 무슨 일이 있든지 기도할 수 있습니다. 기도는 예수님과 연결고리 역할을 하고 있습니다. 기도로 성도들이 연결되고, 교회와 삼위일체 하나님이 연결될 수 있습니다. 기도망으로 촘촘히 성도들과 성삼위 하나님이 연결되는 것입니다. 하나님과의 가장 친밀한 연합은 오직 기도를 통해서만 얻을 수 있습니다. 성령님이 예수님과 공동체 사이의 연속성을 유지하게 하신다면, 기도는 공동체가 그러한 현존과 일하심과 말씀하심을 적극적으로 받아들이고 거기에 참여하는 주된 방식입니다.

(사도들이) "알리니" (성도들이) "듣고" "한마음으로" "소리를 높여" 기도했습니다. 교회는 사도들의 말을 함께 듣고 기도해야 합니다. "진실로 다시 너희에게 이르노니 너희 중의 두 사람이 땅에서 합심하여 무엇이든지 구하면 하늘에 계신 내 아버지께서 그들을 위하여 이루게 하시리라 두세 사람이 내 이름으로 모인 곳에는 나도 그들 중에 있느니라"(마 18:19-20). 한마음 기도, 통성기도, 집중기도를 했습니다. 같은 시간에, 같은 장소에 모여, 모두 함께 "한마음으로"(합심기도) "소리를 높여"(통성기도) 기도했습니

다. 정해진 시간에 함께 기도하면, 우리가 처한 상황보다 하나님의 마음에 집중할 수 있습니다.

기도는 자발적으로 시작되었습니다. 누가 지금부터 기도하자고 제안하지 않았지만 누구랄 것 없이 모두 자발적으로 기도하기 시작하였습니다. 그들은 기도할 때 하나님의 주권을 언급하며 시작하였습니다. "대주재여(주여) 천지와 바다와 그 가운데 만물을 지은 이시요." 어려움에 처해 있을 때, 반드시 기억하십시오. 하나님은 모든 것을 만드시고, 모든 것을 다스리시며, 모든 것에는 그분의 목적이 있습니다.

큰 그림을 보십시오. 불경기에 사업가들을 모아 놓고 강연하던 사람이 큰 종이 중앙에 까만 점 하나를 그린 다음 "무엇이 보입니까?"라고 물었습니다. 회중은 "까만 점이 보입니다"라고 대답했습니다. 강연자는 "좋습니다. 그 외에는 무엇이 보입니까?"라고 물었습니다. 회중은 "까만 점밖에 없는데요"라고 말했습니다. 강연자가 "정말 다른 것이 보이지 않습니까?"라고 묻자 회중은 "예"라고 대답했습니다. 강사가 말했습니다. "여러분은 가장 중요한 것을 보지 못하고 있습니다. 이 커다란 종이가 보이지 않습니까?"

우리 인생에 조그만 점 같은 문제에 집중하느라 우리의 에너지와 생각을 빼앗깁니다. 큰 바탕에 초점을 두십시오. 그러면 그 점까지도 이용하여 작품을 그릴 수 있습니다. 시력이 좋아지기 위해서는 가까이 보고, 멀리 보고를 연습해야 합니다.

하나님에 대한 바른 인식은 담대함을 가져다줍니다. 하나님이 만물의 주인이시요 다스리시는 분입니다. 하나님의 주권, 하나님의 왕권을 고백합니다. 세상을 누가 주도합니까? 주도권 싸움입니다. 누가 책임자입니까? 누가 내 삶에 최고의 권위를 가지고 있습니까? 헤롯이나 빌라도, 이방인과 이스라엘 사람입니까, 아니면 예수 그리스도입니까? 능력과 권위의 문제입니다. 그리고 힘보다 더 중요한 것은 권위입니다.

능력은 다스림을 받아야 하는 '힘 또는 지배력'입니다. 권위는 그렇게 할 수 있는 권리입니다. 마귀는 힘이 있을지 모르나 권위가 없습니다. 시행할 권위가 없는 힘은 무의미합니다. 하나님 앞에서는 마귀의 힘이 아무 소용이 없습니다. 능력을 사용할 권리 없이 행사하는 능력은 권리침해요, 불법이요, 도덕적으로 잘못된 것입니다. 하나님이 주시지 않은 권세는 힘이 없습니다. 하나님의 주권 아래에 있는 권세에는 복종해야 하지만 하나님을 대항하는 권세에는 복종할 의무가 없습니다. 오히려 우리는 사탄의 힘이나 능력에 대항해 우리의 권위를 행사해야 합니다.

"마귀를 대적하라 그리하면 너희를 피하리라"(약 4:7).

산헤드린은 힘은 있으나 영적으로나 도덕적으로 권위를 갖추지 못했습니다. 왜냐하면 하나님이 주시지 않았기 때문입니다. 하나님이 다스리십니다. 그들은 하나님을 반역하는 힘입니다. "하나님의 권능과 뜻대로"(행 4:28) 다스리십니다.

교회는 시편 2편 1-2절을 인용하여 기도합니다. "어찌하여 이방 나라들이 분노하며 민족들이 헛된 일을 꾸미는가 세상의 군왕들이 나서며 관원들이 서로 꾀하여 여호와와 그의 기름 부음 받은 자를 대적하며." 저들은 지금 반역을 꾀하고 있습니다. 그러나 성공하지 못할 헛된 일입니다. 예수님을 십자가에 못 박은 일뿐 아니라 지금도 똑같은 일을 행하려고 모여 있습니다. 성도는 성경을 통해 받은 사명을 상기하며, 종말을 알고, 현실을 보고, 이해합니다. 이것은 영적인 싸움입니다. 영적인 힘을 얻어야 이기는 싸움입니다. 그러므로 만왕의 왕께 기도를 드립니다.

우리가 두려움에 빠지는 것은 현실만 보이기 때문입니다. 현실에서도 하나님이 보이면 좋은데, 그렇지 못합니다. 하나님으로 보는 현실로 안목이 바뀌어야 합니다. 하나님의 안목으로 바꾸는 데, 말씀 보고 기도하는 것보다 더 좋은 방법은 없습니다.

위협의 강도는 점점 더해지고, 따라서 교회는 더욱 열심히 모여 기도합니다. 어려움 가운데 하나님께 더욱 매달리고, 성도들은 더욱 힘을 모아 기도했습니다. 외부의 위협에 대하여 교회의 기도는 "산헤드린의 위협을 제거해 주세요"라거나 "어려움으로부터 구출해 주세요"라는 청원이 아니었습니다. 물론 그들이 하는 일을 지켜보시라고 했지만 오히려 그 위협에도 불구하고 말씀을 전할 수 있는 담대함을 달라는 것이었습니다. 사도행전 마지막에 나오는 "담대하게 거침없이"(행 28:31)입니다. 적극적인 믿음이 담긴 기도입니다. 이제는 사도들뿐만 아니라 모든 성도가 말씀을 담대하게 전할 수 있게 해달라는 일보 진전된 기도입니다. 창조적인 생각과 창조적인 기도입니다.

기도의 지향점이 외부가 아니라 내부로 가 있습니다. 문제는 외부에 있는 것이 아니라 받아들이는 내부에 있습니다. 위협을 당하나 약하여지지 않는 것입니다. 하나님의 일은 사람들이 힘을 모아 이루는 것이 아닙니다. 하나님이 신자들 사이에서 행하시는 일입니다.

최신 휴대폰이나 노트북도 배터리가 나가면 무용지물입니다. 언제나 기도로 충전(recharge)해 두어야 합니다. 날마다 그날의 은혜가 필요합니다. 지난번의 치유와 담대함에서 끝나지 않고 오늘과 내일을 위해 준비하는 것입니다.

거룩한 용기는 기도할 때 나타납니다. 사도들은 예수님의 이름으로 행한 선한 일로 인해 고난을 받았습니다. 마치 예수님께서 처음의 이적을 행하신 다음 핍박을 받으신 것과 마찬가지입니다. 사도들은 고난이 온다고 해서 선한 일을 중단하거나 하나님께 이 고난을 피하게 해달라고 기도하지 않았습니다. 그들은 오히려 "종들로 하여금 담대히 하나님의 말씀을 전하게 하여 주옵소서"(29절)라며, 자신들을 보호해 달라기보다는 의로운 용기를 달라고 기도했습니다.

"하나님이 원하시는 것을 구함으로 자신들이 원하는 것을 받습니다." 하나님의 뜻을 구하는 기도. 이것이 쓰리쿠션 기도입니다. "그의 나라와 의를 구하라 그리하면 너희의 모든 쓸 것을 채우시리라."

기도 내용도 하나님의 목적과 일치하고 있습니다. 온 세상 선교, 복음전도입니다. "담대히 하나님의 말씀을 전하게 하여 주시오며"(29절). 전도를 위한 도구로 치유와 기적도 구했습니다. "손을 내밀어 병을 낫게 하시옵고 표적과 기사가 거룩한 종 예수의 이름으로 이루어지게 하옵소서"(30절).

교회가 합심하여 하나님의 뜻을 이루기 위한 담대함을 달라고 기도할 때 하나님은 즉각적으로 응답하셨습니다. 하나님의 뜻을 따라 기도할 때 응답은 즉각적으로 주어집니다. "빌기를 다하매 모인 곳이 진동하더니 무리가 다 성령이 충만하여 담대히 하나님의 말씀을 전하니라"(31절).

기도의 응답은 성령 충만입니다. 성령 안에 모든 것이 있기 때문입니다. 교회는 두려워하거나 좌절하거나 걱정하지 않았고, 기도하되 자신들의 안정만을 구하지 않고 복음전파를 위한 담대함을 구했을 때 성령 충만을 부어 주셨습니다. 하나님께 합심하여 기도할 때에 하나님은 거룩한 용기를 그들에게 부어 주었습니다.

베드로와 요한에서 이제는 전 교회가 거룩한 용기를 가지고 일어나게 되었습니다. "내가 예수다", "내가 베드로다", "내가 요한이다"라고 나서는 자들이 많아졌습니다. 이제는 이러한 대세를 거스를 수 없을 지경까지 도달하고 있습니다. 저들이 예수님은 십자가에 못 박았지만, 기도로 성령 충만을 받은 제자들이 모두 예수님의 부활을 증언하는 자들이 되었습니다.

기도의 응답은 하나님의 임재 경험입니다. 기도의 열매는 하나님의 임재입니다. 기도할 때 하나님을 느낍니다. 모인 곳이 진동했습니다. 장소의 일시적인 진동입니다. 성령 임함의 가시적인 표징입니다. 오순절에 바람과 불처럼 말입니다. 모든 성도가 성령 충만을 받았습니다. 결과적으로 '두려움 없이 담대하게' 말씀을 전하게 되었습니다.

9
소유에서 소통으로

> ³²믿는 무리가 한마음과 한 뜻이 되어 모든 물건을 서로 통용하고 자기 재물을 조금이라도 자기 것이라 하는 이가 하나도 없더라 ³³사도들이 큰 권능으로 주 예수의 부활을 증언하니 무리가 큰 은혜를 받아 ³⁴그 중에 가난한 사람이 없으니 이는 밭과 집 있는 자는 팔아 그 판 것의 값을 가져다가 ³⁵사도들의 발 앞에 두매 그들이 각 사람의 필요를 따라 나누어 줌이라 ³⁶구브로에서 난 레위족 사람이 있으니 이름은 요셉이라 사도들이 일컬어 바나바라(번역하면 위로의 아들이라) 하니 ³⁷그가 밭이 있으매 팔아 그 값을 가지고 사도들의 발 앞에 두니라 행 4:32-37

'인간은 과연 이기심을 벗어날 수 있을까'에 대해서는 회의적입니다. '윤리적 이기주의'라는 말이 있습니다. 윤리적인 행위도 결과적으로 자기에게 이익이 되기 때문에 한다는 것입니다. 이것도 고상한 이기주의입니다.

'우리가 진정으로 필요할 때, 실제적인 도움을 얻을 수 있을까'에 대한 불안한 마음이 있습니다. '내 자녀들이 나를 돌보아 줄까?' '교회가 나를 돌보아 줄까?' 그래서 나라가 효자라는 말이 있고, 각종 사회보장제도나 보험제도에 의지합니다.

본문의 기사는 이런 두 가지에 대한 대답을 제공하고 있습니다. 사실은 이것이 제자도이고, 교회 공동체의 모습입니다. 예수님의 제자가 된다는 것은 개인의 이기심을 내려놓고 이타적인 마음을 갖는 것이고, 교회 공동체는 사회의 대안공동체로 사회의 안전망입니다.

칼빈은 "이 기사를 읽고도 감동을 받지 않는다면 강철보다 더 굳은 마음을 갖고 있는 것이 분명하다"라고 했습니다. 세상에 지금까지 이런 사람은 없었습니다. 이런 모임도 없었습니다. 이것은 비단 가족이나 교회에 다니는 사람에 국한해서 할 일이 아닙니다. 교회가 위치한 지역이나 마을, 그리고 사회와 국가로 확장되어야 합니다.

우리 교회에도 이런 분들이 많이 있습니다. 교회는 교회에 헌신했던 분들을 끝까지 돌보아야 합니다. 우리 교회가 있는 마을에서는 굶는 사람이 없어야 하고, 혼자 죽어가는 사람이 없어야 합니다. 교회에는 감동이 있어야 합니다. 사람들은 감동을 찾습니다. 사람들은 감동을 먹고삽니다. 감동받아야 변화됩니다.

본문은 처음 교회의 전반적인 모습과 그 구체적인 예를 바나바 개인의 예에서 보여 줍니다. 이런 일은 이상적이지만 실제적이지 않다는 말을 하고 싶은 분들도 있겠지만, 분명 이상적인 것 같아도 실제적으로 할 수 있는 예를 보여 주고 있습니다. 그것도 사도행전 2장 42-47절과 4장 32-37절에서 반복적으로 경제적 나눔에 대해 서술합니다. 자발적으로 나누는 기독교 공동체와 기독교인의 모습입니다.

"믿는 무리가 한마음과 한 뜻이 되어 모든 물건을 서로 통용하고 자기 재물을 조금이라도 자기 것이라 하는 이가 하나도 없더라"(행 4:32).

공간적으로 함께 있어(시간을 나누고), 물질적 공유하고(물질을 나누고), 합심하여(마음을 같이하여) 네트워킹합니다. 믿는 사람들이 먼저 마음과 뜻이 통하니 물질이 통합니다. 서로 소통하고 공유합니다. 전적인 연합에서 돌봄이 나옵니다.

"사도들이 큰 권능으로 주 예수의 부활을 증언하니 무리가 큰 은혜를 받아"(행 4:33).

큰 권능으로 부활을 전합니다. '예수님의 부활을 증언'한 결과, '큰 능력'이 나타나고, '큰 은혜'를 받게 됩니다. 성도의 교제의 깊이가 증거의 능력을 드러냅니다. 큰 은혜를 받으니 내어놓습니다. 은혜를 받으면 다른 사람에게도 은혜를 베풀게 됩니다. 이때 내놓는 것은 자선이라기보다는 성령이 하시는 역사입니다.

물건에 대한 개별적 소유권을 스스로 내려놓자 교회에는 일체의 핍절함이 없어졌습니다. 초대교회는 현대 문명에도 여전히 유효한 모델입니다. 아니 가장 적합한 모델입니다. 사유에서 공유로(posses→access), 소유에서 소통으로, 더불어 살아가기입니다. 제레미 리프킨은 「소유의 종말」에서 "시장은 네트워크에 자리를 내

주며 소유는 접속으로 바뀌는 추세다"라고 말했습니다.

가재산은 「10년 후, 무엇을 먹고 살 것인가?」에서 20세기에서 21세기로 가는 것은 장기에서 바둑으로의 패러다임 전환과 같다고 합니다. 장기는 말 하나하나에 크기와 역할이 정해져 있습니다. 일정한 법칙과 룰에 따라 움직입니다. 졸은 후퇴할 수 없고, 사는 궁을 벗어날 수 없습니다. 장기의 게임은 왕 중심으로 왕을 보존하고 상대방 왕을 잡으면 이깁니다. 왕이 죽으면 끝입니다. 그러나 바둑은 '검은 돌, 흰 돌'뿐입니다. 컴퓨터 언어 '0과 1' 부호와 비슷합니다. 수만 가지의 전투상황을 만들 수 있습니다. 수없이 많은 바둑 경기가 있었지만 같은 판은 한 번도 없었다고 합니다. 같은 사람이 같은 상대와 바둑을 놓아도 할 때마다 다른 판이 벌어진다는 것입니다. 바둑은 직책도 평등하고, 우선 자신이 살아야 하지만 다른 바둑알과 끊어지지 않고 연대해야 삽니다. 서로 생존 띠를 만들어야 합니다. 연결되어야 합니다. 바둑알을 놓는 곳이 바로 싸움판입니다. '두 집'이 나면 어디든 자기 땅이 됩니다.

성령 충만을 받으면 부수적으로 생기는 현상에 주목하게 됩니다. 이것은 강제적이거나 강요에 의한 것이 아닙니다. 이것은 공산주의도 아닙니다. 하나님과 통하고, 형제자매와 마음으로 소통하니, 물질을 소통하는 것은 자연스러운 결과입니다. 성령 충만한 공동체의 모습, 한 가족 공동체, 하나님 나라 미리 맛보기입니다. 영적인 축복이 현실적인 문제 해결로 이어집니다. 목회는 전인적인 것입니다. 모태에서 천국까지 삶의 전 과정을 돌보는 전인적 돌봄

목회(total care ministry)가 되어야 합니다. 영혼의 문제, 정신의 문제, 물질의 문제까지 모두 돌보아야 합니다.

구브로(사이프러스) 출신 레위족 사람 '요셉', 사도들이 '바나바'라고 별명을 붙인 사람이 나옵니다. 헌신운동의 물꼬를 튼 사람입니다. 그 사람의 특징을 드러내는 데, 태어날 때 정한 이름이 정확한가요, 후에 주어지는 별명이 정확한가요? 별명이죠. 바나바는 '위로의 아들', '다리를 놓는 사람'라는 의미를 가지고 있습니다.

"그가 밭이 있으매 팔아 그 값을 가지고 사도들의 발 앞에 두니라"(행 4:37).

그리고 그는 물질적인 헌신에서 더 나아가 정신적인 사역으로 다리를 놓는 사람 위로자, 격려자가 됩니다. 그리고 여기에서 더 나아가 영적인 것을 나누는 사람으로 안디옥 교회의 목회자, 그리고 최초의 선교사로 헌신하게 됩니다.

신령한 목사나 신자는 물질에 대해서 언급하지 않는 것을 미덕으로 알고 있지만 사실은 물질이 우리의 생활에서 차지하는 비중은 지대합니다. 누가는 누가복음이나 사도행전에서 물질관의 외적인 변화를 내면의 보이지 않는 변화의 증거로 봅니다.

빚진 자의 비유(눅 7:41-43), 선한 사마리아인의 비유(눅 10:29-37), 어리석은 부자의 비유(눅 12:16-21), 불의한 청지기의 비유(눅 16:1-8), 부자와 나사로 비유(눅 16:17-31), 은 열 므나의 비유(눅 19:11-27) 등은 누가복음에만 나오는 비유로서 물질 문제를 다루고 있습니다.

누가복음 4장 18-19절에서 예수님이 성령의 역사로 말씀하신 "은혜의 해", 다시 말해 희년이 실현되는 것이 예수님 안에서 일어나는 역사입니다. 이것은 50년까지 기다릴 것 없이 언제라도 자발적인 헌신을 통해 누리를 수 있는 희년입니다.

누가에게 부(富)는 축복이라기보다는 우리의 삶을 시험하는 것입니다. 부자 청년의 경우나 어리석은 부자의 비유를 보세요. 부는 축복이 되기도 하고 저주도 됩니다. 재물을 잘 활용하여 하나님께 합격점을 받는가 하면, 잘못하면 불합격입니다.

예수님은 다른 어떤 것보다 돈을 주제로 말씀을 많이 하셨습니다. 심지어 구원이나 하나님 나라에 대한 것보다 돈에 대해 더 많이 말씀하셨습니다. 우리의 마음이 얼마나 지갑과 가깝게 연관이 되어 있는지 아시기 때문입니다. 마틴 루터는 세상에서 가장 개혁하기 힘든 것은 사람의 속주머니라고 했습니다.

하나님이 우리에게 원하시는 것은 우리가 꽉 움켜쥐고 있는 것들을 편안하게 풀어놓고, 하나님이 그분의 계획대로 그것을 사용하실 수 있도록 맡기는 것입니다. 내 돈을 얼마나 하나님께 드리는가 하는 것이 중요한 것이 아니라 내가 그분의 돈을 얼마나 많이 관리하고 있느냐가 중요합니다. "제가 가진 것 모두가 당신의 것입니다. 이것을 제가 어떻게 사용하기를 원하십니까?" 하나님이 우리의 필요를 채우시기 전에 먼저 자신이 가지고 있는 것에 대한 권리를 포기해야 합니다.

이것은 물질 이적입니다. 오병이어, 칠병이어 기적이나 마찬가지입니다. 평균해서 나누었다기보다 하나님이 그들의 사랑스러운 믿음을 보시고 축복해 주셔서 더욱 풍성해졌습니다.

물질 이적은 나누면 남는다는 것을 체험하는 것입니다. 나눔과 남음은 반대가 아니라 같은 것으로, 그것을 가능하게 하는 것이 하나님의 능력이고 축복입니다.

여기 나오는 초대교회나 바나바 방식은 계산이 안 됩니다. 세상적으로는 틀린 수학입니다. 단순한 수학이 아니라 하나님이 들어간 수학입니다. 어떻게 이러한 일이 가능할까 의구심이 들 수도 있습니다. "당신이 가능한 것을 하라, 그러면 하나님은 불가능한 것을 하실 것이다."

근면성이 미덕임을 강조하는 이솝 이야기 "개미와 베짱이"를 잘 알 것입니다.

요사이는 "신 개미와 베짱이"인데, 개미는 여름 내내 일밖에 모르고 살다가 온몸에 병이 듭니다. 허리는 요통, 무릎은 관절염, 그 밖에 몸에 성한 곳이 하나 없이 앓다가 일찍 죽고 맙니다. 베짱이는 열심히 노래를 부르다가 그 노래가 히트하여 돈을 엄청나게 법니다. 그리고 이제는 개미사회에서 거미사회로 갑니다. 거미는 공중에 거미줄을 치고 걸리는 먹이를 기다렸다가 잡아먹습니다. 거미줄이 정보망 웹(Web)입니다. 거미는 거미줄을 매일 새롭게 칩니다. 매일 업데이트됩니다. 공유하고 연대합니다. 정보사회는 개미사회와 같이 독점하지 않으며 공유하는 사회입니다.

"자기 것이라 하는 이가 하나도 없더라"(행 4:32). 청지기 정신입니다. 은혜 받은 자의 특징은 나눔입니다. 삭개오의 회심을 보세요. 성도들이 물질까지 나눌 수 있었던 것은 인간의 죄악성과 이기심을 극복했음을 보여 주는 것입니다. 하나님을 최우선으로 하고 있음을 보여 주고 있습니다. 영적 가치를 인정하는 고백입니다. 물질은 소유하기 위해 주어진 것이 아니라 돕고 나누기 위해 위탁된 것입니다. 우리의 교제는 위로 향하면서 동시에 옆으로 향해야 합니다.

하나님이 주신 재정적 축복은 나의 생활수준을 높이기 위한 것이 아니라 드림의 수준을 높이기 위한 의도입니다. 하나님이 주신 재정적 축복은 나의 재산을 쌓기 위한 것이 아니라 필요한 사람에게 나누어 주는 축복의 통로가 되라는 것입니다. 하나님을 재산의 소유주로 대우하고 있습니까? 아니면 상담료만 지불하는 재정상담가입니까? 하나님이 세상에서 맡겨 주신 것들은 유효기간이 있어서 사용하지 않으면 없어집니다. 황금만능주의 시대, 돈이 우상이라면 유일한 치료법은 드리는 것입니다.

"내 잔이 넘치나이다." 물이 넘칠만할 때 큰 잔으로 바꾸면 흘러갈 수 없습니다. 자신이 누릴 것에 대한 분량을 결정하세요. 그 외에는 넘치게 하세요. 하나님의 축복을 당신의 소유로만 만들지 마세요. 하나님은 기호나 사치까지 채워 주신 것이 아니라 필요를 채워 주셨습니다. 필요에 따라 나누어 주었는데, 필요한 것을 계속 늘려간다면 어느 누구도 채워 줄 수 없습니다. 바다보다 채울 수 없는 것은 사람의 욕심입니다. 자족하는 마음이 필요합니다.

자신에게는 관대하고 남에게는 인색한 사람보다 자신에게는 철저하고 남에게는 관대한 사람이어야 합니다. 자기를 위해 쓰는 것보다 남을 위해 쓰는 것에 풍족한 사람, 주의 일에 부요한 사람이 되어야 합니다.

"사도들의 발 앞에 둔다." 이것은 헌신이고 내려놓음입니다. 하나님은 나의 모든 것의 예배를 받기 원하십니다. 재정 문제는 움켜쥠으로 해결되는 것이 아니라 내려놓음으로 해결됩니다. 바나바는 하나님 앞으로 소유권 이전 등기를 하였습니다. 그리고 돈보다 더 소중한 것을 받을 수 있는 자유로운 손을 갖게 되었습니다. 하나님께 올인(all in)하였습니다.

"사랑은 참으로 버리는 것, 버리는 것, 버리는 것, 더 가지지 않는 것. 이상하다 동전 한 닢 움켜잡으면 없어지고 쓰고 빌려주면 풍성해져 산 위에 가득하네."(레이놀즈)

이로써 초대교회가 수적 증가에서 질적인 변화로 나아갑니다. 양에서 질로, 크기에서 가치로 변화가 일어납니다.

10
하나님께 솔직히

¹아나니아라 하는 사람이 그의 아내 삽비라와 더불어 소유를 팔아 ²그 값에서 얼마를 감추매 그 아내도 알더라 얼마만 가져다가 사도들의 발 앞에 두니 ³베드로가 이르되 아나니아야 어찌하여 사탄이 네 마음에 가득하여 네가 성령을 속이고 땅 값 얼마를 감추었느냐 ⁴땅이 그대로 있을 때에는 네 땅이 아니며 판 후에도 네 마음대로 할 수가 없더냐 어찌하여 이 일을 네 마음에 두었느냐 사람에게 거짓말한 것이 아니요 하나님께로다 ⁵아나니아가 이 말을 듣고 엎드러져 혼이 떠나니 이 일을 듣는 사람이 다 크게 두려워하더라 ⁶젊은 사람들이 일어나 시신을 싸서 메고 나가 장사하니라 ⁷세 시간쯤 지나 그의 아내가 그 일어난 일을 알지 못하고 들어오니 ⁸베드로가 이르되 그 땅 판 값이 이것뿐이냐 내게 말하라 하니 이르되 예 이것뿐이라 하더라 ⁹베드로가 이르되 너희가 어찌 함께 꾀하여 주의 영을 시험하려 하느냐 보라 네 남편을 장사하고 오는 사람들의 발이 문 앞에 이르렀으니 또 너를 메어 내가리라 하니 ¹⁰곧 그가 베드로의 발 앞에 엎드러져 혼이 떠나는지라 젊은 사람들이 들어와 죽은 것을 보고 메어다가 그의 남편 곁에 장사하니 ¹¹온 교회와 이 일을 듣는 사람들이 다 크게 두려워하니라 행 5:1-11

C. S. 루이스가 쓴 「스크루테이프의 편지」는 스크루테이프가 신참 악마 웜우드에게 보내는 31통의 편지입니다. 여기에는 이런 내용들이 나옵니다.

"가장 큰 악은 디킨즈(Charles Dickens)가 그렸듯이 지저분한 '범죄의 소굴'에서 행해지지 않는다. 그렇다고 강제수용소나 노동

수용소에서 행해지는 것도 아니다. 그런 장소에서 우리가 보게 되는 것은 악의 최종적인 결과이다. 가장 큰 악은 카펫이 깔려 있으며 불이 환하게 밝혀져 있는 따뜻하고 깔끔한 사무실에서, 흰 셔츠를 차려 입고 손톱과 수염을 말쑥하게 깎은 군이 목소리를 높일 필요가 없는 점잖은 사람들이 고안하고 명령하는 것이다."

"이성이나 논증으로 환자(악마는 신자를 환자라고 부른다)를 유혹할 수 있다고 생각하지 말라."

"현재 우리의 가장 큰 협력자 중 하나는 바로 교회다."

"환자의 사회적, 성적, 지적, 종교적, 도덕적 허영심을 잘 이용하라."

"환자의 영혼에는 어느 정도의 악의와 함께 어느 정도의 선의가 있게 마련이다. 제일 좋은 방법은 매일 만나는 이웃들에게는 악의를 품게 하면서, 멀리 떨어져 있는 미지의 사람들에게는 선의를 갖게 하는 것이지. 그러면 악의는 완전히 실제적인 게 되고, 선의는 주로 상상의 차원에 머무르게 되거든. … 네 환자를 몇 개의 동심원으로 생각해 보거라. 한가운데 의지가 있고, 다음에 지성이 있고, 제일 바깥쪽에 공상이 있다. … 인간의 미덕들이 우리에게 치명상을 입히려면 반드시 의지의 차원에 도달해서 습관으로 자리 잡아야 하지. 미덕들이 공상 속에서 아름답게 채색되고 지식인들의 인정을 받으며 어느 정도의 사랑과 존경까지 끌어모은다 한들, 그걸로 우리 아버지 집을 벗어날 수는 없다. 오히려 그런 미덕들을 가지고 지옥에 오는 인간이야말로 훨씬 더 재미있는 구경감이지."

이렇게 사탄은 신자와 교회의 약점을 잘 알고 있습니다.
토마스 머튼은 「고독 속의 명상」에서 이렇게 기도합니다.

> 나의 주 하나님, 나는 지금 어디로 가고 있는지 모르겠습니다.
> 길도 보이질 않습니다.
> 그 길이 어디에서 끝나게 될지도 모르겠습니다.
> 나는 정말 나 자신에 대해서도 알지 못합니다.
> 내가 주님의 뜻을 따른다고 생각하는 것이
> 곧 내가 실제로 그렇게 한다는 뜻은 아닙니다.
> 그러나 주님을 기쁘게 해드리려는 나의 열망만은
> 주님께서 기쁘게 받으실 것이라 믿습니다.
> 내가 행하는 모든 일들 속에서 그런 소망을 품게 해주십시오.
> 그런 열망과 무관한 일은 결코 행하지 않도록 이끌어 주십시오.
> 그렇게만 산다면 비록 내가 그것에 대해 아무것도 알지 못할지라도
> 주님은 나를 바른 길로 인도하실 것임을 압니다.
> 비록 길을 잃은 것처럼 보여도
> 죽음의 그늘 속에서도 나는 한결같은 마음으로 주님을 신뢰하겠습니다.
> 주님이 함께 계시기에 나는 두렵지 않습니다.
> 또한 주님은 위험 앞에 홀로 서도록 나를 버리지 않을 것입니다.

초대교회에 성령님의 역사가 강력하게 나타남에 따라 대적 사

탄의 역사도 두드러지게 나타나는 것을 볼 수 있습니다. 4장과 5장에 보면 대체로 사탄은 세 가지로 활동하는 것을 볼 수 있습니다. 성령의 역사가 나타나는 것만 보고 사탄이 역사하는 것을 보지 못하면 안 됩니다. 영적 싸움을 보아야 합니다.

첫 번째는 **박해를 가하는 것**입니다.

사도들은 생명의 주님을 증거하며 병인들을 고치는 선한 역사를 합니다. 사탄은 이러한 사도들을 감옥에 가두고, 매로 치고, 채찍질하고, 죽일 궁리를 합니다. 그러나 제자들은 오히려 담대하게 하나님께 기도하면서 "(예수님의) 이름을 위하여 능욕 받는 일에 합당한 자로 여기심을 기뻐"합니다(행 5:41). 그리고 어디에서든지 예수를 그리스도라고 가르치고 전도하기를 쉬지 않습니다(행 5:42). 옥에 갇혀도 찬송하고 기도합니다. 주의 천사가 나타나 옥문을 열고 제자들을 구해 줍니다. 박해는 더 많은 순교자를 만들고, 더욱 열심히 기도하는 제자들에게 믿음의 담력을 주었습니다. 박해는 사탄의 계획대로 교회를 위축시키지 못했습니다. 마치 타고 있는 불을 끈다고 막대기로 치니 더 옆으로 번져가는 상황입니다. 사탄의 전략이 통하지 않습니다.

두 번째로 사탄은 사도들을 **회유해 보려고 여러 가지 타협을 시도**합니다.

더 이상 예수의 이름으로 말하지 말라고 합니다. 피차 조용히 지내자고 합니다. 그러나 제자들은 "하나님 앞에서 너희의 말을 듣는 것이 하나님의 말씀을 듣는 것보다 옳은가 판단하라 우리는 보고 들은 것을 말하지 아니할 수 없다"(행 4:19-20), "사람보다 하나님께 순종하는 것이 마땅하니라"(행 5:29)라고 하면서 타협을 거부합니다.

결국 사탄이 외부에서 가하는 두 가지 방법은(박해와 회유) 실패하였습니다.

사탄이 대책 회의를 했다는 이야기를 들은 적이 있습니다. 사탄 대장에게 졸개들이 아이디어를 냅니다. "믿는 자들을 위협하고 죽이겠습니다." "아니다, 순교자만 만들 뿐이다. 오히려 더욱 열심을 낸다." "그럼 성경이 사실이 아니라고 하겠습니다." "그것도 아무 효과가 없었다. 오히려 믿는 자만 많아졌다." "그러면 사실이고 믿을 만하다고 하겠습니다. 다만 차차 믿으라고 하겠습니다." 그러자 대장이 회심의 미소를 지었다고 합니다. 이름하여 '차차의 마귀'의 아이디어가 채택이 되었습니다. "수긍하고 위장하여 들어가서 타협을 시도하라."

그래서 세 번째 내부적인 공작을 하게 되는데, 그것은 아나니아와 삽비라를 통하여 **교회 안에 거짓된 믿음을 퍼뜨리는 것**입니다. 즉, 신앙생활을 하되 위선적이고 외식적인 신앙생활을 하도록 만드는 것입니다. 당시의 바리새인 신앙이 그랬습니다. 이 사건은 믿음생활을 하고 있는 사람에게는 굉장히 충격적으로 받아들여졌습니다. 아니, 지금은 충격적이지 않습니까? 마찬가지입니다. 왜냐하면 아나니아와 삽비라는 교회 안에서 신앙생활하던 사람이고, 나름대로 재산을 팔아 바치고도 어려움을 당한 사람이었기 때문입니다. 사실 우리도 어느 정도는 아나니아와 삽비라와 같은 신앙생활을 하고 있습니다. 아니, 그만 못할 때도 있습니다. 그렇게 눈에 두드러지게 악한 것으로 보이지 않습니다. 이것은 우리에게뿐 아니라 초대교회 당사자들에게도 놀라운 사건이었습니다. 5장 5절과 11절에 보면 "온 교회와 이 일을 듣는 사람들이 다 크게 두려워하니라"고 기록되어 있습니다. 그래서 이런 충격적인 사건이 왜 일어났는지 자세하게 기록하고 있습니다.

영적인 눈으로 보면 아나니아와 삽비라 사건은 초대교회의 운동에 치명타를 가하는 결정적인 사탄의 전략입니다. 그것을 모르는 것이 더 큰 문제입니다. 의아해하는 것도 문제입니다. 이것이 과연 죽을죄인가요? 그렇다면 과연 우리 가운데 살아남아 있을 사람이 얼마나 있을까요? 이렇게 질문하는 것을 보면 얼마나 우리가 무감각해졌는지, 우리도 이미 이러한 생활을 하고 있는지를 알 수 있습니다.

우리에게 이것이 충격적으로 보이는 것은, 우리가 악마를 뿔이 나고 험악한 것으로 상상하기 때문입니다. 그것은 악마의 전략입니다. 그런 악마는 없습니다.

이것은 본보기적 사건으로 하나님의 속성과 교회와 신자들의 바른 신앙생활을 보여 주는 기사입니다. 다시 말하면 5장 11절에 와서야 비로소 "교회"라는 단어가 처음으로 언급됩니다. 다시 말해 이제 초대교회가 막 태동하는 단계입니다. 세상을 구속할 대체 세력으로서 하나님의 교회는 세상과 구별되어야 합니다. 적어도 세상 방식대로가 아닌 하나님이 원하는 방식으로 구성되어야 하는 것입니다. 그래서 교회는 세상에 모델이 되어야 하고, 세상에 빛과 소금의 역할을 감당하는 구속적 공동체를 이루어야 합니다.

이제 성령의 역사를 따라 형성된 교회는 2장 42-47절까지 보아도 한마음 한뜻이 되어 서로 교제하고, 가르침을 받고, 모이기를 힘쓰고, 서로 나누어 주고, 모든 사람에게 칭찬받는 모임이었습니다. 어려운 일이 있으면 함께 기도하였습니다(행 4:23-31). 교우들 가운데 가난한 사람이 없이 서로 같이 돌보았습니다(행 4:32-35).

그러는 가운데 후에 바울과 함께 하나님을 위해 크게 쓰임 받는 "위로의 아들"이란 이름 뜻을 가진 바나바가 자기 소유의 전 재산을 팔아 교회에 바치고 헌신하는 일이 있었습니다(행 4:36-37). 이렇게 아름답게 형성되어가는 교회를 파괴하려는 사탄의 공작이 진행된 것입니다. 그것은 선한 일을 나쁜 동기(의도)로 하라는 유혹입니다. 이것은 위선입니다. 예수님은 이런 것을 싫어하셨습니다. 바리새인과 서기관들은 구제, 금식, 기도 같은 선한 일을 나쁜 의도로 했습니다. 자기의 의와 경건과 공로와 업적을 나타내는 것으로 활용했습니다.

아마도 바나바는 순수한 헌신의 동기에서 전 재산을 하나님께 드렸지만, 결과적으로 교회에 그 아름다운 헌신이 알려지게 되었을 것입니다. 처음부터 의도가 순수했습니다. 바나바는 전혀 그런 결과를 의도하지 않았습니다. 그저 하나님께 헌신하는 것을 즐겁게 여겼고, 그것이 마땅하다고 생각했습니다. 그런데 예기치 않은 명예를 얻게 된 것입니다.

그러나 이제 아나니아와 삽비라는 바나바가 받는 칭찬과 명예를 얻기 위한 동기에서 하나님께 바치는 것을 생각하고 있습니다. 본말이 전도된 것입니다. 동기가 잘못된 것입니다. 헌금을 드리는 것은 좋은 일이나 그 동기가 불순합니다. 자기의, 자기도취, 자기과시, 형식주의, 위선. 남들에게 보이기 위한 것입니다. 자신의 이름을 드러내기 위해서입니다. 나도 할 수 있다는 교만입니다. 거기에다가 부부가 함께 계획적으로 꾸몄습니다. 한 사람이 그러면 다른 사람이 말려야 하는데, 그 일에 한 통속이 되었습니다. 일부를 드리면서 전체를 드리는 것처럼 과장을 하고 거짓말을 했습니다.

여기에서 교회 처음 다니시는 분들을 위해서 헌금에 대해 말씀드립니다. 헌금은 하나님께 드리는 예물입니다. 헌금의 액수보다 중요한 것은 믿음으로 드리는 정성입니다. 헌금과 믿음은 중요한 관계가 있습니다. 돈을 사용하는 것을 보면 믿음을 어느 정도 알 수 있습니다. 사실 헌금은 믿음의 행위이고 훈련입니다. 맡기고 내려놓는 마음훈련입니다. 하나님은 돈보다 여러분의 마음을 받으십니다. 행위 이전에 마음입니다. 드린 헌금은 교회의 사역을 위해 쓰입니다. 헌금의 종류도 여러 가지로 분류됩니다. 소득의 십분의 일을 드리는 십일조, 특별한 일을 감사하는 감사헌금, 부활절, 성탄절, 추수감사, 맥추감사 헌금, 주일마다 드리는 주일헌금, 구역헌금, 구제헌금, 선교헌금, 건축헌금.

바나바가 재산을 다 드렸다고 하나님이 그를 무조건 받으시는 것은 아니라는 것을 기억해야 합니다. 물질보다 더 중요한 것은 마음입니다. 마음을 감찰하시는 하나님입니다. 가인이나 아벨이나 제물을 드리며 예배했지만 아벨의 것은 받으시고 가인의 것은 받지 않으셨습니다. 제물이 차이를 만들어낸 것이 아니라 예배자가 차이를 만들어낸 것입니다. 그렇지 않으면 하나님을 아무것도 모르는 우상으로 만드는 것입니다. 하나님은 우상이 아닙니다.

  물질을 드리는 것은 내려놓는 것입니다. 탐욕과 교만을 내려놓는 것입니다. 또 하나를 내려놓고 다른 욕심인 명예와 권력을 얻기 위한 행위는 헌신이 아닙니다.

  주어진 부는 위험이요, 시험이라는 말을 기억하십니까? '내가 얼마나 많이 드렸느냐가 아니라, 내가 가진 것에서 드린 것이 얼마의 비율을 차지하느냐?' 생각해 보세요.

  각자의 형편에 따라 정성껏 기쁜 마음으로 할 수 있으면 되는 것입니다. 이것은 목사나 옆 사람에게 보이기 위한 것이 절대 아닙니다. 하나님께 드리는 것입니다. 헌금생활을 통하여 하나님이 내게 어느 무엇보다도 더 소중하다는 것을 고백합니다. 사람들은 더 가치 있게 여기는 것을 위하여 기꺼이 지출합니다. 그리고 드리면서 욕심을 내버리는 훈련도 하게 됩니다. 사실 당신의 삶의 모습은 한 달에 한 번 돌아오는 당신의 카드 명세서를 보면 알 수 있습니다. 어디에 얼마나 쓰면서 살고 있는지, 어디에 가치를 두고 사는지.

  말씀 제목 "하나님께 솔직히"는 존 로빈슨(John A. T. Robinson)

의 「Honest to God」이라는 책 제목에서 왔는데, 우리의 삶은 하나님 앞에서의 생활입니다. 사도들이나 훌륭한 성도들은 어느 곳, 어느 때나 하나님의 면전에 사는 것처럼 행하였습니다. 본 회퍼는 "하나님 없이 하나님 앞에"라고 했습니다. 하나님은 눈에 안 보이지만 항상 하나님 앞에 살라는 것입니다. "코람데오"(하나님 앞에서)의 믿음생활은 보이지 않는 하나님을 보는 것처럼 살아가는 생활입니다.

나쁜 친구가 친구를 꼬드기면서 "자, 여기에는 아무도 없어. 우리를 보는 사람은 아무도 없어"라고 말했습니다. 그런데 친구는 "너는 위를 올려다보는 것은 잊었구나"라고 대답했다고 합니다. 하나님은 CCTV(폐쇄회로)를 도처에 가지고 계십니다.

더구나 하나님은 일의 결과보다는 마음의 동기를 살피십니다. "의도의 순수성"(purity of intention)은 거룩한 성도의 표지입니다.

하나님은 진실하신 분이시며 거짓을 미워하십니다(시 5:4, 6; 잠 20:10). 마귀는 최초부터 거짓말쟁이며 거짓말하는 모든 자들의 조상입니다(요 8:44). 악마는 거짓말쟁이라는 것을 기억해야 합니다. "거짓 증거하지 말라"는 제9계명입니다. 예수님이 공생애에 가장 싫어하신 것은 바리새인과 서기관들의 외식이었습니다. 그들을 향하여 "회칠한 무덤"과 같다고 말씀하셨습니다. 예수님은 바리새인의 누룩을 조심하라고 하셨습니다. 그런데 이 거짓과 외식이 교회에 들어오는 것입니다. 이것은 교회의 근간을 흔드는 일입니다. 하나님은 교회의 순결을 보호하시기 위해 교회에 큰 경각심을 주십니다. 첫 단추를 잘못 끼면 계속 잘못되기 때문입니다. 초대교회의 자랑거리가 시험거리가 될 위험에 처했습니다.

이 사건은 이스라엘이 출애굽 후 여호수아의 영도 하에 가나안에 정착하면서 이스라엘이 형성되고, 여리고 성에서 아간이 재물을 탈취하고 속이는 사건으로 큰 경계가 되었던 일을 상기시켜 줍니다. 이 역시 이스라엘 형성 초기에 이스라엘을 향한 하나님의 기대의 표현입니다. 아나니아와 삽비라 사건은 교회의 시작에 있어서 세상과 구별되기를 바라시는 하나님의 교회에 대한 기대가 나타난 것입니다.

2절 "감추매"는 '착복하다, 횡령하다'라는 뜻의 단어입니다. 자기의 것이 아닌 남의 물건이나 돈을 불법으로 횡령하거나 착복한 경우입니다. 이는 모든 물질을 하나님의 것으로 보고 하나님의 것을 착복했다는 의미가 들어가 있습니다. 일종의 공적인 것을 사유화하는 것입니다. 아간이 전리품 중 일부를 착복했을 때 쓰인 단어와 같습니다. 가나안 정착 초기에 아간으로 인한 아이 성에서의 실패를 기억하십시오.

초대교회의 정신을 거스르고, 성령의 역사를 거스르는 제2의 아간이 아나니아와 삽비라입니다. 교회의 실패를 방지하기 위한 극약처방입니다. 가능한 추론은 땅을 팔기 전에 땅 값 전체를 드리기로 공공연히 작정하고, 실제로 팔리자 일부를 착복한 것입니다. 모든 과정에서 성령의 인도를 받지 않고, 사탄의 미혹을 받은 것입니다. 교회의 정체성을 위협하는 죄악으로 성령을 기만한 행위입니다.

"사탄이 네 마음에 가득하여"(행 5:3). 아나니아와 삽비라는 성령 충만과는 반대로 사탄 충만했습니다. 그들의 행위는 교회의 거룩함과 연대성을 헤치고 일반 공동체와 다를 바 없는 사람들의 모임으로 전락시킬 위험이 있습니다. 인본주의, 물량주의인 영적 불순물인 타락한 영성을 제거해야 합니다.

「스크루테이프의 편지」에 나오는 "영성을 없앨 수 없다면 부패시키는 쪽을 택할 수밖에"라는 마귀 대장의 말을 상기할 필요가 있습니다. 하나님에 대한 경건한 두려움과 경외심이 있어야 합니다. 초대교회를 도덕적, 영적으로 변질시킬 수 있는 행동에 대한 하나님의 일벌백계입니다. 회초리 한 번으로 교회의 거룩성, 순결성, 사도적 정통성, 성령의 능력을 상기시킵니다.

아나니아와 삽비라는 하나님의 칭찬보다는 사람의 칭찬을 바라고 재산을 판 값 일부를 전체인 것처럼 속여 교회 앞에 가지고 왔습니다. 과장과 과시입니다. 이것은 다른 사람에게 상처를 주고, 교회의 순수성을 변질시키는 것입니다. 이것은 하나님의 일을 하는 것이 아니라 사탄에게 협조한 것입니다. 베드로는 성령이 가르쳐 주심을 따라 "사탄이 네 마음에 가득하여 네가 성령을 속이고 땅 값 얼마를 감추었느냐"(행 5:3)라고 했습니다. "땅이 그대로 있을 때에는 네 땅이 아니며 판 후에도 네 마음대로 할 수가 없더냐 어찌하여 이 일을 네 마음에 두었느냐 사람에게 거짓말한 것이 아니요 하나님께로다"(행 5:4). 이것은 "주의 영을 시험"(행 5:9)하는 행위입니다. 어떻게 사람이 성령이 아시는지 모르시는지 시험할 수 있습니까? 예수님께서 "주 너의 하나님을 시험하지 말라"(마 4:7) 하지 않으셨나요? 그리고 우리가 하는 일 못지않게 동기가 중요합니다. 선한 일을 선한 동기에서 해야 합니다.

"네 마음대로 할 수가 없더냐?" 우리에게 주어진 자유가 하나님께 영광이냐, 하나님께 죄냐를 가릅니다. 하나님께 순종할 것인가? 사탄에게 귀를 기울일 것인가? 이 세상에서만 신앙생활이 가능한 것은 자유의지가 주어졌기 때문입니다. 하나님에게 충성할 수도 있고, 사탄에게 이용당할 수도 있습니다. 아나니아와 삽비라는 성령의 인도함을 따르지도 않고, 더 나아가 성령을 속이려고 했습니다.

하나님을 믿는다고 하면서도 어리석게도 하나님이 보지도, 듣지도, 말하지도 못하는 분인 것처럼 생각하고 사는 사람들이 있습니다. 하나님이 속지도 않으시지만 하나님을 속이려고 하는 사람들이 있습니다. 아나니아는 사실 드리려고 한 것이 아니라 사려고 했습니다. 돈도 어느 정도 가지고, 얼마간의 돈으로는 명예를 사려고 한 것입니다. 잠언 22장 1절은 "많은 재물보다 명예를 택할 것이요"라고 했는데, 어느 정도 돈이 있으면 그것으로 명예를 사려고 합니다. 돈 있는 사람들이 정치를 하려고 나서는 것을 보면 명예를 사려는 경우가 있습니다.

사도행전 8장 9-24절에 보면 시몬이 나오는데 그는 실제로 사도들 앞에 돈을 내어놓으며 자기로 성령의 권능을 받아 안수하는 대로 성령을 받게 해달라고 했습니다. 그때 그가 베드로에게 "네가 하나님의 선물을 돈 주고 살 줄로 생각하였으니 네 은과 네가 함께 망할지어다"(행 8:20)라는 책망을 들은 것과 매한가지입니다.

아나니아와 삽비라의 부부 관계도 문제가 있습니다. 서로 약한 점을 보완해 주는 부부가 되어야 할 텐데, 함께 거짓을 꾸미고 공범자가 되었습니다. 아담과 하와의 후손이라서 그런지 몰라도 악한 일에 꼭 맞장구를 칩니다. 한국에서 남편들이 직장의 부정부패에 손대는 많은 이유가 부인들에게 있다고 합니다. 아비가일 같은 아내가 필요합니다. 남편 나발이 어리석게도 다윗을 몰라보고 박대했지만, 아비가일은 재치 있게 나아가 다윗에게 사과하고 집안을 구했습니다. 함께 망하는 것이 아니라 살리는 아내가 되어야 합니다.

아나니아와 삽비라는 회개할 기회를 저버렸습니다. 그들이 거짓을 꾸미는 동안에도 성령님은 여러 차례 그들에게 말씀하셨을 것입니다. 베드로에게 나올 때까지 여러 차례 갈등이 있었을 것입니다. 그런데도 그들은 성령님의 음성을 저버렸습니다. 진리의 영을 거부하고 거짓의 영을 따랐습니다. 삽비라는 생각할 수 있는 시간이 더 있었습니다. 어떻게 부인도 모르는 사이 남편의 장례를 지내는지는 저도 이해가 되지 않습니다. 세 시간이 지난 후에 삽비라가 베드로에게 아무것도 모르고 나옵니다. 베드로는 삽비라에게 한 번 더 기회를 주었습니다. 그런데 이들은 초지일관 거짓으로 나갔습니다. 마음의 완악함이 문제입니다.

하나님은 교회 안에서 거짓과 위선으로 교제를 파괴하고 교회를 세속화시키는 악을 제거하셨습니다. 그러므로 사탄의 공작은 실패한 것입니다. 이 일 후에 오히려 하나님의 진리는 높이 서고, 하나님은 경외함을 받으시고, 믿는 자들은 모든 백성의 칭송을 받고, 성령님의 역사는 계속해서 강력하게 나타나고, 교회는 수적으로 양적으로 부흥하게 되었습니다.

오늘도 사탄은 거짓과 위선을 무기로 교회를 세속화시키고 더 이상 하나님의 교회가 아닌 사람들의 모임으로 전락시키고자 갖은 수를 동원하고 있습니다. 교회의 순결을 보존하시는 하나님의 역사를 따라 거짓과 위선에 대적하는 성도들이 되고, 사람 앞에서가 아닌 하나님 앞에 솔직히 서는 성도들이 되시기를 축원합니다.

11
초대 집사들

¹그 때에 제자가 더 많아졌는데 헬라파 유대인들이 자기의 과부들이 매일의 구제에 빠지므로 히브리파 사람을 원망하니 ²열두 사도가 모든 제자를 불러 이르되 우리가 하나님의 말씀을 제쳐 놓고 접대를 일삼는 것이 마땅하지 아니하니 ³형제들아 너희 가운데서 성령과 지혜가 충만하여 칭찬 받는 사람 일곱을 택하라 우리가 이 일을 그들에게 맡기고 ⁴우리는 오로지 기도하는 일과 말씀 사역에 힘쓰리라 하니 ⁵온 무리가 이 말을 기뻐하여 믿음과 성령이 충만한 사람 스데반과 또 빌립과 브로고로와 니가노르와 디몬과 바메나와 유대교에 입교했던 안디옥 사람 니골라를 택하여 ⁶사도들 앞에 세우니 사도들이 기도하고 그들에게 안수하니라 ⁷하나님의 말씀이 점점 왕성하여 예루살렘에 있는 제자의 수가 더 심히 많아지고 허다한 제사장의 무리도 이 도에 복종하니라 행 6:1-7

목회를 하면서 마치 교회라는 배를 항해하는데, 많은 암초들을 피해가는 것과 같은 느낌이 들 때가 많이 있습니다. 참으로 교회를 좌초시키려는 많은 장애물들이 곳곳에 놓여 있습니다.

하나님의 사람들은 그들이 살았을 당시에 조롱과 비방을 당했습니다. 우리가 존경하는 요한 웨슬리도 당시에는 이단 취급을 당하고 온갖 좋지 않은 소문에다가 고소를 당하기도 했습니다. 하루는 웨슬리가 말을 타고 가다가 순간 그 며칠 동안은 아무런 핍박도 당하지 않았음을 깨달았습니다. 최근에 어느 한 사람도 벽돌이나 계란을 그에게 던지지 않았습니다. 그는 말에서 내려와 땅에 무릎을 꿇고 엎드려 기도했습니다. "하나님, 혹시 제가 죄를 짓고 타락한 것은 아닙니까? 제가 잘못한 것이 있다면 보여 주십시오!" 그때 지나가던 한 사나이가 웨슬리를 알아보고 벽돌 하나를 집어 웨슬리에게 던졌습니다. 벽돌은 웨슬리를 살짝 비껴갔습니다. 그러자 웨슬리는 "하나님, 감사합니다. 제가 아직도 하나님의 임재하심 가운데 있었군요"라고 기도했다고 합니다.

사람들이 당신에게 벽돌을 던진 지 얼마나 됩니까? 사람들이 모두 다 좋다고 할 때 특별히 조심해야 합니다. 하나님을 섬기는 사람 중에 인간적인 명예에 손상을 입지 않고 효과적으로 사역하는 사람은 거의 없습니다. 옳은 일을 하고도, 하나님의 뜻에 순종을 하고도 사람들에게 이해받지 못하거나 욕을 먹고 명예를 잃을 수도 있습니다.

앞에서 교회의 부흥에 제동을 가하려고 하는 사탄의 내부적, 외부적 역사를 언급한 바가 있습니다. 첫째는 육체적인 폭력인 핍박과 회유입니다. 둘째는 도덕적인 타락과 신앙생활의 위선을 조장하는 것입니다. 그러나 교회와 사도들은 성령님의 역사에 의지하여 이 모든 시험을 잘 극복하고 오히려 교회 부흥의 기회로 삼았습니다. 이러한 어려움은 오히려 우리가 놓칠 수 있는 가능성들을 개발하여 교회의 부흥을 위해 활용할 수 있는 계기가 되는데, 그것은 성령님께 인도받는 지도력을 통해 드러납니다. 성령님이 인도하시면 문제는 새로운 가능성을 발견하는 전조가 될 수 있습니다. 위기를 통과하면서 교회는 더욱 성숙하게 됩니다.

본문 6장 1절은 "그 때에 제자가 더 많아"졌다고 기록했는데 사탄의 공작이 수포로 돌아가고 오히려 부흥하는 교회의 승리가 나옵니다. 교회는 전도와 교육뿐 아니라 물질을 나누는 구제도 계속하였습니다. 그런데 다시 한번 사탄의 공세가 펼쳐집니다. 사탄의 공격은 참으로 집요합니다. 아무리 성령 충만한 사도들이 12명씩 모여 있는 예루살렘교회지만 문제는 역시 발생을 합니다.

누가는 재정 문제를 비교적 소상하게 기록하고 있습니다. 초대교회의 물질 공유와 바나바의 헌신, 아나니아와 삽비라의 거짓 헌신, 구제 문제 모두 돈과 물질에 관련된 것입니다. 유대교는 회당에서 가난한 자들을 구제했습니다. 그런데 유대교에서 개종하여 예수님을 따르게 되면서부터 가난한 자들은 회당에서 받던 재정적 도움이 끊기게 되어 교회에서도 구제금을 거두어 고아나 가난한 과부를 구제하는 사업을 계속하였습니다. 구제하는 것이 얼마나 좋은 일입니까? "매일의 구제"를 식탁봉사로 보기도 합니다. 그런데 이 좋은 일도 교회 분열의 씨앗이 될 수 있습니다. 하나님은 사랑이시지만, 사랑이 하나님은 아닙니다. 사랑을 앞세우며 교회 분열을 부추기는 사람이 있습니다. 여기에 사탄이 틈탑니다. 사탄은 그럴듯한 명분을 만들어 분열시킵니다. 선하고 합리적인 이유를 내세웁니다. 좋은 일을 악용하는 것입니다.

구제하는 일로 헬라파 유대인들은 히브리파 유대인들을 원망했습니다. 왜냐하면 헬라파 유대인 과부들을 히브리파 유대인 과부들보다 잘 돌보아 주지 않는다고 생각했기 때문입니다. 헬라파 과부들이 차별을 받고 있다는 것과 공적 자원을 사사롭게 사용하는 사유화 문제도 들어 있습니다. 여기에서 헬라파 유대인은 헬라어를 쓰며 팔레스타인 밖에서 거주하다가 예루살렘에 들어오게 된 유대인들이며, 히브리파 유대인은 아람어를 쓰며 팔레스타인 예루살렘에 오래전부터 거주하던 본토박이 사람들을 말합니다. 공평무사해야 하는데 편파적이지 않느냐는 회중들의 오해에서 비롯된 것입니다. 전통(히브리파)과 변화(헬라파), 기존 멤버와 새로운 멤버, 원주민과 이주민 사이에 갈등을 유발할 수 있는 문제입니다.

이것은 교회 안에서 굉장히 어려운 일이 아닐 수 없습니다. 서로 출신별로 파벌이 나누어지게 되었습니다. 헬라파, 히브리파로 나누어지고, 사도들이 한편만을 편애한다는 질투와 의심과 편견과 불평이 나오게 된 것입니다. 자칫 잘못하면 교회가 시작부터 헬라파 교회, 히브리파 교회로 두 쪽 날 수 있는 상황입니다. 사탄은 이렇게 구제하는 좋은 일을 통해 교회를 분열시키고, 사도들과 성도들 사이를 이간시키고, 사도들을 말씀을 전하며 기도하는 본연의 임무로부터 이탈시켜 교회 내부의 문제에만 매달리도록 하는 교묘한 술책을 벌이고 있습니다. 이것은 교회 내부에 분열을 일으키고 교회 지도자를 본연의 임무에서 떠나게 하는 것입니다.

사실 초대교회와 같이 교회가 짧은 시간 내에 급성장하게 되면 여러 가지 문제를 만나게 됩니다. 예루살렘 교회는 최소한 5000명이 넘는 교회였을 것입니다. 목회자가 너무 바쁘게 된 나머지 무엇을 우선적으로 해야 되는지의 우선순위의 혼돈이 생깁니다. 교회의 양적 부흥이 우선순위를 흔들 위험이 있습니다. 말씀과 기도보다 행정적인 일에 바쁘게 돌아다닙니다. 교인 개개인의 중요성을 인식하지 못하고 집단에 대한 관심만 갖게 됩니다. 훈련된 평신도 지도자가 부족함으로 인해 업무가 과중해지고 초신자들을 제대로 양육할 수 없습니다. 교회 내에 불평이 생기고 그 불평은 분파를 만듭니다. 그러므로 교회가 성장하게 되면 목회 패턴도 교인 수에 비례하여 바뀌어야 합니다. 목회 리더십도 구멍가게에서 슈퍼마켓 그리고 백화점 더 나아가 쇼핑타운 리더십으로 변화가 되어야 합니다.

만일 당신이 열두 제자 중 한 사람이었다면 교회 안에서 헬라파 유대인들이 구제 문제로 히브리파 유대인을 원망하는 이 상황에 어떻게 대처하시겠습니까? 원망하는 사람들을 찾아가서 사실은 그런 것이 아니라고 적극적으로 해명을 하시겠습니까? 그렇지 않으면 이 일이 문제가 된 것은 누구누구 때문이라고 책임을 전가하시겠습니까? 이도저도 아니면 이렇게 골치 아픈 구제 사역은 중단하는 방향으로 나가겠습니까? 또는 더 잘 감독하지 못한 책임을 통감하며 이제부터는 아무리 바빠도 잠자는 시간을 줄이고 식사 시간을 줄여서라도 더 철저히 감독하시겠습니까? 열두 사도는 어떻게 처방을 하였습니까? 그들은 다른 방식을 취하고 있습니다.

열두 사도는 모든 교우를 불러 모아 놓고 이렇게 말했습니다.

"우리가 하나님의 말씀을 제쳐 놓고 접대를 일삼는 것이 마땅하지 아니하니 형제들아 너희 가운데서 성령과 지혜가 충만하여 칭찬 받는 사람 일곱을 택하라 우리가 이 일을 그들에게 맡기고 우리는 오로지 기도하는 일과 말씀 사역에 힘쓰리라"(행 6:2-4).

여기에서 사도들은 우선순위를 바로 설정하였습니다. 이것은 '물질보다 중요한 것이 있다'를 분명하게 보여 준 사건입니다. 그들은 자신들이 부름받은 첫 번째 이유를 확신하고 있었습니다. 바로 말씀을 전하는 것과 기도하는 것입니다. 기도는 하나님 앞에 사람들을 위해 말을 하는 것입니다. 말씀은 사람들 앞에 하나님의 말씀을 전하는 것입니다. 기도와 말씀은 항상 함께해야 합니다. 사도들은 자신들로부터 문제의 해결점을 찾았습니다. 사도들은 자신들의 잘못을 솔직하게 인정했습니다. "말씀을 제쳐 놓고 재정출납을 일삼는 것이 마땅하지 아니하다." 교회가 과업 위주로 흐른 것을 반성했습니다. 사업보다는 사역이고, 사역보다는 사람입니다. 제대로 된 사람이 있으면 일은 제대로 됩니다.

모든 교회의 문제는 하나님의 말씀이 우선순위를 차지하지 못할 때, 기도가 우선되지 못할 때 일어납니다. 교회 문제의 해결도 하나님의 말씀과 기도하는 일을 통하여 이루어집니다. 사도들이 효율적인 행정가가 되지 않고 영적 지도자로 남은 것이 승리의 비결입니다. 영적으로 문제를 해결하였습니다. 사탄이 이 일로 목적했던 바는 사도들로 하여금 산만하게 하여 본업의 임무에서 벗어나 지엽적인 일에 매달려 끝없는 소모전을 벌이게 하는 것인데, 사도들은 권한과 책임을 나눔으로써 깨끗이 매듭을 지었습니다.

교회는 사역자가 말씀을 전하는 일과 기도하는 일에 힘쓸 수 있도록 모든 여건을 조성해 주어야 합니다. 장로와 권사와 집사님들은 섬김을 위해 부름받은 사람들입니다. 목회자를 도와 교회가 온전케 되는 일에 최선을 다해야 합니다.

사역자들은 사도들과 대결적으로 견제하거나 경쟁하거나 평가하고 요구하는 관계가 아니라 보완적 관계입니다. 하나님의 뜻을 따라 동역해야 합니다.

이 일을 계기로 하여 사도들이 본연의 임무에 전념할 수 있도록 사역을 돕는 훌륭한 동역자를 일곱이나 세우게 되었습니다. 나중에는 오히려 "하나님의 말씀이 점점 왕성하여 예루살렘에 있는 제자의 수가 더 심히 많아지고 허다한 제사장의 무리도 이 도에 복종하니라"(행 6:7)라고 했습니다. 교회의 안정을 찾는 정도가 아니고 훌륭한 동역자들과 더 많은 제자를 얻게 된 것입니다. 이제는 유대인 골수 제사장들까지도 개종을 하는 상황으로 완전 역전됩니다. 믿음의 사람에게 문제는 단순히 해결되는 데서 끝나는 것이 아니라 전화위복이 됩니다. 그러므로 같은 돌이라도 믿지 않는 이에게는 걸림돌(stumbling block)이 되지만 믿는 이에게는 디딤돌(stepping stone)이 되는 것입니다.

초대 집사들이 이렇게 해서 생겨나게 됐습니다. 사도들과 동역하며 그들의 부족을 채워 주고, 사도들이 말씀을 전하며 기도하는 일에 전무하도록 제반 나머지 일들을 도맡아 하기 위해서 말입니다. 집사(diakonia)라는 말은 '섬긴다'는 뜻으로 직분을 말한다기보다는 다른 성도들을 섬기기 위해 세웠다는 뜻입니다. 그들을 통하여 교회가 하나가 되고, 교회가 온전케 되며, 교회가 부흥되었습니다. 집사들은 교회의 재정을 관리하고 가난한 자를 돌보는 봉사를 맡아 했으며 나아가서 전도 활동도 했습니다.

출애굽기 18장 13-27절을 보면, 모세는 아침부터 저녁까지 너무 하는 일이 많았습니다. 업무 과부하, 업무 독점, 지도력 집중은 모세 신드롬입니다. 그것을 본 장인 이드로는 모세에게 "혼자 할 수 없으니 재덕을 겸비하고, 하나님을 두려워하며, 진실무망하고, 불의한 이익을 미워하는 자들로 10부장, 50부장, 100부장, 1000부장을 세워 함께 일하라"고 조언했습니다. 마찬가지로 사역을 분장하고 사역을 효율적으로 하기 위해 초대교회는 동역자들을 선출하게 된 것입니다.

초대교회 안수 집사들의 중요한 역할은 바울을 있게 한 스데반이라든지, 에디오피아 내시에게 전도한 빌립에게서 두드러지게 나타납니다. 초대 집사님들이 바로 우리 교회 집사님들의 모델이 되어야 합니다. "너희 가운데서" 택하라고 했는데, 먼저 교회 안에서 같이 머물고 있는 사람들 중에 택했습니다. 자원하는 사람을 선정한 것이 아니라 일정한 요건을 갖춘 사람을 교인들이 심사하고 평가하여 선택했습니다. 일곱 명을 선택하였는데 그 기준은 세 가지입니다. 첫째는 성령이 충만해야 하고(영적 요건), 둘째는 지혜가 있어야 하고(실제적 요건), 셋째는 사람들에게 칭찬을 듣는 사람(도덕적 요건)이어야 합니다.

사람을 세우는 원칙입니다. 내적으로는 "성령과 지혜가 충만"하고 외적으로는 "칭찬 듣는 사람"입니다.

교회의 직분은 무엇보다도 성령님의 인도하심을 따라 행하여야 합니다. 성령이 충만해야 사명을 감당할 수 있습니다. 그리고 성령이 충만한 것과 지혜가 충만한 것은 서로 보완관계에 있어야 합니다. 성령이 충만하다고 너무 분별없이 행해서도 안 되고, 지혜가 있다고 해서 성령의 인도하심을 무시해서도 안 됩니다. 그리고 사람들에게 평판이 좋아야 합니다. 훌륭한 인격을 가지고 말이나 행동에 있어 본이 됨으로 남들의 존경을 받는 사람이어야 합니다. 여기에서 바른 섬김도, 영적인 지도력도 나오는 것입니다.

믿음과 성령이 충만한 사람 스데반과 빌립과 브로고로와 니가노르와 디몬과 바메나와 유대교에 입교한 안디옥 사람 니골라를 성도들이 천거하고 사도들이 안수하여 집사로 삼았습니다. 헬라 이름을 가진 일곱 사람이 선정되었습니다. 니골라는 이방인 출신입니다. 사도들이 히브리 유대인이었기 때문인지 모르겠습니다. 헬라파 유대인 과부들이 구제에서 소외되었다고 했기 때문인지도 모르겠습니다. 안수를 하는 것은 비록 사람이 손을 머리에 올리고 기도하는 것이지만 하나님께서 특별한 사명을 부어 주시는 표식으로 믿습니다. 그리고 안수할 때 하나님께서 절대적으로 부어 주시는 은혜와 성도들을 위하여 축복하며 기도하는 은총이 임합니다. 교회의 선출과 사도의 안수는 교회의 인정과 사도의 권위부여입니다.

결과적으로 교회는 더욱 부흥하게 되었습니다. 7절에 "하나님의 말씀이 점점 왕성하여 예루살렘에 있는 제자의 수가 더 심히 많아지고 허다한 제사장의 무리도 이 도에 복종하니라"라고 기록되어 있습니다. 교회는 부흥하고, 사탄은 패배하고, 모든 것이 전화위복이 되었습니다.

바른 집사의 선택이 교회 부흥의 지름길입니다. 교회의 영역이 더욱 넓혀지고 수적으로도 증가하게 되었습니다. 이제 앞으로 우리는 사도들의 행전 위에 집사들 행전도 살펴보게 됩니다.

사탄은 선한 일(헌금, 구제)을 가지고 어려운 문제를 야기시키는 술수를 부립니다. 그러나 성령님은 어려운 문제를 가지고도 은총의 수단으로 전환시키는 능력이 있습니다. 이어서 7장에는 스데반 집사의 행적과 8장에는 빌립 집사의 행적이 나옵니다. 이들을 집사로 세울 때에는 구제하는 일을 감당하도록 한 것이지만 그들은 그 이상의 일을 했습니다. 스데반이 없었다면 바울이 나올 수 없었으며, 빌립이 없었다면 아프리카 에디오피아에 복음이 전해져 초기 기독교 국가를 이루는 일도 없었을 것입니다. 그 외의 집사들의 행적은 밝혀지지 않지만 초대교회 선교 사역에 없어서는 안 될 금자탑을 놓았을 것입니다.

이제 우리 교회는 성도가 양적으로나 질적으로도 증가하고 있습니다. 이 기회에 교회가 한마음 한뜻이 되어 아이들을 가르치고, 성도들을 섬기고, 교회를 위해 봉사하고, 불신자들을 전도해야 합니다. 목회자는 더욱 말씀을 연구하고 더 많이 기도하며, 교회 직분자들은 섬김과 나눔의 사역을 잘 감당하여 교회가 건강하게 부흥하는 기회로 삼아야 할 것입니다.

서부아프리카의 말리(Mali)는 대부분 이슬람교입니다. 이 지역에 1984년에 큰 기근이 있었습니다. 교회가 10개 정도 있었는데, 1984년 많은 이슬람교도들이 교인이 되고자 교회에 왔습니다. 목회자는 "우리 교회는 수년 동안 이곳에 있었습니다. 그런데 왜 지금에서야 우리의 복음에 관심을 갖게 되었습니까?"라고 물었습니다. 그러자 그들은 이렇게 말했습니다. "기근이 왔을 때, 여러분이 해외에서 식량을 구하는 것을 보았습니다. 우리는 교회가 그 식량을 교회만을 위해서 쓰거나 아니면 더 높은 가격에 되팔 것이라 생각했습니다. 그런데 그렇게 하지 않았습니다. 우리에게도 똑같이 나누어 주었습니다. 그렇게 행동하게 한 복음에 대해서 우리는 알고 싶습니다."

12
최초의 순교자

⁵⁴그들이 이 말을 듣고 마음에 찔려 그를 향하여 이를 갈거늘 ⁵⁵스데반이 성령 충만하여 하늘을 우러러 주목하여 하나님의 영광과 및 예수께서 하나님 우편에 서신 것을 보고 ⁵⁶말하되 보라 하늘이 열리고 인자가 하나님 우편에 서신 것을 보노라 한 대 ⁵⁷그들이 큰 소리를 지르며 귀를 막고 일제히 그에게 달려들어 ⁵⁸성 밖으로 내치고 돌로 칠새 증인들이 옷을 벗어 사울이라 하는 청년의 발 앞에 두니라 ⁵⁹그들이 돌로 스데반을 치니 스데반이 부르짖어 이르되 주 예수여 내 영혼을 받으시옵소서 하고 ⁶⁰무릎을 꿇고 크게 불러 이르되 주여 이 죄를 그들에게 돌리지 마옵소서 이 말을 하고 자니라 행 7:54-60

초대 안수집사들이 선택된 후 곧바로 성령과 지혜가 충만한 스데반의 기사가 6장 8절부터 8장 3절까지 기록되어 있습니다. 6장 8-15절까지는 스데반이 모세와 하나님을 모독했다고 고소를 당하는 모습이, 7장 1-53절까지는 스데반의 변론형식을 빌린 사도행전에 기록된 가장 긴 설교가, 7장 54-60절까지는 스데반이 순교를 당하는 모습이, 그리고 8장 1-3절은 스데반 순교 이후가 소개되어 있습니다.

예수 그리스도와 복음을 반대하는 세력들은 성령님의 역사에 반하여 계속적인 박해를 교회에 가하고 있습니다. 처음에는 위협하고 경고하였습니다(행 4:21). 그다음에는 잡아 옥에 가두었습니다(행 5:18). 그래도 안 되니 매질을 했습니다(행 5:40). 그래도 복음을 힘 있게 전하니 급기야는 잡아 죽이는 지경에 이른 것입니다(행 7:58).

초대교회 지도자였던 스데반의 기사를 통하여 "나는 무엇을 위해 살 것인가? 나는 무엇을 위해 죽을 것인가? 나는 죽기 전에 어떤 말을 남길 것인가?"를 심각하게 질문해 봅시다. 우리는 죽음을 경험할 수는 없으나 타인의 죽음을 통해서 자신의 죽음을 진지하게 생각해 보고, 이런 불가피한 상황에서 어떻게 믿음으로 대처할 수 있는가를 생각해 보아야 합니다. 그래야 주어진 삶도 제대로 살 수 있습니다.

누가는 스데반의 활동 상황을 "스데반이 은혜와 권능이 충만하여 큰 기사와 표적을 민간에 행하니"(행 6:8)라고 기록했습니다. 스데반은 "은혜와 권능"이 충만한 내적 자질에서 "기사와 표적"의 외적 능력이 나타났습니다. 교회에서뿐 아니라 세상에서도 나타났습니다. 헬라파(자유민) 디아스포라 출신 유대인(구레네, 알렉산드리아, 길리기아와 소아시아)들이 모이는 회당에서 스데반은 말씀을 전했습니다. 사실상 예루살렘과 유다를 지나 세계 선교의 지평을 넓히는 데 스데반이 최초로 나서게 된 것입니다. 그것도 유대 땅에서 말입니다. 스데반은 헬라파 유대인으로 디아스포라였기 때문에 그들을 잘 알고 있었습니다. 스데반의 증언은 사람들 사이에서 논쟁을 불러일으켰습니다. 그렇지만 "지혜와 성령"이 충만한 스데반을 당할 자가 없었습니다.

그러자 스데반을 넘어뜨리기 위한 공작이 세 가지로 진행됩니다. 첫째는 사람들을 매수하여 스데반이 모세와 하나님을 모독했다고 했습니다. 둘째는 백성과 장로와 서기관들을 충동질하여 스데반을 잡아 공회로 끌고 갔습니다. 셋째는 거짓 증인을 내세워 스데반이 성전과 율법을 거슬리는 말을 했다고 했습니다. 스데반은 두 가지 죄목으로 산헤드린 앞에 섰습니다. 모세와 하나님을 모독했다는 것입니다. 모세를 모독한 것은 율법을 거슬러 말했다는 것입니다. 하나님을 모독한 것은 성전을 모독했다는 것입니다. 그러므로 이 죄목은 예수님을 고소하던 자들이 예수님에 대하여 말하던 것과 너무나 흡사합니다. 예수님도 율법을 폐하고 하나님의 성전을 헐고 사흘 만에 짓는다는 모독적인 말을 했다고 하여 고소했던 것입니다. 그러나 예수님이나 스데반은 모세의 율법을 폐한 것이 아니라 예수님이 율법의 완성이심을 증거하였고, 성전은 어떤 건물이 아니라 예수 그리스도(육체의 모형)임을 증거했습니다.

그러나 예수님처럼 스데반도 저들의 모함과 과장, 편견과 곡해, 시기와 거짓증인, 적의와 시기심 때문에 핍박을 받게 되었습니다. 그런데 놀랍게도 스데반은 천사의 얼굴과 같이 빛나고 기쁨과 평안을 소유한 모습이었습니다. 스데반의 평온함과 담대함을 드러내는 말입니다. 이를 갈며 적개심이 불타는 사람들과는 대조적으로 "천사의 얼굴"(행 6:15)로 화했습니다.

스데반은 자기를 고소하는 자들 앞에서 최후의 진술을 하고 있습니다. 이것은 자기를 위한 변명이 아니라, 예수 그리스도의 복음을 증거하는 마지막 긴 설교입니다. 그리스도를 위한 변명입니다. 그에게 마지막 시간과 기회가 주어진다면 그것으로 예수님을 증언하는 것이었습니다. 이것이 스데반 삶의 모습입니다. 스데반은 무엇을 위하여 살았으며 무엇을 위해 죽었습니까? 그는 주 예수 그리스도의 복음을 위하여 살았으며, 그 복음을 위하여 죽은 것입니다. 리차드 포스터는 "나는 죽어가고 있는 사람들에게 다시는 설교하지 못하고 죽을 사람처럼 설교한다"라고 했습니다. 스데반도 죽어가고 있는 무리들을 한 사람이라도 더 건지려는 간절한 소망으로 전하였습니다. 자기 생명의 힘을 다하여 이 설교를 마치고 죽는다는 각오로 설교하였습니다. 이 증거와 자신의 목숨을 맞바꾸었습니다.

설교자는 청중을 위하여 자기 생명을 기꺼이 바치는 사람입니다. 하나님 말씀은 끊임없이 세상에 오지만 흔히 무관심과 적대감에 봉착합니다. 설교를 하는 것 이상으로 설교를 듣는 것도 때로는 고통에 직면하는 것입니다. 설교를 하는 자나 듣는 자가 자신이 죽는 것을 경험해야 하기 때문입니다. 그렇지 않으면 설교를 싫어하고 설교자를 증오하게 됩니다.

스데반은 청중들이 익히 알고 있는 아브라함, 요셉, 모세, 다윗과 솔로몬의 이야기를 전개하면서 이스라엘 조상들의 역사 속에서 하나님을 거역했던 조상들의 역사를 상기시켜 줍니다. 공간적으로도 갈대아 우르, 하란, 가나안, 애굽 그리고 유다에 이르기까지 종합적으로 언급됩니다. 이것은 유대인의 마음의 완악함을 설명하기 위함입니다.

구약성경 중 11권을 인용하면서 관련된 주요 사실을 언급합니다. 스데반은 영적이면서도 지적인 면모를 여기에서 보여 주고 있습니다. 설교는 대단히 설득력이 있었습니다. 스데반은 계속해서 듣는 자들을 포함시켜 말하고 있습니다. "우리 조상", "우리 족속", "우리".

스데반은 유대인이 항상 성령을 거역하고 조상들과 똑같이 행동한다고 책망하고 있습니다. 하나님의 종 모세를 거역하고 이제는 하나님의 아들 예수님을 십자가에 못 박고 그것도 부족하여 오늘 성령님의 역사를 거역하는 저들의 모습 속에서 불순종하던 조상들과의 공통점을 본 것입니다. 반역의 역사는 반복된다는 것입니다.

"지극히 높으신 이는 손으로 지은 곳에 계시지 아니하시나니"(행 7:48).

하나님은 손으로 지은 성전에 계시지 않는다는 것은 저들의 영적 허위 의식과 형식적인 신앙을 지적하는 말씀입니다. 영적인 성전회복을 촉구하고, 회개를 촉구하는 말씀입니다.

스데반의 결단을 촉구하는 도전의 말씀이 결론적으로 51-53절까지 나옵니다. "목이 곧고 마음과 귀에 할례를 받지 못한 사람들아 너희도 너희 조상과 같이 항상 성령을 거스르는도다"(행 7:51).

교만하여 목을 세우는 무리들…. 마음과 귀가 씻기지 않아 완악한 마음, 진리를 듣지 않으려는 우매함이 하나님의 성령의 역사를 거스르고(51절), 급기야는 하나님이 보내신 메시야를 죽이고(52절), 천사가 전하여 준 율법도 저버린(53절), 조상 때부터 지금까지 계속되는 죄를 지적하고 돌이키라고 촉구하고 있습니다.

이 말을 들은 무리들은 양심의 가책을 받았습니다. 즉 마음이 찔렸습니다(54절). 이것은 베드로의 설교를 들었을 때 청중들이 "마음에 찔려"한 것과 동일한 현상입니다(행 2:37). 스데반이나 베드로나 청중들의 가슴에 파고드는 통렬한 설교를 한 것입니다. 그런데 반응은 극적으로 달랐습니다. 베드로에게는 "어찌할꼬" 하며 자기의 가슴을 치며 회개를 한 반면 스데반에게는 "이를 갈며" "귀를 막고" 소리를 지르며 돌로 스데반을 쳤습니다. 자신을 죽이고 회개하는 대신 전하는 자를 죽였습니다.

설교하고 돌 맞아 죽은 사람. 설교한 자리에서, 설교를 듣던 무리들에게, 설교가 막 끝난 시각에, 설교하고 죽은 사람이 스데반입니다.

스데반은 죽음의 자리에서도 두 가지 기도를 드렸습니다. 기도로 삶을 마무리하였습니다. 이 기도는 예수님의 마지막 십자가에서의 기도를 생각나게 합니다. 메아리입니다. 자신의 영혼을 주 예수님께 맡기고(59절), 죄악을 그들에게 돌리지 마시기를 기도했습니다(60절). 자신을 위한 의탁기도와 원수를 위한 용서기도입니다. 스데반은 삶뿐 아니라 죽음에서도 예수님을 그대로 따랐습니다. 전적인 의탁과 용서의 자세입니다. 스데반은 굵고 짧게 죽었지만 죽음으로 여전히 말하고 있습니다. "이 말을 하고 자니라."

베드로의 설교를 듣고 3000명씩 회개를 하였는데 스데반은 그런 반응을 보이지 않았다고 베드로의 설교는 성공적이었고, 스데반의 설교는 실패한 것이라고 말할 사람은 없습니다. 둘 다 성공적인 설교를 했습니다. 하나님의 말씀은 전하는 것만으로 이미 사명을 다한 것입니다. 나중에 살펴보게 될 스데반의 순교의 열매도 그렇지만 우선 스데반은 설교 이후 성령이 충만하여 하늘 문이 열리고 하나님의 영광과 예수 그리스도의 모습을 보는 체험을 했습니다. 사람들의 변화에서 즉각적으로 맛볼 수 없는 하나님의 영광을 하나님께서 직접 스데반에게 보여 주셨습니다. 하나님이 스데반의 설교를 기뻐하셨고, 그 말씀으로 하늘 문이 열림을 확신시켜 주신 것입니다.

설교는 모인 청중들만 듣는 것이 아니라, 하나님께서 직접 듣고 계십니다. 스데반이 대적 앞에서도 담대할 수 있었던 것은 '코람데오' 성령이 충만하여 하늘을 지향했기 때문입니다. 사람들에게 듣기 좋게 하려 하지 말고, 하나님이 기뻐하시는 말씀, 하늘 문을 여는 말씀을 전해야 합니다. 하나님의 존전 앞에서 전하고 있다는 심령으로 전해야 합니다. 스데반은 하늘 문을 여는 사람이었고, 예수님을 자리에서 일어나게 만든 사람입니다. 아니 십자가에서 죽으시고 부활하신 예수님을 바라보았기 때문에 스데반은 의연하게 죽음을 맞이할 수 있었습니다. 증인(witness)은 순교자(martyr)라는 말과 통하는데 스데반은 예수님의 충실한 증인이었으며 최초의 순교자가 된 것입니다.

렘브란트의 최초의 작품은 〈스데반의 순교〉(1625, 판넬에 유화)로 프랑스 리옹 보자르 박물관에 소장되어 있습니다. 이 그림에는 (가톨릭 성화에서 볼 수 있는) 천사, 예수님, 하나님이 없습니다. 그래서 기독교적입니다. 아마 스데반의 눈에만 보였을지 모릅니다. 다만 하늘에서 빛이 순교자 위에 비추입니다. 하늘 문이 열린 것입니다. 그 외에 어떤 기적도 없습니다. 순교자 스데반 뒤에 렘브란트는 자신의 얼굴을 그려 넣었습니다. 그는 스데반의 죽음의 증인이고 그들 따르고자 하는 결단이 있었을 것입니다.

스데반의 죽음은 선물이 되는 죽음이었습니다. 우리는 죽음조차도 다른 사람에게 선물이 되어야 합니다. 어떻게 내 삶뿐 아니라 죽음도 다른 이들에게 선물이 될 수 있을까요? 죽음이 새로운 삶으로 통해야 합니다. 좋은 죽음은 다른 사람들과 결속하는 죽음입니다. 예수님은 좋은 죽음을 준비하셨습니다. 그분은 죽음으로 열매를 맺었습니다. 죽음으로 그들 가운데 영원히 사셨습니다. 예수님은 죽음을 은총, 약속, 소망으로 말씀하셨습니다. Action에서 Passion으로 넘어가는 것입니다. 주도적인 삶에서 받아들이는 삶으로 갑니다. 내가 원하는 삶에서 남을 위한 삶으로 이끌림을 받는 것입니다. 나의 죽음으로 다른 사람의 삶에 열매를 맺습니다.

스데반은 신앙의 유산을 남겼습니다. 말씀과 기도입니다. 그리고 결국 사람(바울)을 세웠습니다. 우리는 대부분 말씀도 남기지 않고, 기도도 드리지 않으며, 결국 사람도 세우지 못합니다.

1. 스데반의 순교는 영광의 죽음이었습니다

살아있는 자는 어떠한 모습으로 죽을 것인가를 항상 준비해야 합니다. 스데반은 모든 적의와 이를 가는 무리 앞에서도 평화와 기쁨이 넘쳤습니다. 하늘 문이 열리고 하나님의 영광과 예수님이 서 계신 모습을 보며 아름다운 죽음을 맞이했습니다. 하나님과 예수님과 성령님이 함께해 주시는 마지막을 보낸 것입니다. 사람이 한번 죽는다면 그런 죽음을 맞이하고 싶습니다. 하나님이 외면하는 죽음이 아니라, 사람들이 곡하는 죽음이 아니라, 두려움에 떨다가 맞이하는 죽음이 아니라, 더 살기 위해 발버둥 치다 가는 것이 아니라 복음을 위해 살다가 복음을 위해 죽는 삶입니다. 세상 사람을 보는 것이 아니라 "하늘을 우러러"(행 7:55) 하나님의 영광과 예수 그리스도의 모습을 보며 맞이하는 임종을 갖고 싶습니다.

    브루스(Bruce)는 예수님이 서신 사건을 설명할 때, "스데반이 사람들 앞에서 예수님을 고백했을 때, 예수님도 하나님 앞에서 그의 종 스데반을 시인하였다"라고 했습니다.

2. 사울을 변화시키는 죽음이었습니다

스데반 순교의 아이러니는 설교를 듣던 자들이 설교자를 죽인 것이고, 스데반을 죽인 원수 가운데 스데반의 후계자가 나온 것입니다. 스데반의 기도가 응답된 것이 바로 바울의 회심 사건입니다. 스데반의 순교가 없었다면 사울이 바울 되지 못했을 것입니다. 아무래도 사도행전을 기록한 누가는 오늘 이 기사를 바울에게 직접 들었을 것입니다. 왜냐하면 바울은 자기 회심의 내적 동기를 스데반의 사건에서 시작하기 때문입니다. 스데반의 죽음이 바울의 삶에서 열매를 맺었습니다. 스데반의 죽음이 바울에게서 부활의 열매로 나타난 것입니다. 물론 스데반이 직접 의도하지는 않았지만 더욱 놀라운 결과를 낳았습니다.

"왜 그는 내가 그토록 미워하는 예수를 위해 목숨을 바치는가? 무엇이 스데반으로 하여금 돌에 맞아 죽어가면서도 평안과 기쁨을 가지고 천사의 얼굴로 화하며 자기를 저주하는 자들을 위하여 기도하면서 죽게 하는가? 도대체 내가 갖지 못한 무엇이 있단 말인가?" 바울에게는 충격이었습니다. 과학이나 철학이나 자기의 신념으로 죽은 자는 없지만 신앙에는 순교자가 있습니다.

스데반의 마지막 기도는 "주 예수여 내 영혼을 받으시옵소서", "주여 이 죄를 그들에게 돌리지 마옵소서"(59-60절)였습니다. 이것은 예수님의 마지막 기도를 상기시켜 줍니다(눅 23:46, 34). 스데반은 예수님과 더불어 무고하게 고난을 당했지만 핍박자들을 위해 동일하게 기도하였습니다. 어거스틴은 "교회는 바울을 스데반의 기도의 덕택으로 간주한다"라고 말했습니다.

스데반 다음에 사울의 이름이 처음으로 등장합니다(행 8:1). 스데반에서 사울로 바통 터치가 이루어지는 것입니다. 스데반의 순교로 적대자였던 바울이 후계자가 되는 것입니다.

"내가 말하기를 주님 내가 주를 믿는 사람들을 가두고 또 각 회당에서 때리고 또 주의 증인 **스데반이 피를 흘릴 때**에 내가 곁에 서서 찬성하고 그 죽이는 사람들의 옷을 지킨 줄 그들도 아나이다"(행 22:19-20).

3. 스데반의 순교는 이방선교의 시발이 되었습니다

"내가 진실로 진실로 너희에게 이르노니 한 알의 밀이 땅에 떨어져 죽지 아니하면 한 알 그대로 있고 죽으면 많은 열매를 맺느니라"(요 12:24).

스데반은 죽어서 영원히 살고, 죽어 많은 열매를 맺는 한 알의 밀이 되었습니다. 순교자의 피가 교회의 씨앗이 됩니다.

스데반의 순교는 두 가지 중요한 사건의 시발이 됩니다. 앞에 언급한 대로 사울이 바울 되는 계기를 마련해 주고, 초대교회에 큰 박해가 일어나는 시발이 된 것입니다. 그런데 이 두 가지 사건은 복음을 이방인에게 전파하려는 하나님의 계획을 수행하는 전환점이 됩니다. 하나님은 스데반의 순교와 초대교회의 핍박받음을 복음의 불씨를 더욱 퍼뜨리는 데 사용하셨던 것입니다.

이제 박해로 인해 불씨는 예루살렘에서 유다와 사마리아로 번지게 됩니다. 전하는 말에 의하면 스데반을 죽인 무리들은 2000여 명의 순교자를 더 냈고, 성도들이 유다와 사마리아로 흩어지면서 복음이 사도행전 1장 8절에 예견된 대로 예루살렘, 온 유대, 사마리아까지 그리고 바울의 회심으로 땅 끝(로마)까지 증거됩니다. 사도행전 8장 1절은 "예루살렘에 있는 교회에 큰 박해가 있어 사도 외에는 다 유대와 사마리아 모든 땅으로 흩어지니라"라고 기록되어 있습니다. 사도행전 1장 8절의 말씀처럼 도시와 지역이 복음을 전할 교구입니다. 교구는 교회가 아니라 도시입니다. 그러므로 스데반의 순교는 빌립의 에디오피아 내시에 대한 전도, 사울의 회심, 고넬료의 사건과 더불어 이방선교의 문을 활짝 여는 중대한 시발점이 된 것입니다. 그러므로 스데반의 설교도, 죽음도 성공적이었습니다.

사탄을 어떻게 이깁니까? "우리 형제들이 어린 양의 피와 자기들이 증언하는 말씀으로써 그를 이겼으니 그들은 죽기까지 자기들의 생명을 아끼지 아니하였도다"(계 12:11). 양의 피, 증거하는 말, 믿음을 위해 죽기까지 생명을 아끼지 않는 것. 순교도 은사이며 일생 동안 오직 한 번 사용할 수 있는 은사입니다.

우리는 초대교회에 임한 강한 성령의 역사와 교회의 부흥도 목격하지만 더불어 적대자들의 반대와 핍박도 거세졌던 것을 봅니다. 그러나 그 모든 어려움도 하나님을 바라볼 때 더욱 큰 하나님의 일을 위한 씨앗(불씨)이 된다는 것을 기억하시기 바랍니다.

순교적인 신앙은 참된 부흥을 가져옵니다. 오늘날 순교자를 만들어내지 않는 사회 환경이 우리의 신앙을 송두리째 위협하고 있습니다. 이런 신앙은 액세서리 신앙, 사이비(취미신앙생활) 믿음이 됩니다.

13
빌립의 전도

[4]그 흩어진 사람들이 두루 다니며 복음의 말씀을 전할새 [5]빌립이 사마리아 성에 내려가 그리스도를 백성에게 전파하니 [6]무리가 빌립의 말도 듣고 행하는 표적도 보고 한마음으로 그가 하는 말을 따르더라 [7]많은 사람에게 붙었던 더러운 귀신들이 크게 소리를 지르며 나가고 또 많은 중풍병자와 못 걷는 사람이 나으니 [8]그 성에 큰 기쁨이 있더라 행 8:4-8

[26]주의 사자가 빌립에게 말하여 이르되 일어나서 남쪽으로 향하여 예루살렘에서 가사로 내려가는 길까지 가라 하니 그 길은 광야라 [27]일어나 가서 보니 에디오피아 사람 곧 에디오피아 여왕 간다게의 모든 국고를 맡은 관리인 내시가 예배하러 예루살렘에 왔다가 [28]돌아가는데 수레를 타고 선지자 이사야의 글을 읽더라 [29]성령이 빌립더러 이르시되 이 수레로 가까이 나아가라 하시거늘 [30]빌립이 달려가서 선지자 이사야의 글 읽는 것을 듣고 말하되 읽는 것을 깨닫느냐 [31]대답하되 지도해 주는 사람이 없으니 어찌 깨달을 수 있느냐 하고 빌립을 청하여 수레에 올라 같이 앉으라 하니라 [32]읽는 성경 구절은 이것이니 일렀으되 그가 도살자에게로 가는 양과 같이 끌려갔고 털 깎는 자 앞에 있는 어린 양이 조용함과 같이 그의 입을 열지 아니하였도다 [33]그가 굴욕을 당했을 때 공정한 재판도 받지 못하였으니 누가 그의 세대를 말하리요 그의 생명이 땅에서 빼앗김이로다 하였거늘 [34]그 내시가 빌립에게 말하되 청컨대 내가 묻노니 선지자가 이 말한 것이 누구를 가리킴이냐 자기를 가리킴이냐 타인을 가리킴이냐 [35]빌립이 입을 열어 이 글에서 시작하여 예수를 가르쳐 복음을 전하니 [36]길 가다가 물 있는 곳에 이르러 그 내시가 말하되 보라 물이 있으니 내가 세례를 받음에 무슨 거리낌이 있느냐 [37](없음) [38]이에 명하여 수레를 멈추고 빌립과 내시가 둘 다 물에 내려가 빌립이 세례를 베풀고 [39]둘이 물에서 올라올새 주의 영이 빌립을 이끌어간지라 내시는 기쁘게 길을 가므로 그를 다시 보지 못하니라 [40]빌립은 아소도에 나타나 여러 성을 지나 다니며 복음을 전하고 가이사랴에 이르니라 행 8:26-40

세상이 어두워지면 우리는 같이 어두워지고 싶은 유혹을 종종 받습니다. 확신을 가지고 일을 추진하다가도 난관에 부딪히고 이해받지 못하면 포기하고 싶을 때도 있기 마련입니다.

스데반은 하나님의 말씀을 전하다가 동족들에 의해 정식 재판 과정도 없이 돌에 맞고 성 밖에 버려져 무참히 죽었습니다. 설상가상으로 박해자들의 무리는 더욱 힘을 얻어 모든 그리스도인을 소탕하고자 일대 공격을 감행합니다. 그래서 예루살렘에 있던 신자들이 피하여 온 유대와 사마리아 땅으로 흩어지게 되었습니다. 이제 흩어진 신자들을 찾아다니며 끌어다가 옥에 가두고, 죽이는 상황으로 발전됩니다.

본문 4절은 참으로 중대한 말씀입니다. "흩어진 사람들이."

이 말씀 다음에 무엇이 나오느냐가 중요합니다. 만일 "흩어진 사람들이" 침묵하며 각기 자기들의 옛날 생활로 돌아갔다면, 만일 원망하고 후회하며 헤어졌다면, 제 목숨 살리기 위해 도망쳤다면, 과거의 뜨거웠던 체험을 한때의 추억으로 돌리고 잠잠했다면 사도행전은 8장 4절로 끝나고 교회도 소멸되고 말았을 것입니다. 그런데 할렐루야! "흩어진 사람들이 두루 다니며 복음의 말씀을 전할새"라고 기록되어 있습니다. 난민이나 도망자가 아니라 사명을 감당하는 '디아스포라'(흩어진 자)가 되었습니다. 사도행전도, 교회행전도, 성령행전도, 신도행전도 소멸되지 않고 오히려 더 불이 맹렬하게 사방으로 번져가듯이 확장되고 있습니다. 오히려 사도행전 8장에는 성령님이 다른 곳보다 더 많이 언급이 되어 있어서 성도들이 어려울 때 성령님이 더욱 활발하게 역사하시는 것을 볼 수 있습니다. 그러므로 박해가 선교의 역사를 침몰시키지 못하고 오히려 부추기는 결과를 가져왔습니다. 누군가 말한 대로 "고난의 최대의 적은 고난 그 자체가 아니라 포기하려는 유혹"입니다.

그런데 반대로 살펴보면 자발적으로 흩어지지 않으니까 박해라는 강제적 수단을 동원하여 각 지역으로 나가도록 하신 것인지도 모릅니다. 사도행전 1장 8절에 나온 지명이나 8장 1절에 나오는 지명은 같습니다. 성령을 받으면 예루살렘과 온 유대 그리고 사마리아와 땅 끝으로 나가라는 것입니다. 예수님은 약속하신 대로 성령님을 보내셨는데, 성령 받은 성도들이 온 유대와 사마리아로 흩어지지 않고 예루살렘에만 머물러 있습니다. 그러니까 환란이 임합니다. 핍박을 받으니까 이제 흩어집니다.

그래서 저는 이런 말을 합니다. "좋은 말 할 때 순종하시겠습니까? 아니면 얻어맞고 순종하시겠습니까?" 자발적으로 나가는 것이 좋겠죠? 우리는 모여 함께 지내는 것은 좋아하면서 어느새 안주할 줄만 알지 흩어져 말씀을 전할 줄을 모릅니다. 믿음을 지지해 주는 교회에 머무르기는 쉽습니다. 그러면 복음의 야성을 잃어버립니다. 교회는 끊임없이 움직여야 합니다. 구름 기둥과 불 기둥을 따라 운동하는 교회가 되어야 합니다. 우리의 교구는 교회가 아니라 지역입니다. 존 웨슬리는 "세계는 나의 교구다"라고 했습니다. 교회는 계속 선교지향적인 교회가 되어야 합니다. 선교지향교회에서 목회지향교회로 바뀌면서 교회는 현상유지에 급급하고 나중에는 박물관교회가 됩니다. 얼마 전 〈내가 매일 기쁘게〉를 진행하면서 티베트에서 사역하시는 선교사님을 만났는데, 그분은 교회가 세워지면 그곳에서 자신의 사명이 끝났다고 생각하고 더 깊은 오지로 들어간다고 했습니다. 사실 그분도 그것을 자발적으로 깨달은 것이 아니라 계속적인 어려움 속에서 알게 되었다는 것입니다. 선교지에서도 깨어 있지 않으면 안주하기 쉽다는 것입니다. 어느 사이에 선교하지 않고 목회하고 있더랍니다.

사도행전 8장 4절의 역사는 우연히 된 것이 아니라 사도행전 1장 8절에 예수님이 말씀하신 선교의 비전대로 발전해가는 모습입니다. 세상의 풍조에 순응하는 것이 아니라 세상의 풍조를 거스르는 성도들입니다. 어두움 속에서 더욱 빛을 발하는 초대교회 성도들입니다.

8장에는 흩어진 사람 가운데 한 사람 빌립 집사의 전도 사역을 주로 소개하고 있습니다. 초대교회 스데반과 함께 교우들을 구제하기 위해 집사로 선택되어 안수를 받았으나 음식을 나누어 주는 일에서 그치지 않고 생명의 떡을 나누어 주는 일도 하게 된 빌립입니다. (예수님의 제자 빌립과는 동명이인입니다.) 전도는 모든 사역의 기본입니다. 집사는 교회 안에서는 섬김의 사역, 밖에서는 전도의 사역을 감당해야 합니다. 여기 빌립의 사역과 사도들의 사역의 연속성이 나옵니다.

스데반의 순교 이후 위축되기 쉬운 상황에서 제일 선두에 선다는 것은 참으로 믿음의 용기 즉 순교적인 믿음이 없이는 불가능합니다. '내가 스데반이다' 하고 나가는 것입니다. 스데반이 순교자라면 빌립은 살아있는 순교자입니다. 빌립은 당시 유대인들과 적대관계에 놓여있던 사마리아에 내려가 복음을 전했습니다. 이로써 선교의 지역을 예루살렘과 유대에서 사마리아로 확대해 나갔습니다.

4절부터 13절까지는 빌립의 사마리아 전도입니다. 요한복음 4장에서 예수님이 사마리아로 가신 것을 본받은 것입니다. 그리고 26절부터 40절까지는 아프리카 에디오피아에서 올라온 왕(간다게)의 내시를 전도함으로 아프리카 선교의 문을 열게 된 것입니다.

이 두 가지 빌립의 전도기사는 약간 다릅니다. 사마리아에서는 대중 전도하는 방식으로 일시에 많은 사람을 상대로 하여 설교도 하고, 이적도 행하였습니다. 예수님이 갈릴리에서 하신 사역의 방식입니다. 에티오피아 내시 전도는 개인전도 방식으로 한 사람에게 말씀을 소개함으로 장차 그를 통하여 에티오피아와 아프리카에 복음이 증거되도록 했습니다. 외국에 가지 않고도 국내에서 나그네인 외국인을 선교한 것입니다. 한국에도 외국인 디아스포라가 많습니다. 한국 사람은 181개국에 750만 명이 살고 있고, 한국에 사는 외국인은 200만 명 이상이며, 탈북자는 3만 명 이상입니다. 복음을 알게 되면 나그네가 디아스포라가 됩니다. 국내 거주 외국인들에게 복음을 전하는 것은 장차 그들의 본국에 선교하는 것입니다. 이렇게 대중 전도와 개인전도 그리고 외국선교가 나옵니다. 비록 민족이 다르고 사회 신분과 종교가 달라도 사마리아 사람들이나 에티오피아의 궁중의 권세 있는 사람도 다 같이 믿어 세례를 받게 되었고(행 8:12, 38), 주님을 영접한 다음에는 세상이 줄 수 없는 큰 기쁨을 소유하게 되었습니다(행 8:8, 39). "큰 박해"(행 8:1)가 있었으나 사마리아 성에 "큰 기쁨"(행 8:8)이 있었고, 에디오피아 내시에게도 구원의 "기쁨"(행 8:39)이 있었습니다. 이것은 동일한 성령의 열매입니다.

저는 늘 목회의 본질은 전도하는 일이요, 성도들의 본업도 전도자가 되는 것이라고 생각합니다. 전도는 교회를 부흥시키기 위함이 아니라 영혼을 구원하고 하나님께 영광을 돌리기 위함입니다.

왜 증거하지 않느냐고 물으면 이렇게 말합니다.

"잘 몰라서요. 이웃 사람들이 제가 대답할 수 없는 어려운 질문을 해요."(성령님이 가르쳐 주신다.)

"기술이 없어서요. 전도는 전문가가 하는 거잖아요."(성령님이 할 말을 주신다.)

"시간이 없어서요. 그럭저럭 지내기에도 바빠요."(전도는 부수적인 일이 아니다.)

"용기가 없어서요. 거절당할까 봐 두려워요."(당신이 아니라 복음을 거절한 것이다.)

"저는 겁도 많고 부끄러움을 잘 타요."(가까운 사람에게, 친한 사람에게 하라.)

"확신이 없어서요. 제 믿음을 나누는 것이 힘들어요."(완전한 사람은 없다.)

"힘이 없어서요. 어떤 반응을 보일지 두려워요."(하나님이 도와주신다.)

"믿지 않는 친구나 이웃이 없어서요."(사랑과 보살핌과 우정이 필요한 사람을 찾아보라.)

"교회가 멀어서요."(전도하여 가까운 교회에 가라고 하라.)

교회로 들어가는 문은 바로 당신입니다. 당신이 이웃이 교회로 오는 문입니다. 이웃을 향해 문을 여세요.

구원의 큰 기쁨을 위해서 전도해야 하는데, 빌립의 전도에서 몇 가지 배울 점이 있습니다.

첫째, 빌립은 성령님께 순종합니다

빌립의 전도사역은 성령님께서 주도권을 가지고 있습니다. 물론 빌립은 성령님의 인도하심을 바라는 기도를 했을 것입니다. 성령님께 나가야 할 곳을 알려 달라고 기도합시다. 우리는 전도하기에 앞서서 예비된 전도 대상자들을 위해 먼저 기도해야 합니다. 이것이 기도전도입니다. 기도전도는 이웃에게 하나님에 대해 말하기 전에 먼저 하나님께 이웃에 대해 말씀드리는 것입니다. 저는 신학대학 4년 졸업하기 전에 가족 모두가 다 구원을 받도록 목적을 정하고 기도했습니다. 그리고 기도한 대로 응답을 받았습니다. 전도 명단에 이름을 기록하고 먼저 기도하십시오. 기도는 반드시 이루어지는 예언입니다.

성령님께서 역사하시기를 간구해야 합니다. 빌립이 기도하는 가운데 "주의 사자"(26절)가, "성령"(29절)이, "주의 영"(39절)이 전도 대상자를 향해 이끌어 가시는 것을 볼 수 있습니다. 성령님이 이끄실 때 성령님의 감동을 소멸하지 않고 순종함으로 적대적인 사람들에게든 이방사람에게든 나아갔던 것입니다. 하나님이 빌립에게 예루살렘에서 가사로 내려가는 광야 길을 달리라고 감동을 주셨을 때, 빌립은 왜, 누구를, 어디서 만나게 되는지도 몰랐지만 힘차게 달려갔습니다. 그리고 에디오피아 간다게(에디오피아는 왕을 간다게라고 부름)의 내시를 만나게 됩니다. 하나님이 예비하신 사람이 있습니다.

성령님이 감동하실 때 나아가십시오. 가서 그분들을 자세히 살펴보십시오. 사랑을 가지고 그가 무엇을 필요로 하는지 보십시오. 빌립은 성령님이 감동하셨기 때문에 그가 하는 행동과 그가 읽는 말씀을 주목해서 보았습니다. 이렇게 성령님에게 예민한 마음이 필요합니다. 영적으로 성령님과 먼저 소통해야 다른 사람과 소통할 수 있습니다. 하나님은 성령님을 통해서 할 말씀을 주십니다. 성령님을 의지하고 입을 여십시오.

정근모 박사의 간증집 「역경의 열매」를 보면 그가 평생을 두고 가장 후회하는 일은 자신의 절친한 친구 김재익 박사(대통령 경제수석비서관)를 전도할 기회가 있었는데 다음으로 미루다가 아웅산 폭발사건으로 그를 잃은 일이라고 했습니다. 성령님의 음성에 순종하여 그가 마지막 동남아로 떠나기 전에 전도를 했더라면 하는 아쉬움이 두고두고 남는 것입니다.

신앙생활의 성패는 성령님의 음성에 얼마나 충실하며 순종하느냐에 전적으로 달려 있습니다. 성령님은 하나님께서 우리를 인도하기 위해 보내신 살아계신 영입니다. 소멸하거나 거역하거나 근심되게 하지 말고 매사에 순종함으로 빌립처럼 나가야 합니다. 그때에 사마리아도 변화되고, 아프리카도 변화되는 것입니다.

둘째, 빌립이 찾아가는 방식입니다

성령님이 이끄시는 대로 나가되 전도 대상자에 대해서는 빌립 자신이 먼저 주도권(initiative)을 가지고 대화를 끌어갑니다. 복음을 들고 전도대상자를 찾아가야 합니다. 올 때까지 기다릴 수 없습니다. 우리를 구원하기 위하여 예수님이 우리를 찾아오셨습니다. 잃은 양을 찾아 목자가 갑니다. 양이 목자를 찾는 것이 아닙니다. 하나님이 아담을 찾아오시고, 하나님이 가인을 찾으셨습니다. 인간이 하나님을 찾은 적이 없습니다. 우리는 예비신자들을 찾아 나서야 합니다. 그들이 철들어 돌아올 때까지 기다릴 수 없습니다. 그것은 사랑이 아닙니다. 당시 교통수단이 발달하지 않은 상황에서 빌립은 예루살렘에서 사마리아 성으로, 가사, 아소도, 가이사랴로 찾아다니며 증언했습니다.

성경에는 "가서 제자 삼으라", "잃은 양에게 가라"와 같은 "가라"는 말씀이 1514번 기록되어 있습니다.

이 초기 전도자들을 방랑전도자(wander-worker)라고도 하는데, 그들은 어디든지 복음이 필요한 곳에 갔습니다. 그리고 대화도 주도권을 가지고 전도했습니다. 내시에게 갔을 때도 먼저 책을 읽는 것을 듣고는(당시 책을 큰소리로 낭독했을 것이므로) 빌립이 먼저 말을 걸었습니다. "Do you understand what you are reading?" (당신이 읽는 것을 깨닫습니까?)라고 물었습니다. 그러고는 줄곧 다른 데로 화제를 돌리지 않고 꼭 필요한 방향으로 대화를 유도하였습니다.

어떤 사람들은 전도하러 갔다가 오히려 그 사람 말만 듣고, 무엇을 말하려고 갔는지도 잊어버리고, 초점도 없이 여러 말을 하다가 예수님도 제대로 증거하지 못하고 돌아오는 경우가 있습니다.

셋째, 빌립의 전도는 '예수님 중심'이었습니다

빌립이 사마리아 성에 들어가 증거한 것은 "그리스도"였습니다. 자신들의 무고함을 말한 것도 아니고, 적대자들의 잔악함을 고발한 것도 아니고, 동정심을 유발한 것도 아니고 예수 그리스도를 전파하였습니다.

에디오피아 내시는 권세가 있는 사람으로 이방인으로서는 드물게 히브리 신앙을 가지고 예루살렘에 올라와 오순절 절기 예식에 참여했습니다. 그래도 마음에 기쁨을 얻지 못했습니다. 내시가 어떻게 구하기 힘든 이사야 선지자의 양피지 사본을 가지고 있었는지 모릅니다. 그는 길을 가면서도 말씀을 읽는 사람이었습니다. 그렇지만 말씀을 알지 못했습니다. 종교적인 외형을 다 갖추고 있었지만, 알맹이가 없는 사람이었습니다. 이 사람에게 무엇이 필요하겠습니까? 무엇이 빠진 것입니까? 하나님은 이렇게 추구하는 사람에게 빌립을 보내십니다. 빌립은 잘 준비된 사람이었습니다. 하나님은 내시로 하여금 이사야 53장 7-8절의 고난받는 종 부분을 읽게 하였습니다. 더구나 이렇게 시간을 맞추시는 하나님이 신비스럽습니다.

"마치 도수장으로 끌려가는 어린 양과 털 깎는 자 앞에서 잠잠한 양같이…."

내시가 이 내용을 이해하지 못해 궁금해하던 차에 빌립이 그에게 다가가 읽는 내용을 이해하느냐고 물었습니다. 그는 모른다고 하면서 빌립을 청하여 이 말씀을 설명해 달라고 했습니다. 빌립은 평소에 말씀을 잘 배워 알고 있었기 때문에 그의 궁금증을 잘 풀어 줄 수 있었습니다. 구약의 예언과 예수님의 십자가 사건을 연결시켜 증언하였습니다. 빌립은 이때 '예수가 그리스도'라고 증거하였습니다. 어린 양같이 우리의 죄를 대신 지고 가신 예수님을 구약으로부터 시작하여 예수님의 삶과 죽음 그리고 부활에 대한 것까지 전파하였습니다. 예수님 중심 복음입니다. 예수님을 넣고 말하니 그동안 모르던 것들이 다 풀리기 시작했습니다.

바울도 "유대인은 표적을 구하고 헬라인은 지혜를 찾으나 우리는 십자가에 못 박힌 그리스도를 전하니"(고전 1:22-23)라고 말했습니다. "내가 너희 중에서 예수 그리스도와 그가 십자가에 못 박히신 것 외에는 아무 것도 알지 아니하기로 작정하였음이라"(고전 2:2).

내시는 히브리 신앙은 있었으나 메시아가 누구인지는 알지 못했습니다. 그런데 빌립을 통하여 그 메시아가 예수님인 것을 알게 되었습니다.

넷째, 빌립의 전도는 적용과 결단이 있었습니다

사실을 말한 데 그치지 않고 구체적으로 믿게 하고, 믿음의 표시로 세례를 받게 하였습니다. 머리에서 가슴으로 그리고 손과 발로 행동에 옮겼습니다. 내시는 더 이상 미루지 않고 그 자리에서 믿음의 결단을 분명하게 하였습니다. 후기에 삽입된 것으로 보이는 37절에는 세례문답에 해당하는 물음과 신앙고백이 나옵니다. "빌립이 이르되 네가 마음을 온전히 하여 믿으면 가하니라. 대답하여 이르되 내가 예수 그리스도께서 하나님의 아들인 줄 믿노라." 수레를 멈추고 빌립과 내시가 물에 내려가 빌립이 세례를 베풀고 물에서 올라올 때 주의 영의 이끌림을 받아 빌립은 아소도로 가고, 내시는 기쁨으로 자기의 길을 갔습니다. '집사가 세례를 줄 수 있는가'라는 교리적인 문제는 아무것도 아닙니다. 더구나 비상적인 상황입니다. 루터는 "세례 받은 교인은 세례를 베풀 수 있다"고 했습니다. 전도자는 다른 곳으로 가고 오직 주님과 구원의 기쁨만이 내시와 함께했습니다.

본문에서 특이한 사항은 신자의 세례와 성령의 세례를 구분하여 기록한 것입니다. 분명히 믿음을 확증하는 표시로 받는 물세례와 성령세례가 동일한 것이 아니라 구분된 것을 알 수 있습니다.

그러므로 예수님은 물과 성령으로 거듭나지 아니하면 하나님 나라를 볼 수 없다고 구분하여 말씀하셨습니다(요 3:5). 또 사도행전 1장 5절에도 예수님께서 요한의 물세례와 앞으로 성도들이 받을 성령세례를 구분하여 약속하셨습니다.

예수님에게서는 물세례와 성령세례가 동시적으로 나타났습니다(마 3:16). 그런데 빌립의 전도함을 받은 사람들은 처음에는 신자의 세례를 받았습니다. 이후 사도들이 사마리아에도 복음이 전파됐다는 사실을 확인하기 위해 베드로와 요한을 보냈는데, 그들이 와서 사마리아 성도들이 성령받기를 기도하며 안수할 때에 성령을 받게 되었습니다(행 8:14-17). 이 사건은 사마리아의 오순절입니다. 이것은 사도들에게 사마리아인들에게도 성령을 부으시는 하나님의 섭리를 확인하게 하고, 사마리아인들에게도 사도들의 지도력을 인정하게 하시는 하나님의 배려였습니다. 예루살렘 교회와 사마리아 교회의 일치성을 보여 주는 것입니다. 빌립과 사도들이 동역하는 것입니다.

아볼로가 목회하던 에베소에 바울이 와서 "너희가 믿을 때에 성령을 받았느냐"라고 묻자 세례 요한의 물세례만 받았다고 하니 바울이 안수할 때에 성령이 임하게 된 사건도 있습니다(행 19:1-7). 이 두 경우는 물세례를 먼저 받고, 후에 성령세례를 받은 경우입니다.

한편 베드로가 고넬료의 집에서 설교할 때 성령의 충만함을 모든 사람이 받는 것을 보고 물로 세례를 준 경우가 있는데(행

10:44-48), 이는 성령세례를 먼저 받고 물세례를 그 후에 받는 경우입니다. 어떤 경우이든 성도들은 물세례를 받는 데서 끝나지 말고 성령의 충만함을 받도록 결단해야 합니다. 아직 성령세례를 받지 못한 사람은 기도해야 할 일입니다.

성령 충만함을 받으니 얼마나 좋았던지 시몬이라는 마술사가 돈을 사도 앞에 드리며 자기도 안수하는 대로 성령이 임하는 권능을 달라고 한 기사가 있습니다. 시몬은 원래 마술로 사마리아 사람들을 놀라게 하고 스스로 '큰 자'라고 불렀던 사람입니다. 그런데 빌립이 이렇게 사이비 영성으로 사람들을 놀라게 하던 시몬을 압도하고 믿고 세례를 받도록 이끌었으니 빌립은 더욱 대단한 분입니다. 그런데 표적과 기사가 성령의 역사임을 본 시몬이 돈으로 이 능력을 사고자 흥정을 하는 것입니다.

영어 단어 'simony'(시모니)는 시몬(Simon)과 돈(Money)의 합성어로 '성직매매자'라는 뜻입니다. 시몬이 하나님의 선물인 성령의 은사를 돈으로 사려고 하고, 돈벌이 수단으로 쓰려고 했던 것을 일컫습니다. 예수님의 제자의 길이 아니라, 표적만을 추구하는 마술적인 힘의 보유자가 되려고 생각했던 잘못된 신앙입니다. 토속신앙과 혼합하려는 경향을 보이기도 합니다. 베드로는 시몬을 책망하고 저주를 했습니다. "네가 하나님의 선물을 돈 주고 살 줄로 생각하였으니 네 은과 네가 함께 망할지어다."

그러나 오늘날에도 영적인 것을 팔고 살 수 있는 것처럼 상업적으로 이용하려는 시몬과 같은 사람들을 만나게 됩니다. 복음은 마술도 아니고, 인간의 조작도 아니고, 돈벌이 사익을 추구하는 것도 아니고, 사고팔 수 있는 것도 아닙니다. 하나님을 조종하거나 조작하려는 것은 마술이고 주술입니다. 하나님의 은사는 돈으로 살 수 있는 것이 아닙니다. 예수님은 빵을 만드는 능력으로 빵집을 만들거나 병을 고치는 능력으로 병원을 개업하신 것이 아닙니다. 시몬은 돈을 주고라도 은사를 사서 "자칭 큰 자"(행 8:9)라 했던 것처럼 자신을 드러내는 데 쓰고자 했습니다. 후대 전승에서 시몬은 베드로의 대적자로 나타납니다. 아니러니하게도 베드로의 옛날 이름은 시몬이었습니다. 하나님의 성령의 은사는 자신을 드러내는 도구가 될 수 없습니다. 오직 하나님의 영광과 하나님의 나라와 예수님의 이름을 드러내야 합니다.

결론적으로 성도들이 당하는 모든 일은 복음의 진보가 될 수 있고, 성령님의 역사에 순복하기만 하면 그렇게 할 수 있습니다. 빌립은 가라 하면 가고, 서라 하면 서는 사람이었습니다. 사마리아, 가사로 내려가는 광야, 아소도로 다녔고, 룻다, 욥바, 가이사랴에 세워진 교회들은 빌립의 사역의 결실이었습니다. 빌립은 성령님이 인도하시는 대로 바람처럼 각지로 다니며 예수님을 전하였습니다. 스데반은 죽은 순교자였지만 빌립은 산 순교자였습니다. 빌립처럼 성령님께 순종하여 찾아가서 예수님을 전파하고 그들의 영혼을 주님께 인도하는 성도들이 되시기를 축복합니다.

14
나의 택한 그릇

[1]사울이 주의 제자들에 대하여 여전히 위협과 살기가 등등하여 대제사장에게 가서 [2]다메섹 여러 회당에 가져갈 공문을 청하니 이는 만일 그 도를 따르는 사람을 만나면 남녀를 막론하고 결박하여 예루살렘으로 잡아오려 함이라 [3]사울이 길을 가다가 다메섹에 가까이 이르더니 홀연히 하늘로부터 빛이 그를 둘러 비추는지라 [4]땅에 엎드러져 들으매 소리가 있어 이르시되 사울아 사울아 네가 어찌하여 나를 박해하느냐 하시거늘 [5]대답하되 주여 누구시니이까 이르시되 나는 네가 박해하는 예수라 [6]너는 일어나 시내로 들어가라 네가 행할 것을 네게 이를 자가 있느니라 하시니 [7]같이 가던 사람들은 소리만 듣고 아무도 보지 못하여 말을 못하고 서 있더라 [8]사울이 땅에서 일어나 눈은 떴으나 아무 것도 보지 못하고 사람의 손에 끌려 다메섹으로 들어가서 [9]사흘 동안 보지 못하고 먹지도 마시지도 아니하니라 행 9:1-9

주님을 영접하신 당신께 묻겠습니다. 예수님을 만나기 전의 생활과 그 이후의 생활이 어떻게 변하였습니까? 예수님을 믿게 될 때 무슨 동기나 체험이 있었습니까? 이것을 말하는 것이 소위 간증입니다. 간증은 예수님을 만나기 전의 나의 모습과, 예수님을 만나게 된 사건, 그리고 그 후에 달라진 것, 이 세 가지를 말하는 것입니다. 이런 간증만큼 살아계신 예수님을 증언하는 효과적인 수단은 없습니다. 이웃에게 간증을 나누십시오. 이것이 전도입니다.

〈어메이징 그레이스〉(305장)는 영미에서 가장 유명한 찬송인데 실존 인물 존 뉴턴의 신앙고백을 담고 있습니다. 그는 노예무역상에서 회심하여 목회자가 된 과정을 자전적으로 작사하였습니다. "나 같은 죄인 살리신 그 은혜 놀라워 잃었던 생명 찾았고 광명을 얻었네." 존 뉴턴은 "만약 주께서 은혜로운 분이 아니셨다면 어찌 내가 그분 앞에 설 수 있겠는가?"라고 했습니다. 하나님은 다른 사람들의 예상과는 달리 이러한 사람들을 만나 주시고 용서하시고 변화시키십니다. 하나님은 이러한 자들을 자비의 기념비로 세우시고, 다른 사람들도 이를 보고 용기를 내게 하십니다. 존 뉴턴은 자신의 비석에 이런 글을 남겼습니다. "한때 무신론자이자 방탕한 사람이었으며, 아프리카 노예선의 선원이었으나 우리 주님과 구원자이신 예수 그리스도의 풍성하신 은혜에 힘입어 보호받고, 회복되고, 용서받았으며 복음을 선포하는 사명을 받은 후 그 육신이 쓰러지는 날까지 오래토록 헌신하며 사역하였다."

　한국의 대표적 지성인 이어령 교수도 딸의 실명 위기 앞에 보는 것에 대한 감사와 기적을 느끼고, 아버지로서의 무능력함을 깨달아, 하나님의 사랑으로 살아가는 딸을 부축하고 교회에 처음 나갔습니다. 개척교회였지만 보잘것없어 보이는 사람들이 기쁨에 차서 찬양하는 것에 감동이 되어 눈물을 흘렸습니다. 그리고 생전 처음으로 "내 손과 입을 주를 위해 쓰겠습니다"라고 기도했습니다. 하나님을 원망하고 비방하던 지성의 사람이 하나님의 사랑을 느끼면서 하나님을 전하는 영성의 사람으로 변화되었습니다.

법사에서 회심한 이정훈 교수의 이야기는 유명합니다. 종자연을 만들어 반기독교 운동의 선봉에 섰던 사람이 어느 날 기독교 방송 설교를 듣다가 회개하라는 말씀에 자신의 실체를 보게 되었는데, 죄로 머리부터 발끝까지 다 물들어 지옥에 던져질 수밖에 없는 모습을 보고 그 자리에서 엎드려 주님을 영접하게 되었습니다. 그때 텔레비전에서 설교하고 있던 목사는 바로 저였는데, 그는 저를 찾아와 앞으로 예수님을 잘 믿을 것을 다짐하고 기도를 받았습니다. 강권적인 하나님의 역사였습니다. 그 후로 그는 기독교를 변증하며 전도하는 사람이 되었고 최근에는 신학공부를 하여 목사 안수도 받았습니다.

어거스틴의 「고백록」에 보면 그는 부랑자로 살다가 어머니 모니카의 기도의 응답으로 무화과나무 밑에서 로마서를 읽는 소리를 듣고 회심을 했다고 합니다.

기독교 역사상 가장 큰 빛을 남긴 사람, 즉 기독교를 기독교 되게 한 사람, 로마서를 비롯한 여러 서신들의 저자이며, 이방인의 사도로서 로마까지 말씀을 전한 바울의 회심에 대해 말씀드리겠습니다. 이것은 교회사에서 가장 위대한 회심입니다.

사도행전 9장은 바울의 회심장입니다. 여기에서는 사도행전의 저자인 누가가 객관적인 입장에서 바울의 다메섹 체험을 기록하고 있습니다. 부활하신 예수님이 사울에게 개별적으로(여러 사람들이 있었는데), 인격적으로(사울의 이름을 두 번씩 부르시면서), 불가항력적으로(강력한 빛에 말에서 떨어져), 분명한 목적을 가지고(이방인을 위한 증인이 되라고) 찾아오십니다. 나중에 사도행전 22장 3-21절과 26장 4-23절의 변론을 통하여 바울은 자신의 회심 체험을 거듭 간증하고 있습니다. 사도행전에만 이렇게 세 번 기록된 다메섹 체험은 바울 자신에게뿐 아니라 초대교회, 아니 기독교 역사상에 중대한 사건임에 틀림없습니다. 신앙적 체험은 이렇게 중요한 것입니다. 하나님은 언제나 한 사람의 변화에서 위대한 역사를 시작하십니다. 바울은 무자비한 박해자에서 큰 은혜와 큰 용서와 큰 사랑으로 영광스러운 사도로 변화되었습니다. 이 사람이 하나님이 택한 그릇입니다. 우리도 하나님의 택한 그릇이 되기 위하여 다메섹의 바울의 체험을 나누어야 할 필요성이 있습니다.

사도행전 8장부터 하나님의 이방 백성들에 대한 선교 계획이 본격적으로 진행됩니다. 8장에는 사마리아인들의 회심, 에티오피아 내시의 회심, 9장에는 박해자였던 바울의 회심, 10장에는 로마 고넬료 백부장의 회심이 나옵니다. 특별히 9장과 10장은 바울이 이방 사도로 처음 부름을 받은 것, 베드로가 처음으로 로마인 백부장의 집에 가서 설교하는 것, 고넬료가 이방인으로서 첫 번째 회심하게 되는 중요한 기사가 연속됩니다.

바울의 회심장은 주로 세 가지로 구분할 수 있습니다. 믿기 전의 바울의 모습(행 9:1-2), 예수님을 만난 사건(행 9:3-9), 회심한 후의 바울의 모습(행 10-31)이 그것입니다. 이것은 간증의 3대 요소이기도 합니다. 우리가 간증을 하게 되면 믿기 전 상태와 믿게 된 동기와 믿고 난 후를 말하게 됩니다.

1. 회심 전의 바울

당시 도시 중 하나인 다소 출신의 바울은 학문이나 가문이나 지위에 있어서 내놓을 것이 많은 사람이었습니다. 세상적인 안목에서는 촉망받는 사람이었습니다. 그는 히브리어, 헬라어, 아람어를 자유롭게 구사하였고, 히브리와 헬라 문화 속에서 자랐으며, 당시 최고의 학부와 최고의 학자인 가말리엘 수하에서 공부하기 위해 예루살렘에까지 유학을 갔습니다. 유대인들 가운데는 바리새인으로 율법을 철저히 지킨다는 자만심이 대단했습니다. 당시 세계를 지배하던 로마 시민권을 태어나면서부터 가진 그야말로 화려한 배경을 가진 사람이었습니다. 빌립보서 3장 5-6절에서 그는 이렇게 말했습니다. "나는 팔일 만에 할례를 받고 이스라엘 족속이요 베냐민 지파요 히브리인 중의 히브리인이요 율법으로는 바리새인이요 … 율법의 의로는 흠이 없는 자라." 물론 나중에 바울은 회심한 후 예수님이 가장 귀하기 때문에 이 모든 것을 배설물처럼 여긴다고 했습니다. "무엇이든지 내게 유익하던 것을 내가 그리스도를 위하여 다 해로 여길뿐더러 또한 모든 것을 해로 여김은 내 주 그리스도 예수를 아는 지식이 가장 고상하기 때문이라 내가 그를 위하여 모든 것을 잃어버리고 배설물로 여김은 그리스도를 얻고 그 안에서 발견되려 함이니"(빌 3:7-9). 이전에 좋던 것이 이제는 값없어졌습니다. 바울은 옛날 자랑거리를 다 버렸습니다. 아니 해로 여겼습니다. 왜냐하면 하나님의 은혜를 의지해야 하기 때문입니다.

그는 열심 있는 유대교인으로 예루살렘과 외국 땅까지 찾아다니며 예수님 믿는 자들을 핍박하였습니다. 사울의 이름이 처음 등장하는 사도행전 7장 58절에서는 스데반이 돌에 맞아 죽을 때 현장에서 동조하였고, 8장 1, 3절과 9장 1절을 보면 기독교인들에 대해 적의와 살기를 품고 교회를 진멸하기 위해 대제사장의 사주를 받아 예루살렘에서 다메섹까지 내려가던 사람이었습니다. 예수님은 사울에게 "사울아, 사울아 네가 어찌하여 나를 핍박하느냐" 물으셨는데, 이는 성도들을 핍박한 것이 바로 예수님을 핍박한 것이라는 뜻입니다. 다시 말하면 "네가 나의 제자들을 박해하는 것은 곧 나를 박해하는 것이다"입니다. 예수님은 자신과 자신을 따르는 자들을 동일시하셨습니다.

그래도 바울은 열정이 있었습니다. 열정이 없는 사람은 들어쓰기가 힘듭니다. 동쪽으로 잘 달리는 말은 서쪽으로도 잘 달립니다. 물론 바울은 열정적으로 일을 하였지만 잘못된 열심이었습니다. 열정의 방향이 잘못된 것입니다. 따라서 그가 하는 모든 일이 그에게 평안과 확신을 주지 못했습니다. 이러한 바울의 상태는 사도행전 26장 14절 말씀과 같았습니다. "가시채를 뒷발질하기가 네게 고생이니라." 가시채를 뒷발질하면 가시채가 상합니까, 아니면 자기 발이 상합니까? 가진 것, 아는 것, 행하는 것 모두가 마음에 평안도 주지 못하고, 확신도 주지 못했습니다.

이것은 1) 예수님을 핍박하는 것, 2) 성령님을 근심되게 하는 것, 3) 남을 미워하는 것, 4) 진리를 의심하는 것입니다. 자신의 지식과 신념에 따라 하고 싶은 대로 다 해보았지만 증오심만 증대되고 확신이나 평안은 가질 수가 없었습니다.

2. 다메섹의 바울(믿게 된 동기)

그렇다고 바울이 스스로 나서서 예수님을 찾은 것이 아닙니다. 다메섹을 향하여 가는 길에서 예수님이 바울을 찾아가 불러 주셨습니다.

"너희가 나를 택한 것이 아니요 내가 너희를 택하여 세웠나니" (요 15:16).

오직 하나님의 주권적인 은혜, 강권적인 역사로 바울을 변화시키셨습니다. 하나님의 은혜는 이 모든 허물을 덮고도 남습니다. 이런 박해자 바울을 변화시키신 하나님이라면 왜 나와 당신을 변화시키지 못하겠습니까?

탕자의 비유에 보아도 회개한 아들이 회개할 것이 없는 아들보다 아버지의 마음을 더 잘 알고 있습니다. 아버지의 사랑을 더 깊이 이해합니다. 희랍에도 성경에 나오는 탕자의 비유와 같은 두 아들 이야기가 있다고 합니다. 착한 아들, 불효자 아들이 해적에게 잡혀갑니다. 몸값은 한 사람분밖에 없는데, 불효자 아들은 자신은 병이 들었으니 아버지께 형님을 데려가라고 합니다. 자기는 못된 아들이고, 언제 죽을지도 모르니 형을 데려가라는 것입니다. 그러나 아버지는 결국 작은 아들을 데리고 나온다고 합니다.

회개한 죄인이 회개할 것 없는 의인보다 아버지의 마음에 더

듭니다. 죄가 많은 곳에 은혜가 많습니다.

사울의 신앙적인 체험에는 빛을 보고, 음성도 듣고, 눈이 멀고 하는 여러 가지 기적적인 표적이 동반되었습니다. 시각적이고 청각적인 사건입니다. 귀가 열리고 눈이 열리는 것입니다. 오순절 마가의 다락방에서 일어난 사건과 같습니다. 물론 옛날의 시력은 잃어버렸습니다. 옛날의 관점은 사라진 것입니다. 대신 새로운 안목이 열립니다. 모세가 호렙산에서 하나님을 만난 체험과 같고, 변화산에서 제자들이 체험한 것과 유사합니다. 바울의 체험은 그의 강력한 핍박의 생활만큼이나 극적인 것입니다. "예수를 핍박하던 자"에서 "예수 때문에 핍박을 받는 자"로 변화되는 체험입니다. 자연히 극적일 수밖에 없습니다. 그러나 회심의 역사가 언제나 누구에게나 똑같은 방법으로 일어나는 것은 아닙니다. 중요한 것은 예수님을 대면하여 만났다는 것입니다. 그리고 그 음성을 듣게 되었다는 것입니다. 눈이 열렸다는 것입니다.

"택한 나의 그릇"이라는 말씀에서 알 수 있듯이 하나님이 주도적으로 선택하시는 은혜입니다. 이제 사울은 하나님 앞에 기억될 수 있는 가치 있는 삶이 예수님을 만난 이후로 시작되었습니다. 예수님 없이 산 이전의 삶은 아무리 열심히 살았다고 하더라도 무익한 삶입니다.

하나님은 사울에 대한 계획을 가지고 계셨고 그 계획을 가지고 사울을 찾아오셨습니다. "이방인과 임금들과 이스라엘 자손들을" 섬기기 위한 그릇으로 사용하시고자 합니다. 우리가 주님을 만날 때 비로소 우리의 그릇에 담아 쓰시려고 했던 하나님의 계획이 드러납니다.

사울은 주님의 음성을 들은 후 사흘 동안 금식하며 기도하였습니다. 마치 예수님이 십자가에서 돌아가신 후 사흘 만에 부활하신 것과 같습니다. 바울은 자신의 지난 모든 것을 회개하였습니다. 세상을 보는 눈은 멀었지만 밝은 눈으로도 보지 못하던 자신을 성찰하게 되었습니다. 어둠 가운데 빛이 임하는 새 창조의 역사입니다.

예수님은 환상 중에 다메섹에 있던 제자 아나니아에게 나타나셔서 일어나 직가(直街)로 가서 사울을 찾으라고 하셨습니다. 그가 기도하고 있으며 아나니아라는 사람이 들어와 안수함으로 다시 보게 되는 것을 환상 중에 보고 있다고 말씀하십니다. (아니, 아직 아나니아가 갈지 안 갈지도 모르는데, 가는 것을 기정사실화하여 말씀하십니다.) 아나니아는 사울이 성도들을 잡아가기 위해 다메섹에 오고 있다는 소문을 들은 터라, 자기 발로 호랑이 굴에 들어가는 것과 같은 위협을 느끼면서 주님께 말씀드렸습니다. "주여 이 사람에 대하여 내가 여러 사람에게 듣사온즉 그가 예루살렘에서 주의 성도에게 적지 않은 해를 끼쳤다 하더니 여기서도 주의 이름을 부르는 모든 사람을 결박할 권한을 대제사장들에게서 받았나이다"(행 9:13-14).

그러나 예수님은 아나니아에게 "가라 이 사람은 내 이름을 이방인과 임금들과 이스라엘 자손들에게 전하기 위하여 택한 나의 그릇이라"라고 하시며 사울에 대한 계획을 말씀하셨습니다. 아나니아는 주님의 지시하심을 따라 사울을 찾아갑니다. 사울을 만나 "형제 사울아"라고 마음을 열고 부릅니다. 아나니아가 "주 곧 네가 오는 길에서 나타나셨던 예수께서 나를 보내어 너로 다시 보게 하시고 성령으로 충만하게 하신다"라며 안수할 때 바울의 눈에서 비늘 같은 것이 벗겨져 다시 보게 되었습니다. 하나님과 예수님을 다시 바르게 보게 되었습니다. 자기 자신과 사명을 바로 보게 되었습니다. 이웃들을 다시 보게 되었습니다. 새로운 안목이 생긴 것입니다.

그리고 성령을 충만히 받게 되었습니다. 그 후 아나니아가 물세례를 주었습니다. (바울은 성령세례를 먼저 받고 난 후에 물세례를 받았습니다.) 그리고 아나니아가 다메섹에 있는 성도들에게 사울을 소개하고 교회는 그를 받아들이게 되었습니다.

사울이 바울로 회심하는 체험은 예수님의 십자가와 부활의 역사적 성격을 분명히 해줍니다. 한 사람의 전적인 변화에서 살아 역사하시는 하나님을 보여 주고 있습니다. 바울의 열정과 회심과 비전은 새로운 삶의 원동력이 되었습니다.

3. 믿은(회심) 후의 바울

바울은 회심 전과 회심 후가 분명하게 달랐습니다. 박해자가 변하여 설교자(전도자)가 되었습니다. 20절에 보면 "즉시로 각 회당에서 예수가 하나님의 아들이심을 전파하니"라고 하였고, 22절에

"힘을 더 얻어 예수를 그리스도라 증언"하였다고 했습니다. "우리를 박해하던 자가 전에 멸하려던 그 믿음을 지금 전한다 함을 듣고 나로 말미암아 하나님께 영광을 돌리니라"(갈 1:23-24).

결국 박해자가 변하여 핍박받는 자가 되었습니다. 말씀 중 23절에 유대인들이 죽일 공모를 하게 되는 일이 나옵니다만, 고린도후서 6장 4절부터 11장 23절에 나오는 바울의 고난의 일지를 보면, 그는 그리스도를 위한 고난을 많이 받았습니다. 순교할 때 지켜보던 스데반의 후계자가 된 것입니다. 더 나아가 주님의 십자가에 동참했습니다. 인생의 놀라운 반전입니다. 쫓던 자가 이제는 부름받은 자가 됩니다. 9장의 시작에서는 핍박하기 위해 예루살렘에서 다메섹으로 떠났는데, 후반에는 핍박을 피해 다메섹에서 예루살렘으로 올라갑니다.

대제사장의 편지를 가지고 그 일을 수행하던 자가 이제는 하늘의 대제사장 그리스도의 편지를 전하는 사신이 되었습니다. 세상의 눈이 멀고 예수님을 보는 신령한 눈이 열렸습니다.

갈라디아서 1장 15-17절의 기록에 의하여 사도행전 9장 23절의 "여러 날"은 바울이 아라비아 사막에 들어가 보낸 3년을 의미하고 있습니다. 사도들을 먼저 만나러 가지 않고 사막으로 들어가 홀로 있는 시간을 가지며 주님과 더불어 깊은 교제를 나누고 자신의 믿음을 더욱 견고히 했습니다. 일시적이고 극적인 체험을 내면화하는 3년의 시간을 가진 것입니다. 이런 변화의 시간이 필요합니다. 일시적인 체험이 변화로 나타나야 합니다. 변화에는 훈련의 과정이 필요합니다. 너무 성급한 사역은 어려움을 초래하기도 합니다. 영성도 영적 체험에서 영적 생활로 변화가 되어야 합니다.

 대도 조세영 씨에 대해 아쉬운 것이 있습니다. 그가 회심을 했다고 하여 여러 곳에서 간증 집회를 요청하였습니다. 그러나 그가 다시 넘어지므로 시험 거리가 되었습니다. 그를 위해서도 교회를 위해서도 조금 기다리면서 내면화하는 시간을 가져야 합니다.

 예수님을 믿은 후 사울의 삶의 방향이 바뀌었습니다. 그는 참된 소망을 갖게 되었습니다. 남이 못 보는 것을 보게 되었습니다. 새로운 목표와 사명을 갖게 되었습니다. 고난 중에도 기쁨과 평안을 소유하게 되었습니다.

 영화 마지막에 나오는 '엔딩 크레딧'에는 영화를 만드는 데 수고한 사람들의 이름이 나옵니다. 한 사람이 세워지기까지 우연히 아무 희생도 없이 되는 것이 아닙니다. 바울의 회심 배후에는 최소한 네 명의 중요한 이름이 나와 있습니다.

 먼저 **스데반**입니다. 그는 사울의 마음속에 '도대체 예수님은 누구시기에 돌로 치는 자들을 위하여 저렇게 기도해 주고, 평안히 자신을 맡길 수 있는 믿음과 평안을 가지나'에 대한 갈증을 불러일으킨 사람입니다. 스데반의 기도가 바울의 다메섹 체험을 준비시켰습니다.

 예수님입니다. 주님은 사울에 대한 계획을 가지고 찾아오셔서 그를 직접 만나 주시고 말씀하셨습니다. 모든 것의 배후에서 역사하셨습니다.

아나니아입니다. 그는 박해자로 알려진 사울을 순종함으로 찾아가서 "형제 사울이여"(행 9:17)라고 불러 준 사람입니다. 주님께서 사울을 용서하셨기에 아나니아는 이미 그를 형제로 받아들이고 그렇게 불렀습니다. 세례를 주고 다메섹 교회에 사울을 소개해 주었습니다. 사람들은 남을 볼 때 그가 어떠한 사람이었는가(과거와 현재의 업적)를 봅니다. 그러나 예수님은 그가 (미래에) 어떤 사람이 될 것인가 잠재력을 보십니다. 아나니아도 믿음의 눈으로 보았습니다. 아나니아를 통해 바울은 용납하시는 예수님의 사랑을 다시 한번 체험하였고, 예수님의 계획을 듣게 되었습니다. 그리고 예수님을 증거할 기회를 얻었습니다.

바나바입니다(27절). "사울이 예루살렘에 가서 제자들을 사귀고자 하나 다 두려워하여 그가 제자 됨을 믿지 아니하니"(행 9:26). 사울이 예루살렘에 갔을 때 모든 사람이 두려워했고 사울에 대해 의구심도 남아 있었습니다. 그때 바나바가 제자들과 교회에 사울을 보증하고 나섭니다. 바나바는 사도들에게나 교인들에게 신용이 있는 사람이었습니다. 그러므로 그의 말은 힘이 있었습니다. 바나바는 다메섹에서 사울이 주님을 위해 했던 일들을 말해 줌으로 서로를 화해시키고, 신뢰하게 하고, 위로하는 역할을 감당합니다. 바나바는 "위로의 아들"이라는 이름의 뜻에 어울리는 사람입니다. 후에는 바울의 동역자가 되어 함께 사역할 수 있는 길을 열어 줍니다.

이렇게 사울 한 사람의 회심에는 예수님, 스데반, 아나니아, 바나바가 필요했습니다. 그리고 그의 사역을 통해서 더 많은 사람의 이름들이 나옵니다. 이들이 모두 동역자들입니다. 합력하여 선을 이루는 것입니다.

다시 처음의 질문으로 돌아가 당신은 주님을 마음속에 모신 적이 있습니까? 그 전과 그 후의 삶은 어떻게 달라졌습니까? 누가 당신에게 물으면 예수님을 믿는 것에 대해 어떻게 간증하시겠습니까? 새로 믿기로 작정한 사람들에게 스데반, 아나니아, 바나바와 같은 역할을 감당하시겠습니까?

15
더 넓은 비전

> [9]이튿날 그들이 길을 가다가 그 성에 가까이 갔을 그 때에 베드로가 기도하려고 지붕에 올라가니 그 시각은 제 육 시더라 [10]그가 시장하여 먹고자 하매 사람들이 준비할 때에 황홀한 중에 [11]하늘이 열리며 한 그릇이 내려오는 것을 보니 큰 보자기 같고 네 귀를 매어 땅에 드리웠더라 [12]그 안에는 땅에 있는 각종 네 발 가진 짐승과 기는 것과 공중에 나는 것들이 있더라 [13]또 소리가 있으되 베드로야 일어나 잡아 먹어라 하거늘 [14]베드로가 이르되 주여 그럴 수 없나이다 속되고 깨끗하지 아니한 것을 내가 결코 먹지 아니하였나이다 한 대 [15]또 두 번째 소리가 있으되 하나님께서 깨끗하게 하신 것을 네가 속되다 하지 말라 하더라 [16]이런 일이 세 번 있은 후 그 그릇이 곧 하늘로 올려져 가니라 행 10:9-16

어떤 사람들은 신앙생활을 시작하면 자신의 세계가 좁아질 것을 염려합니다. 비신자들은 신자들을 향해 편협하다고 비난하기도 합니다. 실제로 믿는 형제들 가운데 왠지 꿈도 없고, 패기도 없고, 위축되어 보이는 사람들이 있습니다. 그들은 하나님의 말씀을 듣되 "하지 말라"는 소극적인 금지 명령만을 주목하고, "하라"는 적극적인 말씀을 잊고 사는 사람들입니다. 그러나 하나님은 시작부터 인류 최초의 아담에게 "생육하고 번성하여 땅에 충만하라, 땅을 정복하라, 바다의 물고기와 하늘의 새와 땅에 움직이는 모든 생물을 다스리라"(창 1:28) 하셨습니다. 하나님은 우리에게 부단히 진취적이고, 창조적이며, 육지와 바다와 우주에 펼쳐지는 넓은 꿈을 주십니다. 기독교는 우울하고 조잡해지는 종교가 아닙니다. 생동감 있고 확장되는 종교입니다. 기독교는 사랑입니다. 사랑은 자기 확장의 경험입니다. 사랑하면 넓어집니다.

하나님은 무명의 아브라함을 불러 하늘의 무수한 별과 바다의 수없이 많은 모래알들을 보이시며 그에게 위대한 민족의 조상이 될 꿈을 주셨고 기어이 그렇게 되게 하셨습니다. 하나님은 형제들에게 미움을 받아 노예로 팔리고 감옥에 갇힌 요셉에게도 그에게 주셨던 큰 꿈을 이루어 주시고, 마침내 그를 이방 나라의 총리로 높이셨습니다. 하나님은 노예의 아들로 태어나 강물에 버려진 모세를 구해 주시고, 바로의 노여움을 피하여 광야에 숨어 목동의 세월을 보내던 그를 불러 이스라엘 민족을 구원하는 민족의 지도자로 삼으셨습니다. 하나님은 막내로 태어나 들에서 이새의 양을 치던 목동 다윗 소년을 들어 이스라엘을 먹이는 왕으로 삼으셨습니다.

성경이 우리에게 실제적으로 증거해 주는 역사는 하나님을 만난 후의 인생은 그의 삶의 폭과 깊이가 창조적으로 확장되어 처음보다 나중에 창대하게 되는 모습들뿐입니다. 어디 한 사람이라도 하나님을 만나고 이전보다 더 좁아진 사람을 성경에서 찾을 수 있습니까?

본문은 고넬료와 베드로가 환상을 고리로 만나고 피차 변화되는 역사가 기록되어 있습니다. 우선 두 개의 환상이 기록되어 있습니다. 고넬료의 환상과 베드로의 환상입니다.

본문은 이방인으로서 첫 번째 개종자가 된 고넬료의 회심이 중요하게 다루어지고 있습니다. 이것은 교회사나 선교의 역사에 있어서 예루살렘과 유다와 사마리아에서 땅 끝으로 전달되어가는 과정에 큰 획을 긋는 위대한 사건입니다. 그래서 많은 사람들이 고넬료의 신앙인격과 온 가족과 친지들이 함께 예수 그리스도를 영접한 고넬료의 회심기사를 여러 각도로 설교하고 있습니다.

그러나 저는 고넬료의 회심보다 또 한 사람 베드로의 또 다른 변화가 중요하다는 사실을 말씀드리고자 합니다. 왜냐하면 하나님을 경외하여 백성들을 많이 구제하고, 하나님께 항상 기도하던 고넬료(행 10:2)는 얼마든지 베드로의 도움 없이도 신앙생활을 할 수 있었을 것입니다. 천사가 나타나 말씀을 전해 줄 정도가 되었으면 바울처럼 예수님이 직접 나타나면서 말씀해 주심으로 회심시키실 수 있을 터인데, 베드로를 이 장면에 굳이 끼워 넣으시는 것은 무슨 까닭입니까? 베드로에게 무슨 역할을 주시는가가 이 사건의 초점입니다.

베드로에 대한 기사는 이미 9장 32절부터 시작되는데, 베드로는 룻다에서 중풍병에 들린 애니아를 고치고, 욥바에서는 다비다라는 성도를 살리는 이적적인 역사를 일으킵니다. 다비다는 선행과 구제하는 일을 많이 한 신실한 여제자였습니다. 베드로는 예수님이 공생애에 행하시던 동일한 이적을 예수님의 이름으로 행합니다. 그러다가 성경은 욥바 인근 가이사랴에 사는 고넬료와의 만남을 기록하고 있습니다. 당시 가이사랴는 로마 총독과 로마군이 주둔하고 있는 항구 도시입니다. 9장 32절부터 11장 18절까지는 베드로의 행적 중 룻다에서 욥바로, 욥바에서 가이사랴로, 가이사랴에서 예루살렘으로 이어지는 연속적 기사입니다. 이렇게 기사는 베드로를 중심으로 흘러가고 있습니다. 따라서 본문은 고넬료의 회심도 중요하지만 베드로의 변화에 더욱 무게가 있습니다.

하나님은 베드로에게 관심이 있습니다. 베드로가 하는 사역보다 베드로라는 사람에게 더 관심이 있습니다. 하나님은 나에게 관심이 있습니다. 내가 하는 일보다 나에게 관심이 있습니다. 하나님은 일만 시키지 않습니다. 그 일을 통하여 사람을 만드시는 것입니다. 사람을 변화시키기 위해 사건을 만드시는 것입니다. 어디까지나 초점은 사람의 변화에 있습니다. 그러면 이미 회심을 경험한 주님의 수제자임에도 불구하고 베드로는 어떤 점에서 변화체험이 다시 필요했습니까?

베드로의 편견이 극복될 필요가 있었습니다. 좁았던 소견이 트였다는 이야기입니다. 베드로는 예수님의 수제자요, 초대교회의 대표자이지만 아직도 유대인이라는 굴레를 벗어나지 못하고 있었습니다. 무명의 갈릴리 어부 출신 베드로가 당시 수도 예루살렘에서 설교할 때 수천 명씩 회개하여 하나님께로 돌아오고, 수많은 이적과 기사를 나타내는 교회의 지도자가 된 것은 상상할 수 없는 축복입니다. 그러나 하나님은 그런 정도의 베드로에게 만족하지 않았습니다. 더 큰 그릇으로 쓰실 계획입니다. 그런데 베드로에게는 여전히 민족적, 지역적, 종교적 벽이 있었습니다. 그것이 베드로의 한계입니다. 그것을 깨트릴 필요가 있었습니다.

당신은 무슨 편견과 장애를 가지고 있습니까? '나이가 많다. 배운 것이 없다. 돈이 없다. 배경이 없다. 환경이 좋지 못하다. 불경기다. 인물이 없다.' 당신은 지금 자기에게 한계를 지우고 있습니다. 당신의 편견과 편애, 장애는 극복되어야 합니다. 있지도 않은 경계선을 긋지 마십시오. '나는 더 이상 안 된다.' '저 사람은 가능성이 없다.' '나는 할 수 없다.' 이런 자기 한계의 장벽을 넘어야 합니다. 하나님은 우리에게서 세상을 보시는데 우리는 하나님을 믿으면서도 자신밖에 보지 못합니다.

이미 제자들을 향한 예수님의 비전은 예루살렘과 유대뿐 아니라 사마리아 그리고 땅 끝까지입니다. 그러나 베드로는 예루살렘과 유대에서는 예수님의 기대를 어느 정도 충족시켜 드렸지만 아직도 땅 끝까지 전도할 준비는 되어 있지 않았습니다. 나중에 그가 이방인들이 믿게 됨을 보고 놀라는 것을 보아도 그는 이방인들이 믿게 될 것을 기대하지도 못했었습니다. 그러므로 하나님께서는 이번에 베드로를 위시한 예루살렘 교회 지도자들의 문제를 다루시는 것입니다.

베드로를 위시한 유대인들은 이방인들을 부정한 백성들이라 생각했고, 자신들은 그들보다 우월하다는 교만한 마음을 가지고 있었습니다. 그래서 이방인과 함께 식사하거나 교제하는 것도 꺼렸습니다. 사실 이러한 편견은 성경의 본래적 정신이라기보다 유대인들이 지키는 유전에 의한 것입니다. 베드로는 예수님을 따르면서도 예수님을 십자가에 못 박는 유대교의 잘못된 전통의 꼬리를 아직도 달고 있었던 것입니다.

그러나 고넬료는 이방인이면서도 하나님을 경외하며 기도하였고 말씀을 들었을 때에 즉시 순종하며 욥바에 사람을 보내어 베드로를 청하였습니다. 이탈리아 백부장의 자존심도 버리고 겸손하게 베드로를 청하는 너무나 열려 있는 마음의 자세입니다.

그런데 이런 고넬료와는 대조적으로 베드로는 환상 중에 "일어나 잡아먹어라"는 말씀을 들었을 때, 세 번씩 거듭해서 "안 됩니다"라고 거부하였습니다. 왜냐하면 아무리 베드로가 시장했더라도 하나님이 내려 주신 큰 보자기 안에는 레위기 11장(신 14장)의 정결법에서 부정한 것들로 규정하고 있는 짐승들이 섞여 있었기 때문입니다. 그래서 베드로는 하나님께 아는 체를 했습니다. 아니 설교까지 했는지도 모르지요.

'하나님, 말씀하신 것을 잊으셨나요. 하나님, 저는 절대로 그렇게 할 수 없습니다.'

"속되고 깨끗하지 아니한 것을 내가 결코 먹지 아니하였나이다"(행 10:14).

그러면 하나님께서 "아차, 내가 잊었구나. 너 참 똑똑하구나"라고 하셨습니까? 아닙니다. 대신에 "하나님께서 깨끗하게 하신 것을 네가 속되다 하지 말라"(행 10:15)고 하셨습니다. "내가 받았으니 너도 받으라"하셨습니다. 만일 하나님이 ok이면, 나도 ok입니다.

이때 베드로는 가죽장이 시몬의 집에 유숙하고 있었는데, 율법에 의하면 부정한 곳으로 치부되던 곳이었습니다. 베드로 말대로 하면 이미 부정 탔습니다. 베드로가 꽉 막혔던 것은 아니고 일면 동족에 대해서는 어느 정도 열렸지만, 아직 민족적인 편견을 벗지 못했던 것 같습니다. 하나님은 베드로의 고정관념을 변화시키려 하셨습니다. 이것을 넘지 못하면 새 일을 못합니다. "너희도 마음을 넓히라"(고후 6:13).

이 환상은 사실상 비유를 담고 있습니다. 베드로는 이 환상이 무슨 뜻인가 곰곰이 생각했습니다. 영적 감흥이 있었습니다. 메시지는 분명합니다. 하나님이 깨끗하다 하시면 깨끗한 것이고, 하나님이 깨끗하게 하신 것을 사람이 더럽다 할 수 없다는 것입니다. 깨끗한 것과 더러운 것, 거룩한 것과 부정한 것, 할 수 있는 것과 할 수 없는 것에 대한 베드로의 고정관념과 편견과 관습을 깨트리고 폭을 넓혀 주시는 것입니다. 베드로는 고넬료의 집에 가서 이 환상의 의미를 알게 됩니다. 이 환상의 의미는 교회는 유대인들만을 위한 집단이 아니라 누구든지 올 수 있다는 것, 즉 만인을 위한 그리스도요, 만백성의 교회라는 사실입니다. 그리고 예수님께서 깨끗하게 하신 것을 우리가 부정하다 할 수 없다는 것, 다시 말해 우리가 다른 사람들을 판단할 권한이 없다는 것입니다. 28절 말씀과 같이 "하나님께서 내게 지시하사 아무도 속되다 하거나 깨끗하지 않다 하지 말라"는 것입니다. 하나님은 성과 속을 구분하는 이분법을 철폐하셨습니다. 이 모든 것을 포함하는 중대한 의미는 베드로가 34절에서 말한 대로 "하나님은 사람의 외모를 보지 아니"하신다는 것입니다. 베드로는 민족적인 편견을 가지고 있었습니다. 그러나 우리는 성별이나 인종이나, 지역이나 민족에 대한 편견을 버려야 합니다. 성별에 대한 편견, 직업에 대한 편견, 신체적 조건에 대한 편견을 버려야 합니다. 학벌, 빈부, 지위 등 외부적인 것으로 다른 사람을 판단하지 않도록 조심하여야 합니다. 더구나 그런 것으로 하나님의 역사를 제한해서는 안 됩니다.

　35절에 말한 대로 하나님은 모든 민족, 모든 사람 중에서 하나님을 경외하며 의를 행하는 자들을 모두 받으신다는 사실을 기억해야 합니다. 하나님이 이미 고넬료를 받으셨는데, 종인 베드로가 어찌 안 된다고 할 수 있습니까? 하나님은 누구는 불결하고, 누구는 깨끗하다는 인간적인 기준을 철폐하신 것입니다. 전도나 선교의 대상은 내 구미에 맞는 사람이 아니라 누구나가 되어야 한다는 베드로의 선교관에 대한 일대 변화입니다. 자칫 유대 종교로 끝날 예수교를 세계 종교로 넓히는 중대한 사건입니다. 진정한 세계종교는 기독교밖에 없습니다.

　왜 하나님은 이 일에 바울이나 다른 제자를 시키시지 않고 굳이 베드로를 보내셔서 하셨을까요? 베드로가 제일 골수분자니까 그랬을까요? 아무래도 마태복음 16장 18절에서 베드로의 신앙고백 위에 교회를 세우신다고 하셨기 때문에 유대인의 교회도, 이방인들의 선교도 베드로로부터 시작되도록 하시는 것 같습니다. 아니면 베드로의 영향력을 감안하신 것입니다.

이러한 변화를 체험한 베드로는 예루살렘 할례자들이 베드로가 무할례자의 집에 들어가서 함께 먹었다고 비난했을 때 11장(행 11:1-18)에 자기와 똑같은 편견을 가지고 있던 예루살렘 할례자들에게 자신의 경험을 통하여 다시 한번 확실하게 하나님의 역사를 설명하였습니다. "하나님이 우리가 주 예수 그리스도를 믿을 때에 주신 것과 같은 선물을 그들에게도 주셨으니 내가 누구이기에 하나님을 능히 막겠느냐"(행 11:17). "그들이 이 말을 듣고 잠잠하여 하나님께 영광을 돌려 이르되 그러면 하나님께서 이방인에게도 생명 얻는 회개를 주셨도다 하니라"(행 11:18). 베드로의 고넬료 집 사건은 초대교회 사역에 이렇게 중대한 영향을 미친 것입니다. 나중에 사도행전 15장 예루살렘 회의에서 이방인 선교에 대한 문제가 다시 논란이 될 때에도 베드로는 나서서 발언을 했습니다.

"너희가 어찌하여 하나님을 시험하여 우리 조상과 우리도 능히 메지 못하던 멍에를 제자들(이방인)의 목에 두려느냐 그러나 우리는 그들이 우리와 동일하게 주 예수의 은혜로 구원 받는 줄을 믿노라 하니라"(행 15:10-11).

하나님은 나 개인의 수호신도, 가신도, 부족신도, 국가신도 아니고 온 세상에 동일한 구원과 성령을 부어 주시는 하나님이십니다. 사도행전에서 우리가 계속 보는 바는 성령의 변화시키시는 역사인데, 그것은 구원의 역사뿐 아니라 생활의 변화, 가치관의 변화, 꿈의 변화, 마음의 변화 등입니다.

베드로는 자신이 생각하고 알았던 것보다 더 큰 비전을 보게 되었습니다. 이러한 역사는 늘 하나님이 먼저 주도하고 계시는 것을 볼 수 있습니다. 이방인 고넬료를 선교하게 되는 것은 베드로의 아이디어가 아닙니다. 하나님이 먼저 받아들이시고 베드로가 받아들이도록 하나님과 예수님과 성령님이 역사하셨습니다.

그래도 베드로가 더 큰 하나님의 비전에 동참하고 비전의 사람이 된 이유가 있습니다. 그냥 자동적으로 그렇게 되는 것이 아닙니다.

1. 베드로가 기도할 때 더 큰 비전을 갖게 되었습니다(9절)

기도는 더 넓은 세상을 받아들이는 길입니다. 기도할 때 나의 세계는 넓어집니다. 기도할 때 하나님을 가슴에 품게 됩니다. 그러므로 기도는 사람을 변화시키고 그의 세상을 넓게 확장시킵니다. 베드로는 기도할 때 비전을 보게 되었습니다. 기도할 때 "하늘이 열리고" "큰 보자기"를 보게 되었습니다. 여러분도 기도할 때 하늘이 열리고 "큰 보자기"를 보게 되시기를 축원합니다. 그 안에는 당신이 할 수 있는 것도, 할 수 없는 것도 있습니다. 그러나 기도할 때 그 모든 할 수 없는 것들이 하나님으로 말미암아 할 수 있게 됩니다. 속된 것도 있을 수 있습니다. 그러나 기도할 때 모두 거룩한 것으로 변화될 줄 믿습니다. 기도할 때 당신의 편견이 극복될 수 있습니다. 하나님을 제한하지 마십시오. 당신의 천국 창고에는 기도하지 않아 받아쓰지 못한 것이 가득 차 있다고 합니다. 이 말씀을 적용하기 위해서 큰 백지를 준비하시고 보자기라 생각하시면서 싫어하는 사람의 이름, 당신이 가지고 있는 편견을 다 적으십시오. 그리고 하나님의 음성을 들으십시오. "하나님께서 깨끗케 하신 것을 네가 속되다 하지 말라." "내가 받은 것을 네가 물리치지 마라."

"하나님께서 지으신 모든 것이 선하매 감사함으로 받으면 버릴 것이 없나니 하나님의 말씀과 기도로 거룩하여짐이라"(딤전 4:4-5).

그리고 우리가 기도할 때, 배후에서 기도의 짝을 맞추시는 하나님을 볼 수 있습니다. 고넬료의 기도와 베드로의 기도를 들으시고, 고넬료의 기도는 베드로를 통해서, 베드로의 기도는 고넬료를 통해서 응답해 주십니다. 마치 사르밧 과부와 엘리야를 만나게 하여 사르밧 과부의 기도는 엘리야를 통해서, 엘리야의 기도는 사르밧 과부를 통해서 응답하시는 것같이 말입니다. 더구나 고넬료의 기도만 하나님에게 상달되는 것이 아니라 구제까지 상달되었습니다(행 10:4). 위로 올려드리는 기도뿐 아니라 옆으로 베푸는 구제도 하나님께 상달되고 기억되어 응답으로 나타납니다. 욥바의 다비다도 선행과 구제를 많이 했던 것이 죽음에서 살아나는 기적으로 나타납니다.

2. 성령의 인도하심에 순종할 때 더 넓은 비전을 갖게 되었습니다(19-20절)

성령을 체험하기 전에 고넬료는 하나님의 천사의 지시를 받았습니다(행 10:3, 7). 그러나 성령체험을 했던 베드로는 성령님의 음성을 들었습니다(행 10:19). 베드로는 이해할 수 없는 지시사항이었지만 성령님이 인도하실 때 순종을 했습니다. 내가 이해하고 알 수 있는 일만 행한다면 늘 자기의 틀을 벗어날 수가 없습니다. 그 아집과 편견을 벗어버릴 수가 없습니다. 그러나 성령님의 인도하심을 따라 나서면 새로운 세계가 열리는 것을 경험할 수 있습니다. 성령님을 의지할 때, 우리가 생각할 수도 없었던 일을 하고, 미지의 세계로 나아가게 됩니다. 사도행전에서 새로운 일을 여실 때 성령님이 주도하시고 사람은 따르면서 새로운 세계를 경험하게 됩니다. 고넬료에게 가는 것은 베드로의 생각이나 의지가 아닙니다. 성령님이 주도하시는 것입니다. 베드로가 고넬료 집에서 설교할 때 고넬료와 친구 친척들도 은혜를 받았지만 베드로 자신도 그들에게 성령이 충만하게 임하는 것을 보고 놀랐습니다. 설교자도 예상하지 못했던 성령강림 사건이 이방인들에게 나타났습니다. "이 사람들이 우리와 같이 성령을 받았으니 누가 능히 물로 세례 베풂을 금하리요"(행 10:47). 베드로도 은혜를 체험한 것입니다. 성령을 따라 순종하며 사역하면 자신도 은혜를 받으며 일할 수 있습니다.

이 사건의 각 장면을 연결해 볼 때 고넬료에게서 베드로로, 베드로에게서 고넬료로 모든 시간이 그렇게 잘 맞을 수가 없습니다.

시간을 맞추시는 하나님의 모습을 봅니다. 연극으로 보면 하나님께서 인생의 무대 뒤편에서 우리의 삶을 연출하고 계십니다.

어쨌든 우리는 현재의 신앙생활에 안주하지 말고 마음을 넓혀야 합니다. 하나님을 만난 사람치고 "더 넓은 비전"을 가지지 않은 사람이 없습니다. 더 큰 비전을 소유하여야 합니다. 비전의 변화가 사람의 변화를 부릅니다. 그리고 절대로 남에게 편견을 갖는 일은 없어야 합니다. 하나님이 받아들이신 형제를 당신이 무엇인데 못 받아들인단 말입니까? 우리 교회도 더 넓은 비전을 가져야 하겠습니다. 양으로 말하면 적은 믿음에서 큰 믿음으로 가야 하고, 영역으로 말하면 좁은 믿음에서 "넓은 믿음"으로 나가야 합니다.

사도 베드로는 가죽장이 시몬부터 이방인 백부장까지 함께 어울립니다. 이것은 사람의 생각이 아니라 성령의 능력입니다. 복음의 능력입니다. 그들과 함께 같이 먹고 한 집에서 잡니다.

16
착한 사람 바나바

¹⁹그 때에 스데반의 일로 일어난 환난으로 말미암아 흩어진 자들이 베니게와 구브로와 안디옥까지 이르러 유대인에게만 말씀을 전하는데 ²⁰그 중에 구브로와 구레네 몇 사람이 안디옥에 이르러 헬라인에게도 말하여 주 예수를 전파하니 ²¹주의 손이 그들과 함께 하시매 수많은 사람들이 믿고 주께 돌아오더라 ²²예루살렘 교회가 이 사람들의 소문을 듣고 바나바를 안디옥까지 보내니 ²³그가 이르러 하나님의 은혜를 보고 기뻐하여 모든 사람에게 굳건한 마음으로 주와 함께 머물러 있으라 권하니 ²⁴바나바는 착한 사람이요 성령과 믿음이 충만한 사람이라 이에 큰 무리가 주께 더하여지더라 ²⁵바나바가 사울을 찾으러 다소에 가서 ²⁶만나매 안디옥에 데리고 와서 둘이 교회에 일 년간 모여 있어 큰 무리를 가르쳤고 제자들이 안디옥에서 비로소 그리스도인이라 일컬음을 받게 되었더라 행 11:19-26

초대교회에 일어난 핍박이 오히려 복음의 불을 여러 지역으로 불붙게 한 사실을 살펴보았습니다. 8장 1절의 스데반 순교 이후 복음이 유대와 사마리아 땅으로 전파되고, 본문 11장 19절에 보면 베니게와 구브로와 안디옥까지 말씀이 전파됩니다. 처음에는 유대인들에게만 말씀을 전했습니다. 그런데 구브로와 구레네인 중에 몇 사람이 안디옥에서 헬라인(헬라파 유대인)에게도 예수님을 전파하게 되어 많은 헬라인들이 예수님을 믿게 됩니다.

이렇게 해서 안디옥에 헬라인들을 중심으로 한 교회가 설립되게 됩니다. 이 교회는 몇몇 이름이 밝혀져 있지 않는 신자들에 의해 시작되었고 그 배후에는 "주의 손"이 그들과 함께 역사하셨습니다(21절). 주의 손이 그들의 사역에 함께하실 때 수많은 사람이 주께로 돌아오는 역사가 일어나게 됩니다.

당시 안디옥은 로마, 알렉산드리아 다음으로 큰 제3대 도시로 50만 명이 거주하고 있었습니다. 이곳 헬라인들에게 복음이 전파된 것은 유대인들에게는 놀라운 사실이었습니다. 예루살렘 교회는 바나바를 파송하여 안디옥에 복음이 전파된 상황을 살펴보도록 하였습니다. 바나바가 안디옥에서 가까운 구브로 출신인데다가 헬라어도 능통했기 때문에 보냈겠지만 그것만이 요인은 아니었을 것입니다. 그는 사도들에게 신뢰받는 사람이었습니다. 그는 보증수표입니다. 신용(Credit)이 좋은 사람입니다.

바나바는 안디옥 교회를 설립하고 바울과 더불어 1년 동안 그곳에서 목회를 하였는데 큰 무리들이 더하게 되었습니다. 후에 안디옥 교회는 본격적인 이방선교의 전진기지가 되어 최초의 선교사로 바나바와 바울을 파송하게 됩니다. 안디옥 교인들은 지역의 믿지 않는 사람들에게 많은 본을 보여 교회도 부흥하였을 뿐 아니라 "그리스도인"(Christian)이라는 별명을 비기독교도들로부터 최초로 듣게 되었습니다. 그 뜻은 '그리스도에게 붙은 자', '그리스도에게 속한 자'입니다. 예수님을 따르는 안디옥 교인들의 정체성을 바로 드러내는 이름입니다. 작은 예수님의 모습을 보여 주었다는 것입니다. 그것이 오늘날 우리를 일컫는 명예로운 이름이 된 것입니다. 정말 우리는 안디옥 성도들이 세상 사람들에 의해 인정받은 것처럼 "그리스도께 전적으로 헌신된 사람"들로 살아가야 하겠습니까. 바나바가 "굳건한 마음으로 주와 함께 머물러 있으라"(23절)고 가르친 대로 안디옥 교회는 그리스도에게 붙은 "그리스도인"이 되었던 것입니다.

안디옥 교회가 이렇게 모범적인 교회가 되기까지 바나바의 사역을 생각지 않을 수 없습니다. 더구나 바울을 바울 되게 한 것도 바나바의 사역의 결과라고 말할 수 있습니다. 하나님은 이렇게 평범한 사람을 통해서 굉장히 영향력 있는 일을 하십니다. 바나바는 대단한 설교가도 아니며, 문장력이 좋은 문필가도 아니고, 지도력이 뛰어난 행정가도 아니며, 학문이 출중한 학자도 아니고, 카리스마적인 능력을 소유한 사람도 아닙니다. 사도행전에는 바나바의 설교나 기적도 기록되지 않았습니다. 그러나 바나바는 사도행전에서 중대한 사건들이 있을 때마다 서로를 연결시켜 주는 고리와 같은 역할을 합니다. 즉 바나바는 시멘트나 다리 같은 사람입니다. 이를테면 바울을 사도들과 연결시켜 사역하게 하고, 예루살렘 교회와 안디옥 교회를 이어 주는 가교역할을 합니다. 소통을 잘하는 사람입니다. 사람들의 기운을 북돋아 주는 사람 (the people booster)입니다.

교회의 4대 사역, 아브라함 사역(Abraham ministry, 중보기도), 디모데 사역(Timothy ministry, 제자훈련), 안드레 사역(Andrew ministry, 전도), 바나바 사역(Barnabas ministry, 봉사) 가운데 바나바 사역은 중요합니다.

1. 청지기적 생활(4:36-37)

바나바가 사도행전에 처음 등장하는 사건은 사도행전 4장에 은혜를 받은 후 자기 소유의 밭을 팔아 사도들 앞에 모두 드려 선교사역과 구제하는 데 쓰도록 헌신한 기사입니다. 이 일은 초대교회에 헌신운동을 일으키는 계기를 만들었습니다. 다른 성도들도 그렇게 헌신하여 성도들 간에 서로의 필요를 채워 주는 역사가 일어났습니다.

바나바는 물질이 하나님으로부터 자신에게 주어진 사실을 잘 알고 있었고, 주인의 뜻에 맞게 활용하는 방법을 잘 알고 있었습니다. 그는 밭을 팔아 사도들 발 앞에 내놓았을 뿐 아니라 더 나아가 자신의 몸과 생활 전체를 하나님 앞에 드려 복음을 전하며 성도들을 섬겼습니다.

이렇게 오로지 아무 사심 없이 청지기적 삶을 사는 바나바를 사도들이 보았을 때, 안디옥 교회에 보낼 가장 적합한 사람으로 판정이 되었을 것입니다. 예루살렘에서 보냄을 받았을 때 그는 기꺼이 안디옥까지 갔고 그곳에서도 성심성의껏 맡은 본분을 충실히 하였습니다. 그는 자기가 맡은 일에 최선을 다했습니다. 새신자들을 열심히 양육하였고, 부족한 부분은 바울을 데려다가 동역하였습니다.

특별히 예루살렘 교회가 재정적으로 어려움을 당할 때, 이제 막 설립된 선교 지역의 지교회지만 모교회를 돕기 위한 운동을 바나바가 주도하였습니다. 역시 물질적인 구제를 예루살렘에 전달하기 위하여 바나바와 바울이 예루살렘 교회로 돌아갑니다(행 11:30). 바나바는 영적인 것을 예루살렘 교회에서 안디옥 교회로, 물질적인 도움을 안디옥 교회에서 예루살렘 교회로 전달하는 헌신된 청지기였습니다. 이것은 바나바 자신의 베푸는 삶의 모습이기도 합니다.

사도행전을 기록한 누가는 누가복음이나 사도행전에서 물질의 문제를 비교적 소상하게 취급하고 있습니다. 누가복음에 보면 진정한 회개는 물질관의 변화를 동반하는 것을 볼 수 있습니다. 누가복음 18장 18-30절에서 예수님은 부자 청년에게 제자가 되기를 원하면 재산을 팔아 가난한 자들에게 나누어 주고 따르라 하셨는데, 그는 그렇게 순종하지 못했습니다. 바나바는 부자 청년에게 하신 초청의 말씀을 실천한 사람입니다. 누가복음 19장 1-10절에 보면 삭개오도 회개한 후 자기 재산의 절반을 가난한 자에게 나누어 준 것을 볼 수 있습니다. 진정한 회개는 자신의 물질관의 변화, 즉 물질이 나의 것이 아니라 맡은 것이라는 청지기적 태도와 가난한 자들에 대한 관대함으로 나타납니다.

세례식에 참석한 사람이 물로 내려오다 말고 나가면서 "지갑 좀 놓고요"라고 하자, "그냥 들어오세요. 당신 지갑도 세례를 받아야 합니다"라고 했다는 말이 있습니다. 웨슬리는 "주머니가 변하지 않는 회개는 믿을 수가 없습니다"라고 했습니다. 회심은 구제에 의해 증명됩니다.

사도행전에도 가룟 유다가 돈 때문에 예수님을 팔았다든지(행 1:18), 아나니아와 삽비라가 돈 때문에 성령님을 속였다든지(행 5:1-11), 시몬이 돈 주고 성령의 은사를 사려고 했다든지(행 8:18), 바울과 실라가 점치는 귀신 들린 여자를 고쳐 주자 주인이 돈을 못 벌게 되어 바울을 감옥에 가둔다든지(행 16:16-24), 우상을 만들어 수입을 올리던 자들이 바울을 위협한다든지(행 19:23-24) 하는 내용이 나옵니다. 이렇게 돈 때문에 예수님과 하나님의 종들을 대적하고 믿지 않는 무리들을 기록하고 있는데, 바나바는 이들과 전적으로 다른 삶을 살았습니다. 초대교회 신실한 교인들은 자기들의 소유를 나눌 줄 알았습니다(행 2:45; 4:37).

안디옥 교회는 글라우디스 황제 때(AD 41-54), 예루살렘에 흉년이 들어 어려웠던 시기에 기쁨으로 자원하여 예루살렘 교우들을 위해 부조를 보냈습니다. 바나바와 바울 편에 구제금을 보냈습니다. 로마서 15절 27절에 말한 대로입니다. "영적인 것을 나눠 가졌으면 육적인 것으로 그들을 섬기는 것이 마땅하니라."

안디옥 교회는 하나님의 은혜로 회심하게 된 것을 예루살렘에 구제를 보냄으로 증거하고 있습니다. 구제가 '코이노니아'입니다. 개인의 물질관의 변화에 이어 교회의 물질관의 변화를 보여 줍니다. 이런 안디옥 교회를 우리는 본받아 칭찬받고 남을 구제하는 교회가 되어야 할 것입니다.

안디옥 교회의 이런 모습은 그들의 목회자였던 바나바를 닮은 것입니다. 교회는 목회자를 닮는다는 말이 실감이 납니다. 교인들도 목사를 닮습니다.

2. 격려하는 생활

바나바의 본 이름은 요셉이었으나 사도들이 그를 바나바라고 불러 주었습니다. 그 이름의 뜻은 "위로자", "안위자", "권하는 사람"(encouragement)입니다(행 4:36). 사도들이 이렇게 별명 지은 것은 그의 삶의 모습이 바로 남을 격려하는 생활이었기 때문입니다.

우리가 보는 바나바의 모습은 위로하고 격려하는 것입니다. 화목의 직책입니다. 붙들어 주고, 북돋아 주고, 밀어주고, 끌어주고, 위로하고, 격려하고, 조화시키고, 연결시키는 역할입니다.

일찍이 바나바는 사울이 회심한 후 사도들과 사귀기를 원했으나, 사도들이 다 두려워하여 사울이 회심한 사실을 믿지 않고 받아들이지 않을 때 사울을 찾아가 교제의 팔을 내밀고 예루살렘 교회에 데리고 와서 사도들에게 보증을 서며 서로를 중재했던 사람입니다(행 9:27). 크레딧이 있는 바나바가 크레딧이 없던 바울에게 코사인(co-sign)을 해준 셈입니다. 크레딧을 빌려 준 것이지요. 당시 바울은 사도들에게는 의심의 눈초리를 받고 있었고, 유대인들은 바울에게 돌을 던지고 있어서(행 9:20-31), 양쪽으로부터 어려움을 당하는 외톨이 신세였습니다.

예루살렘 사도들과 오해를 풀었다 할지라도 바울은 자신의 역량을 충분히 발휘하지 못하고 고향으로 내려갔습니다. 바울은 10여 년 동안(갈 2:1, 14년 중 1년 안디옥 목회를 빼면 13년쯤 됩니다) 자신의 고향 다소에서 머물면서 말씀을 전하고 있었습니다. 그때 바나바는 바울을 찾아와 다시금 용기와 격려를 주고, 자신과 함께 안디옥 교회에서 일할 것을 제의하여 더 큰일을 할 수 있는 길을 열어 주었습니다(행 11:25).

이렇게 일을 나누는 것은 참 중요합니다. 일자리를 만드는 것도 참 좋습니다. 저는 교회도 일자리를 많이 만들어 주어야 한다고 생각합니다.

바나바는 바울을 유능한 일꾼으로 알아보고 동역자로 삼아 공동목회를 했습니다. 바울의 과거를 잊어 주고 포용하며 경쟁의식을 버리고 그의 은사를 키워 주는 것입니다. 자신과 은사와 의견이 달라도 협력합니다. 여기에서 자기보다 남을 낫게 여기는 바나바의 겸손과 사랑과 배려가 돋보입니다.

바나바는 예루살렘 교회에서 파송을 받아 안디옥에 이르렀을 때도 헬라인들이 잘 믿는 것을 보고 진심으로 기뻐하면서 더욱 격려를 했습니다(행 11:23). 남이 잘되는 것을 기뻐하는 것이 말은 쉽지만 그렇게 행동하기는 어렵습니다. 그러나 바나바는 남이 잘되고 변화되는 것을 진심으로 반기며 기뻐했습니다. 그들과 함께 있으면서 그들을 양육하고 격려하였습니다. 바나바의 격려와 말씀에 힘입어 안디옥 교인들은 더욱더 분발하여 더 많은 사람들이 모이게 되었습니다. 바나바는 나중에 예루살렘 회의에서도 나서서 적극적으로 이방인들을 변호하였습니다(행 15:12).

사도행전 11장 24절은 바나바를 "착한 사람"(Good Man)이라고 평했습니다. 그의 성품은 온화하고 관대하며 포용성이 있고 낙관적이었습니다. 거기에다가 성령과 믿음이 충만했습니다. 성령이 충만했기 때문에 착한 성품의 열매를 맺었을 것입니다.

우리에게는 특출한 재능의 소유자보다도 바나바와 같은 조화로운 사람이 필요합니다. 그는 매우 사려가 깊은 사람이었기에 찰스 브라운은 평하기를 "그가 만일 겟세마네에서 예수님과 함께 있었다면 다른 제자들처럼 결코 잠을 자지 않았을 것이다"라고 했습니다.

하나님은 우리의 재능과 능력보다 성품을 중요시하십니다. 성품이 능력입니다. "행동이 말보다 더 크게 말한다"(Action speaks louder than words)라는 말이 있습니다만, 성품이 더 크게 말합니다. 성품이 운명이라는 말도 있습니다(Character is a destiny). 운명을 바꾸려면 성품부터 바꿔야 합니다. 당신의 성품이 당신의 진정한 모습입니다. 당신이 이룰 일들은 성품의 영향을 받습니다. 성품은 내면의 각본입니다. 노력과 행운으로 재산을 얻을 수 있으나 그것을 지키는 것은 성품입니다. 외모와 실력이 결혼을 성사시킬 수는 있으나 결혼을 유지시키는 것은 성품입니다. 장례식에도 우리가 남긴 업적보다 성품 이야기가 더 감동적입니다.

카네기 재단에서 10만 명 인사기록을 살핀 결과, 성공하는 요인 가운데 15%는 기술적인 훈련, 그리고 85%는 성품이라고 보았습니다. 그리고 성품 가운데 가장 중요한 요소는 "태도"라고 보았습니다.

미국의 100대 기업의 해고 이유 가운데 무능력은 30%, 동료와 협력 부족은 17%, 부정직은 12%, 부정적 태도는 10%, 의욕 부족은 7%, 지시사항 불이행은 7%인데, 이는 무능력보다 성품의 문제가 많이 지적되는 것이라 할 수 있습니다.

성품이 좋은 사람은 도덕적 권위가 있습니다. 좋은 성품이 있는 곳에 상생이 있습니다. 성품이 나쁘면 갈등이 있습니다. 좋은 성품은 영적 친밀감과 정서적 활력을 줍니다. 좋은 성품을 추구하려면 성령께 의탁하고 의존해야 합니다. 성품은 우리가 만드는 것이 아니라 우리를 통해 맺히는 것입니다. 바나바는 성령님과의 관계를 통해 성령을 닮은 사람입니다. 목회도 성품목회입니다(윤리목회, 감동목회, 녹색목회). 성품은 모든 진정한 리더십의 기초입니다. 당신은 성품 지향적입니까, 성취 지향적입니까?

바나바는 다른 사람들이 잘되는 것을 진심으로 기뻐하는 사람입니다. 모두에게 신뢰받는 사람, 위로하고 격려하는 사람, 헌신하는 사람입니다.

나중에 바나바와 바울이 심하게 다투고 헤어지는 사건이 나옵니다(행 15:36-41). 이 일의 발단은 사도행전 13장 13절에 보면 마가가 1차 전도여행 때 밤빌리아에서 어려움을 피하여 예루살렘으로 도중에 돌아간 적이 있었습니다. 2차 여행 시에 바나바는 마가를 다시 동행시킬 것을 제의했고, 바울이 지난 번 경우를 상기시키며 동행을 거부하면서 의견이 충돌하게 되었습니다. 결국 바나바는 마가를 데리고 구브로로 가고, 바울은 실라를 데리고 수리아와 길리기아(행 16:39-40)로 헤어지게 되었습니다.

여기에서 바나바와 바울의 성품의 차이를 발견하는데, 바울은 과업 지향적이고 바나바는 사람 중심적입니다. 바울은 일을 중시하며 자신에게나 남에게 아주 엄격했고, 바나바는 사람을 세우는 것을 중시하는 도량이 넓은 사람으로 가능성을 보고 기회를 주었습니다.

바나바의 사역은 마가에게도 효력을 발휘해서 결국 마가는 실패를 딛고 훌륭한 주님의 사역자가 됩니다. 후에 베드로의 동역자가 되고 마가복음을 기록하는 기자가 됩니다. 나중에는 바울도 디모데에게 편지할 때 "네가 올 때에 마가를 데리고 오라 그가 나의 일에 유익하니라"(딤후 4:11)고 할 정도였습니다.

바나바의 이런 사역은 그가 "성령과 믿음이 충만"(행 11:24)했기 때문에 가능했습니다. 바나바는 성령님을 많이 닮은 사람입니다. 위로하시는 분, 보혜사로 충만했기 때문에 가능했습니다.

결국 바나바의 이런 사역을 통해서 "큰 무리가 주께 더하여"졌습니다(행 11:24). 바나바의 성품과 교회의 성장이 연결되어 있습니다.

3. 동역하는 생활

바나바의 훌륭한 면은 그가 더불어 일할 줄 아는 사람이었다는 것입니다. 우리는 종종 혼자는 일을 잘하는데 함께 일하는 것은 잘 못합니다. 우리는 더불어 사는 기술을 터득해야 하는데, 바나바가 모범을 보이고 있습니다.

앞에 말씀드린 대로 바나바는 사울에게 사역의 길을 열어 준 사람입니다. 신자들이 많아지자 사역도 많아지고 사역자도 필요하게 되었습니다. 바나바는 이런 헬라인들에게 적합한 사역자는 바울이라는 생각을 하고 바울을 찾기 위해 다소에 가서 바울을 데리고 안디옥에 와서 동역을 합니다. 다소에 묻혀 있어 사람들의 기억에서 사라지다시피 한 바울을 찾아가 다시 교회에서 일을 할 수 있는 기회를 준 사람이 바나바입니다(행 11:25). 그는 바울의 가능성을 알고 있었고 바울을 회심시킬 때 하나님이 작정하신 계획을 알고 있었습니다. 그는 하나님의 영광과 하나님의 나라를 위한 대담한 선택을 했습니다.

바나바와 바울이 함께 사역하면서 한동안은 바나바의 이름이 바울 앞에 나와 있습니다(행 11:25, 30; 12:25; 13:2, 7; 14:12; 15:12). 그런데 바나바는 바울이 말씀 전하는 은사가 있음을 보고, 바울이 말씀을 주로 전하도록 했습니다(행 14:12). 그래서 15장에 들어가면 바울의 이름이 바나바보다 앞에 나오게 됩니다(행 15:2, 3, 35, 36). 그리고 사도행전 16장부터는 바울의 행적을 중심으로 사도행전이 기록됩니다.

바나바는 이렇게 남의 강점을 볼 수 있는 눈이 있었고, 그의 가능성을 보고 믿어 주고, 이끌어 주는 사람이었습니다. 자신과 함께 공동목회를 하였던 바울을 자신보다 앞세우고 자신은 조연을 자청할 수 있었던 고매한 인격의 소유자입니다. 그러므로 바울에게 있어서는 예수님, 스데반, 아나니아, 바나바가 있었기에 바울이 된 것입니다.

정말 우리도 이렇게 동역할 수 있을까 반문해 봅니다. 바나바는 먼저 하나님 나라를 구했기에 이것이 가능했을 것입니다.

오늘 우리는 바울 같은 사람도 필요하지만 바울을 만드는 바나바와 같은 사람이 절실합니다. 이런 사람이 교회 안에 있을 때 교회는 화목하고, 새 힘을 얻고, 부흥이 일어나게 됩니다.

17
기도의 응답이 문 앞에

[5]이에 베드로는 옥에 갇혔고 교회는 그를 위하여 간절히 하나님께 기도하더라 [6]헤롯이 잡아 내려고 하는 그 전날 밤에 베드로가 두 군인 틈에서 두 쇠사슬에 매여 누워 자는데 파수꾼들이 문 밖에서 옥을 지키더니 [7]홀연히 주의 사자가 나타나매 옥중에 광채가 빛나며 또 베드로의 옆구리를 쳐 깨워 이르되 급히 일어나라 하니 쇠사슬이 그 손에서 벗어지더라 [8]천사가 이르되 띠를 띠고 신을 신으라 하거늘 베드로가 그대로 하니 천사가 또 이르되 겉옷을 입고 따라오라 한 대 [9]베드로가 나와서 따라갈새 천사가 하는 것이 생시인 줄 알지 못하고 환상을 보는가 하니라 [10]이에 첫째와 둘째 파수를 지나 시내로 통한 쇠문에 이르니 문이 저절로 열리는지라 나와서 한 거리를 지나매 천사가 곧 떠나더라 [11]이에 베드로가 정신이 들어 이르되 내가 이제야 참으로 주께서 그의 천사를 보내어 나를 헤롯의 손과 유대 백성의 모든 기대에서 벗어나게 하신 줄 알겠노라 하여 [12]깨닫고 마가라 하는 요한의 어머니 마리아의 집에 가니 여러 사람이 거기에 모여 기도하고 있더라 [13]베드로가 대문을 두드린대 로데라 하는 여자 아이가 영접하러 나왔다가 [14]베드로의 음성인 줄 알고 기뻐하여 문을 미처 열지 못하고 달려 들어가 말하되 베드로가 대문 밖에 섰더라 하니 [15]그들이 말하되 네가 미쳤다 하나 여자 아이는 힘써 말하되 참말이라 하니 그들이 말하되 그러면 그의 천사라 하더라 [16]베드로가 문 두드리기를 그치지 아니하니 그들이 문을 열어 베드로를 보고 놀라는지라 [17]베드로가 그들에게 손짓하여 조용하게 하고 주께서 자기를 이끌어 옥에서 나오게 하던 일을 말하고 또 야고보와 형제들에게 이 말을 전하라 하고 떠나 다른 곳으로 가니라 행 12:5-17

제가 전도사 시절에 권사님들과 암에 걸린 교우를 심방한 적이 있습니다. 찬송을 부르며 그분의 병 고침을 위하여 간절히 기도하였고, 같이 가신 권사님들도 기도 중 연신 "아멘! 주여!"를 연발하였습니다. 심방을 마치고 귀가하던 중 한 권사님이 저에게 "전도사님! 가망 없을 것 같지요?"라고 물었습니다. 그래서 제가 "아니 권사님은 금방 병 낫기를 위해 기도해 놓고선 그런 말씀을 하세요?"라고 했습니다.

그런 이야기는 또 있습니다. 옛날 어느 마을에 비가 너무 오지 않아 동네 어른들이 산 위에서 기우제를 드리기로 했답니다. 모두들 올라가는데 한 아이가 우산을 가지고 왔다고 합니다. 그러니 어른들이 그 아이를 꾸짖으며 "비도 안 오는데 무슨 우산을 들고 오느냐"라고 하니 아이가 "기우제 드리고 나서 비 오면 비 안 맞으려고요"라고 했다는 것입니다. 기우제를 드리러 가는 사람 중에 그 아이 한 사람만 비가 오리라고 믿었던 것입니다.

기도의 목적은 하나님의 임재 안으로 들어가 응답을 받는 데 있습니다만 오늘날 많은 사람들은 응답을 기대하지 않는 기도를 하고 있습니다. 기도만 할 뿐 응답에 별 관심이 없습니다. 그리고 또 기도합니다. 타성적이고 형식적인 기도가 그렇습니다. 기도하라고 하니 기도는 하는데 무엇을 구해야 하는지, 어떻게 구해야 하는지 모르고 그저 밑져야 본전이라는 식으로 말만을 나열합니다. 후에는 자기가 무엇을 구했는지도 모르고 응답을 기대하지도 않습니다. 이런 기도는 하늘나라에서 "스팸 메일"로 분류되어 곧바로 쓰레기통에 들어가 삭제될지 모릅니다.

본문에는 국가가 교회를 핍박하는 상황 하에서 헤롯 아그립바

1세와 베드로, 국가와 교회의 대결이 나와 있습니다.

헤롯 아그립바 1세는 로마에 의해 세워진 팔레스타인 괴뢰정권 분봉왕으로서 AD 41-44년까지 통치한 헤롯 대왕(예수님 출생 당시)의 손자입니다. 그는 로마황제의 하수인으로 유대인을 통치하는 유대인들의 미움을 사는 매국노적인 위치에 있었습니다. 유대인들의 환심을 살 만한 일을 계획함으로 자신의 권력의 연장을 획책했습니다.

그래서 당시 유대인들이 싫어하는 기독교인들을 박해하려 했습니다. 그러므로 초대성도들이 헤롯의 정치적 야망을 위한 희생양이 되었습니다. 그래서 예수님의 열두 사도 가운데 제일 먼저 요한의 형제 야고보가 순교를 당하게 됩니다. 이 순교는 이미 예수님께서 예언하신 바가 있습니다. "너희가 과연 내 잔을 마시려니와"(마 20:23). 헤롯은 유대인들이 기뻐하는 것을 보고 여세를 몰아 베드로도 잡았습니다. 그런데 그날이 유월절이므로 유대인들의 전례를 따라 그날에 형을 집행하지 않고 그 다음 날 죽이기 위해 옥에 가두고 군사를 4명씩 4중으로 지키게 하였습니다.

베드로의 투옥은 예수님과 비슷합니다. 무교절 기간 체포되어 감옥에서 지냅니다. 이렇게 헤롯은 막강한 권위를 가지고 칼로 쇠사슬로 베드로를 감금하고 군사로 지키게 하였습니다. 여기에 대항하는 교회는 아무런 힘도 없어 보입니다. 그러나 무기력하게 당하고만 있지 않습니다. 하나님의 권세에 기초하여 한곳에 모여(마가의 다락방) 교회가 합심 철야기도를 하였습니다.

이때 교인들의 '간절한' 기도는 예수님의 겟세마네 기도를 연상시킵니다.

"베드로는 옥에 갇혔고 교회는 그를 위하여 간절히 하나님께 기도하더라"(행 12:5).

그런데 저는 몇 가지 재미있는 아이러니를 본문에서 보게 됩니다. 그 막강한 헤롯과 철통같이 옥을 지키고 있는 군사들에 대항하기 위해 초대 교인들이 쓴 무기가 기도라는 사실입니다. 무슨 권력자를 접촉하여 손을 쓰거나, 뇌물을 먹여 빼내거나, 특공대를 조직하여 습격하는 방법이 아니라 기도라니 전혀 설득력이 없어 보입니다. 다른 사람들이 들으면 웃을 이야기입니다. 그러나 이것은 영적인 싸움이고 영적인 싸움의 무기는 기도입니다. 세상에는 권력, 재력, 정치력, 군사력만 있는 것이 아니고 기도력도 있습니다.

사도행전은 알고 보면 기도행전입니다. "마음을 같이하여 오로지 기도에 힘쓰더라"(행 1:14). 제자를 보선할 때, 오순절 성령강림 때, 위기가 닥칠 때마다 기도했습니다. 베드로와 요한이 예수의 이름으로 말하지 말라고 위협을 받았을 때 "그들이 듣고 한마음으로 하나님께 소리를 높여"(행 4:24) 기도했습니다. 집사를 세울 때, 베드로가 고넬료에게 가게 될 때, 안디옥 교회가 바나바와 바울을 선교사로 파송할 때(행 13:1-3), 배에서 광풍을 만났을 때 기도했습니다.

기도의 힘을 믿으십니까? 사무엘 채드윅은 "마귀의 최대 관심은 그리스도인의 기도를 방해하는 것이다. 그는 기도 없는 연구, 기도 없는 사업, 기도 없는 봉사, 기도 없는 신앙을 두려워하지 않는다. 그는 기도 없는 우리의 노력과 지혜를 비웃고 경멸한다. 그러나 마귀는 우리가 기도할 때 가장 두려워하며 떤다"라고 했습니다. 왜 마귀가 기도를 두려워하겠습니까? 조지 뮬러는 "무릎으로 인생의 싸움을 싸우는 것을 배우지 못한 사람은 아직도 기독교 신앙의 ABC를 모르는 사람이다. 하나님 앞에 무릎을 꿇는 자가 사람 앞에 강한 자다"라고 했습니다.

이 일을 통해 베드로나 성도들 모두 기도의 능력을 체험했습니다. 기도할 때 하나님이 일하십니다.

> 우리들의 무기는 육체가 아니요, 그러나 강하오, 참으로 강하오.
> 견고한 진을 파하는 강력이오. 강한 힘이요, 성령 안에서.
> (복음성가 "우리들의 무기는")

베드로가 잡혔을 때, 성도들은 간절하게 기도하면서 멀리 떨어져 있었지만 함께할 수 있었습니다. 우선은 믿음을 지키도록 기도했을 것이고, 기적적으로 살려 달라고도 기도했을 것입니다.

아무것도 할 수 없는 상황에서, 오히려 모든 것을 할 수 있습니다. 세상의 문이 닫힐 때, 하늘 문이 열립니다. 사방이 막혀 있을 때, 눈을 들어 위를 보십시오. 하나님의 도움이 있습니다. 광야에서 나가는 문은 기도밖에 없습니다.

베드로는 내일 죽을 사람이 그것도 두 군인 사이에서 쇠사슬에 묶인 채 깊은 잠을 잤습니다. 얼마나 많이 시달렸으면 그랬을까요? 이해를 하려고 해도, 아니 그게 잠을 잘 상황입니까? 잠이 오겠습니까? 참으로 아이러니입니다.

나중에 바울과 실라가 옥에 갇혔을 때 한밤중에 찬송을 하며 기도를 한 것도 은혜스럽지만(행 16:25), 베드로가 다 맡기고 자는 모습도 은혜스럽기 그지없습니다. 우리는 침대에 누워도 잠이 안 올 때가 있는데, 그럴 때는 주님께 맡기고 잠을 청하세요. 바울과 실라는 기도하고 찬송하니 하나님이 박자를 맞추시다 지진이 일어나 은혜를 받았고, 베드로는 자다가 자기도 모르는 사이에 은혜를 받았습니다. 이렇게 한번 살아봤으면 좋겠습니다.

하여튼 당사자 베드로가 잠자는 사이 교회는 철야 중보 기도를 하였습니다. '당신이 잠든 사이'에 누군가 기도합니다. 성령님도 기도하시지만 성도들도 기도합니다. 당사자는 잠을 자고 있지만 하나님의 은혜의 역사는 중보 기도를 타고 진행됩니다. 하나님이 성도들의 기도를 들으시고 천사를 보내어 응답을 수행하게 하시는 "한밤의 작전"(one night operation)이 전개되고 있습니다.

토머스 왓슨은 "천사는 베드로를 옥에서 데리고 나왔다. 그러나 천사를 데리고 온 것은 성도들의 기도였다"라고 하였고, 존 필립스는 "사람이 중보할 때, 하나님이 개입하신다"(Human intercession & Heaven intervention)라고 했습니다. 다니엘 10장 12-13절에도 보면 기도가 천사나 마귀에게도 영향을 미치는 것을 볼 수 있습니다.

이렇게 성도들의 중보 기도는 위대한 역사를 이룹니다. 저는 이런 것을 리모트 컨트롤식(remote control) 기도라고 부르는데 비록 사람이 직접 가지 않아도 먼 거리에서 중보 기도를 하니 천사가 그 기도의 내용을 수행하는 것입니다. 쇠사슬이 풀리고, 쇠문도 열리고, 베드로도 나오게 되었습니다. 간수들이 겹겹이 있었는데 말입니다. 기도는 쇠사슬도 옥문도 열 수 있습니다. 기도할 때 묶인 것이 풀립니다. 기도할 때 닫힌 것이 열립니다.

1912년 4월 어느 주일 밤, 타이타닉 호가 빙산에 부딪혔습니다. 그 배의 승객이었던 그레이시 대령은 사용할 수 있는 구명보트를 물에 띄울 수 있게 도운 후 죽음에 자신을 맡겼습니다. 그가 바닷속으로 미끄러져 들어가고 있을 때 집에 있던 그의 아내가 잠에서 깨어났습니다. 그리고 남편이 염려가 되어 기도하기 시작했습니다. 그 사이 그레이시 대령은 전복된 배 옆에서 수면 위로 오르락내리락 하다가 결국 구조가 되었습니다. 나중에 그와 그의 아내는 그녀가 애를 태우며 기도했던 바로 그 시간에 그가 필사적으로 전복된 선박에 매달려 있었다는 사실을 알게 되었습니다.

베드로 구출 장면은 마치 이스라엘의 출애굽 때 유월절을 연상시킵니다. "그 전날 밤", "급히 일어나라", "신을 신으라", "주께서 구출하였다". 베드로의 유월절입니다. 천사가 인간의 공간과 시간 사이에, 각성과 수면 상태 사이에 구체적이고 차분하게 일을 진행시킵니다.

이렇게 한두 사람이 주의 이름으로 구하면 풀릴 것이 풀리고, 열릴 것이 열리는 역사가 일어납니다. 10절에 "문이 저절로 열리는지라"라고 했는데 앞에 다가가기까지는 닫혔다가 도달하면 열리는 아마 요새 자동문 같았을 것입니다. 기도의 분량을 채우면 역사가 일어납니다.

물리적, 육체적인 힘을 기도하는 교회가 영력으로 물리치는 상황입니다. 믿음이 이깁니다. 기도가 이깁니다. 사랑이 이깁니다.

이 모든 일은 베드로가 꿈인지 생시인지 잘 구별하지 못하는 상황에서 되었습니다. 그가 길거리까지 나온 후에야 정신이 들어 하나님께서 천사를 보내어 헤롯과 유대인들의 간계에서 자신을 구속해 주신 사실을 알게 되었습니다.

"아, 주님이셨군요!"

야고보처럼 순교를 당함으로 하나님께 영광을 돌리는 제자도 있는가 하면 베드로처럼 기적적으로 구출됨으로 하나님의 일을 거룩하게 하는 것도 하나님의 뜻입니다. 야고보가 순교하는 것이 하나님의 뜻이듯 베드로가 옥에서 나오는 것도 하나님의 뜻입니다.

물론 야고보를 위해서도 기도했겠지만 야고보는 순교를 당하고 베드로는 구출되었습니다.

베드로는 즉시로 자기를 위하여 기도하고 있을 성도들을 향해 당시 초대교회의 중심지인 마가의 어머니 마리아의 집으로 갔습니다. 최후의 만찬, 오순절 성령강림 사건이 일어났던 곳입니다. 역시 그 안에서는 베드로를 위하여 여러 성도들이 모여 기도하고 있는 중이었습니다. 이런 역사를 경험한 마가는 나중에 바나바와 바울을 따라가고 베드로의 동역자가 됩니다.

베드로가 그 집 문을 두드렸습니다. 기도의 응답이 문 앞에 온 것입니다. 기도의 응답이 문을 두드리고 있습니다. 기도의 응답이 그렇게 확실하게 빨리 올지 몰랐을 것입니다.

그런데 여기에 또 다른 아이러니가 나옵니다. 기도하던 자들이 "베드로다!" 하고 모두 문으로 뛰어나온 것이 아니라 로데라는 여자아이만 조심스럽게 문 앞으로 나왔습니다. 모두는 숨을 죽이고 숨었을 것입니다. 로데는 목소리로 베드로라는 사실을 확인했지만, 너무 기쁜 나머지 문을 열지 않고 그 사실을 알리기 위해 다시 안으로 들어갔습니다. 베드로가 계속 다급하게 문을 두드리는 사이에 그 안에서는 "베드로가 왔다"는 로데의 말에 대하여 미쳤다고 말합니다. 만일 이 장면을 영화로 보았다면 얼마나 조마조마하며 답답했겠습니까? 로데가 직접 베드로의 음성을 들었다고 하니 사람들은 그의 수호천사(Guardian Angel)가 베드로의 임종 소식을 전하러 왔는가 하며 옥신각신하고 있었습니다.

여기서 한 가지 물어야 할 것이 있습니다. 그들은 무엇을 기도했습니까? 그리고 지금도 무엇을 간구하고 있습니까? 베드로의 안전이었을 것입니다. 그렇다면 베드로가 지금 문 앞에 있다는 것은 당연한 기도의 응답인데 이 사실을 전한 아이에게 "미쳤다"(15절)고 하고, 아니면 그의 천사일 것이라고 말하는 것은 어찌 된 일입니까?

응답을 기대하지 않고 기도를 드린 것은 아닙니까? 인간이 감당할 수 없는 불가능한 상황만을 너무 생각한 나머지 하나님의 능력을 제한하는 기도를 하지 않았습니까? 자신들이 기대한 것 이상으로 하나님께서 즉각적이고도 완벽한 응답을 하심으로 그들이 믿기 힘들었던 것은 아닙니까? 근심과 절망 속에서 기도하면서 아멘과 함께 다시 혼란 속으로 빠져들어 간 것은 아닙니까?

그러는 사이에도 베드로는 문을 계속해서 두드리고 있습니다(16절). 기도의 응답이 문을 두드리고 있습니다. 감옥의 철문은 기적적으로 열렸지만 마리아의 집 대문은 아직 열리지 않고 있습니다. 믿음으로 우리가 열어야 합니다. 기도에 있어서 하나님이 응답하시는 것이 힘이 드는 것이 아니라, 하나님의 응답을 받아들이는 것이 힘이 듭니다. 기도의 응답을 받아들이기가 힘듭니다. 감옥 철문을 열기보다 힘듭니다. 지금 베드로는 급한데, 안에서 문을 열어주지 않습니다.

믿기에는 너무 좋은 소식이라(too good to believe). 우리는 심지어 하나님의 창조적인 역사를 우연으로 바꿔치기까지 합니다.

무슨 염려와 근심이 있어서 하나님께 와서 기도합니다. "너희 염려를 다 주께 맡기라 이는 그가 너희를 돌보심이라"(벧전 5:7) 말씀을 듣습니다. 그래서 염려 보따리를 하나님께 풀어놓습니다.

그런데 다시 기도를 마치고는 염려 보따리를 싸서 가지고 갑니다. 이렇게 기도의 응답을 받아들이기가 종종 어렵습니다. 하나님이 이미 마음속에 감동하시는데 저항할 때가 많이 있습니다.

기도는 하나님의 뜻을 이룹니다. 하나님은 모든 기도에 응답하십니다. 하나님께서는 불가능이 없습니다. 최상의 것을 기대하며 믿음으로 구하십시오. 기도한 다음 여러분의 관심을 응답으로 옮겨가십시오. 응답을 기대하고 응답을 받아들이십시오. 기도에 있어서 듣는 훈련은 중요합니다. 마침내 저희가 문을 열어 베드로인 것을 확인하고 놀랐습니다. 정말 믿기지 않는 기적이었습니다. 그들은 기도의 효력을 새삼 느끼며 놀랐습니다. 기도를 들으시는 하나님!

베드로의 감옥으로부터의 구출은 예수님의 십자가와 부활의 사역과 공통점을 많이 지니고 있습니다. 유월절에 감옥, 헤롯, 천사, 부활 후 믿지 않는 성도…. 사람들은 심지어 유령이라고 했습니다. 예수님은 갈릴리로 가셨습니다. 베드로는 주님께서 자신을 이끌어 감옥에서 나오게 하신 일을 그들에게 말하였습니다.

아침이 되어 지키던 군사들은 베드로 대신 처형을 당했고, 헤롯도 교만하게 행하자 병이 들어 죽었습니다. 헤롯은 무력해지고, 베드로는 유력해집니다. 헤롯과 그 군사들의 칼과 쇠사슬이 베드로와 성도들의 기도에 의해 망하는 결말입니다. 기도로 "원수의 성 문"(창 24:60)을 얻게 된 것입니다. 거기에다 24절에 기록된 바와 같이 "하나님의 말씀은 흥왕하여 더하"여졌습니다.

성도들은 희망과 생명으로, 헤롯 일당은 절망과 죽음으로 끝이 납니다. 사람의 인기를 탐하여 살던 헤롯은 자신에게 영광을 돌리다가 벌레에 먹혀 죽고, 하나님의 인정을 바라던 베드로는 천사의 수종을 받게 되고….

베드로는 살아나고 헤롯은 죽고, 교회는 흥왕하고, 마가는 바나바와 사울을 따라갔습니다.

18
성령의 보내심을 따라

¹안디옥 교회에 선지자들과 교사들이 있으니 곧 바나바와 니게르라 하는 시므온과 구레네 사람 루기오와 분봉 왕 헤롯의 젖동생 마나엔과 및 사울이라 ²주를 섬겨 금식할 때에 성령이 이르시되 내가 불러 시키는 일을 위하여 바나바와 사울을 따로 세우라 하시니 ³이에 금식하며 기도하고 두 사람에게 안수하여 보내니라 ⁴두 사람이 성령의 보내심을 받아 실루기아에 내려가 거기서 배 타고 구브로에 가서 ⁵살라미에 이르러 하나님의 말씀을 유대인의 여러 회당에서 전할새 요한을 수행원으로 두었더라 행 13:1-5

안디옥 교회는 선교적 교회의 모습을 보여 줍니다. 이로써 예루살렘 교회에서 안디옥 교회로 사역의 중심이 이동하고 있습니다.

사도행전을 전·후반으로 나누었을 때, 전반부(1-12장)는 예루살렘 교회와 베드로를 중심으로 예루살렘과 유다와 사마리아에 대한 선교의 역사였다면, 13장 이후는 안디옥 교회와 바울을 중심으로 "땅 끝까지" 펼쳐지는 선교의 역사입니다. 선교가 교회의 역사를 주도합니다.

앞으로 계속될 바울의 1·2·3차 선교여행 중에서 사도행전 13장과 14장은 1차 선교여행에 해당합니다. 수리아 안디옥-실루기아-구브로의 살라미와 바보-밤빌리아-버가-비시디아 안디옥-

이고니온-루스드라-더베-앗달리야-안디옥으로 이어지는 여정입니다. 사도행전 1장에 오순절 성령강림으로 예루살렘과 유다와 사마리아에 선교가 시작되어 외국선교도 성령님의 역사가 주도하고 있습니다.

처음 선교사 파송의 장면을 세 가지로 나누어, 성령님(선교의 영)의 사역, 안디옥 교회(파송하는 교회), 바울의 사역(최초의 선교사)을 설명하고자 합니다.

1. 성령님의 사역

지금은 하나님, 예수님이 성령님을 통하여 일하십니다. 지금은 성령 시대입니다. 오순절 성령강림 사건으로 본격적으로 데뷔하셔서 사도행전을 실질적으로 이끌고 계십니다.

아날로그 리더십이 어디에서나 동시다발적으로 가능한 디지털(유비쿼터스) 리더십으로 바뀌는 것 같습니다. 성령이 주도하십니다.

성령님을 받았기 때문에 성령이 우리를 인도하십니다. 성령의 인도하심을 받고자 하면 반드시 성령님이 인도하십니다. 성령님은 인격적인 존재입니다. 인도하시고, 위로하시고, 감동하시고, 깨닫게 하시고, 근심하시고, 탄식하시고, 떠나십니다.

세상에는 성령을 따라 사는 사람이 있고, 육을 따라 사는 사람이 있습니다. 육체를 따라 사는 삶이 아니라 성령을 따라 사는 삶이 되어야 합니다. 이것은 양립 불가능합니다. 누구를 따르느냐는 열매로 나타납니다. 사랑, 희락, 화평, 인내, 자비, 선행, 충성, 온유, 절제. "너희는 성령을 따라 행하라 그리하면 육체의 욕심을 이루지 아니하리라"(갈 5:16). 성령을 따라 산다는 것은 성령께서 행하시고 있는 일에 보조를 맞춘다는 뜻입니다.

성령님은 선교의 영이십니다. 선교사를 파송하는 일은 어떤 개인이나 단체의 아이디어나 헌신에서 나온 것이 아닙니다. 선교는 교회의 프로그램이 아닙니다. 선교는 성령님이 말씀하시고(행 13:2), 성령님이 보내시는 것을(행 13:4) 따라 신실한 교회와 성도가 순종함으로 되는 것입니다. 바나바와 바울이 교회를 통해 파송되었지만 본문은 성령님이 보내셨다고 기록을 하고 있습니다.

성령님이 이방선교를 주도적으로 이루어 나가심은 13장 2, 4, 9, 52절에 나오고, 선교의 방향도 성령님이 인도하심이 16장 6-7절에 나타납니다. 앞에서 빌립의 전도 사역(행 8:29, 39), 베드로의 고넬료에 대한 사역(행 10:19; 11:12)에서도 성령님이 주도하셨습니다. 교회와 개인을 사용하여 선교를 하시지만 선교의 역사는 성령님이 주관하십니다.

처음 선교사로 파송을 받는 바나바와 바울은 안디옥 교회를 통해 성령의 보내심을 받았습니다. 그러면 교회와 개인이 어떻게 해야 성령님의 인도하심을 받습니까? "주를 섬겨 금식할 때에"(2절)에서 "섬겨"는 예배드린다는 것이고, 금식했다는 것은 세상적인 것을 끊고 기도했다는 것입니다. 안디옥 교회에 무슨 다급한 일이 있어서 금식을 한 것이 아닙니다. 하나님의 뜻대로 더 바르게 살기 위해 성령님의 인도하심을 바라고 금식했습니다. 자기 자아가 강한 사람들은 금식을 통해 자신을 비울 때 성령님의 인도하심을 더 잘 받아들일 수 있습니다. 성령님의 인도는 안디옥 교우들이 예배를 드리면서 금식하며 기도할 때 일어났습니다. 성령님의 인도하심은 예배할 때에, 기도드릴 때에, 금식하며 기도할 때에 나타납니다. 이런 사람들에게 성령님은 하나님의 뜻을 드러내십니다. 안디옥 교회의 훌륭한 점은 성령님의 음성을 들을 수 있는 신령한 교회였다는 것입니다. 즉 성령님이 교회를 목회하였다는 것입니다.

성령님은 보내는 목적, 보낼 사람, 가야 할 지역도 결정하여 인도하셨습니다. 엄청난 박해 속에서 현대 사회가 지닌 어떤 특별한 지원도 없이, 경험도 없이, 훈련도 없이 짧은 시간에 그 많은 지역에 복음을 선포한 비결은 성령님의 특별한 역사입니다. 지금처럼 교회가 많은 돈과 훈련 프로그램과 훌륭한 인적 자원을 가진 적은 없습니다. 그러나 초대교회와 같은 역사는 나타나지 않습니다. 무엇이 빠졌습니까? 성령님의 인도하심입니다.

나는 이 시대의 교회가 성령님의 음성을 끊임없이 듣는 교회, 성령님의 채널이 되는 교회가 되기를 바랍니다.

2. 안디옥 교회의 사역

안디옥 교회는 어떻게 보면 신자들에 의해 자발적으로 세워진 교회인데, 이방선교의 전진기지를 감당하며 모교회인 예루살렘 교회를 구제하는 교회였습니다. 안디옥 교회는 금식하고, 기도하고, 안수하여 선교사를 파송했습니다. 선교사를 가장 먼저 파송하는 교회였습니다. 선교지향적인 교회입니다. 선교와 구제를 함께했고, 이것이 안디옥 교회를 명실공히 초대교회의 중심교회로 만들어 주었습니다. 이런 구제하는 교회, 선교하는 교회 모습 외에도 본받을 것이 많이 있습니다.

본문에는 교회의 지도자급에 속하는 선지자와 교사의 이름 다섯 명이 나와 있습니다. 바나바, 시므온, 루기오, 마나엔, 사울입니다. 이름만 보아도 안디옥 교회는 다양한 문화와 인종이 모여 잘 조화를 이루고 있었다는 것을 알 수 있습니다. 바나바는 시리아 유대인 출신이었고, 니게르라 하는 시므온은 어떤 사람은 예수님의 십자가를 대신 지어 준 구레네 시몬과 동일인물이라고 추정하기도 합니다만 어쨌든 아프리카 출신의 흑인이었고, 루기오는 이방사람이었으며, 마나엔은 헤롯과 궁궐에서 같이 자란 귀족출신이었고, 사울은 모두 아는 대로 바리새인 랍비 출신입니다. 이들은 모두 출신 성분과 인종적인 배경이 다른 사람들입니다. 이렇게 다양한 지도자를 모신 것을 보아도 그 교회에 다양한 배경의 사람들이 모여들었다는 것을 알 수 있습니다. 그런데 이렇게 여러 다른 사람이 성령님의 지도하에 아름답게 동역을 하였습니다. 함께 더불어 공동목회하는 교회였습니다.

그리고 성령님께서 제일 앞에 나오는 바나바와 제일 뒤에 나오는 사울을 따로 불러 세웠습니다. 이것을 저는 '소명 중의 소명'

이라고 부릅니다. 성령이 이르시기를 "내가 불러 시키는 일을 위하여 바나바와 사울을 따로 세우라"(행 13:2) 하셨습니다. 주의 종 가운데 선교사로 다시 부르시는 부름입니다. 그리고 교회는 그들을 주의 이름으로 축복하고 흔쾌히 선교사로 보내면서 그들을 위한 재정적 지원과 기도의 지원을 충실하게 감당했습니다. 보통 교회 같으면 5명의 지도자 가운데 성령님께서 자의로 뽑으시게 하겠습니까? 아니면 교회가 뽑았겠습니까? 좋은 사람만 뽑아 가면 어쩌나 걱정이 되지 않겠습니까? 만일 그 가운데 많은 능력을 가진 바나바와 바울 같은 사람이 뽑혀 다른 곳의 선교사로 파송된다고 해도 기쁨으로 축복하여 보낼 수 있겠습니까? 만일 담임목사와 탁월한 부목을 보내라고 하면 말입니다. 하지만 안디옥 교회는 '아니 이제 우리도 개척 단계인데, 바나바와 바울을 뽑아 가면 교회가 쓰러지는데?' 하지 않고 성령님에게 순종했습니다. 안디옥 교인들이 사람이 아니라 하나님을 의지하고 있음을 잘 보여 주는 대목입니다.

바나바의 리더십이 훌륭하기는 했지만 안디옥 교회는 바나바만 의지하지 않았습니다. 바울이 말씀을 잘 가르쳤지만 바울만 의지하지 않았습니다. 바나바나 바울이 교회를 목회하는 것이 아닙니다. 안디옥 교회는 이것을 알았습니다. 이것이 안디옥 교회의 위대성입니다. 안디옥 교회는 바나바나 바울의 교회가 아니라 하나님의 교회였습니다. 물론 바나바와 바울도 훌륭합니다. 자신들의 특권을 내려놓고 부르심을 받은 곳으로 나갔기 때문입니다. 오늘날 개교회주의적 좁은 소견을 가진 교회들은 안디옥 교회의 폭넓은 아량과 비전을 배워야 합니다.

저는 앞으로의 교회가 Global 하면서 동시에 Local Ministry를 해야 한다고 생각하고 있습니다. 그래서 Golcal Ministry라는 말을 합니다. 교회가 위치한 마을을 위한 목회를 할 뿐 아니라 온라인으로 어디에서나 접속할 수 있게 합니다. 영어를 쓰는 외국인들을 위한 영어권 예배, 몽골 예배, 중국어 예배, 미얀마 예배, 네팔 예배 그리고 탈북민, 외국인 유학생, 노동자들, 국제 결혼한 사람들이 모두 다 어울릴 수 있는 다문화 교회를 만들어가야 합니다. 우리끼리 모여 밖으로는 문을 닫고 지내는 것보다는 이 지역에 있으면서도 세계를 품어야 합니다. 다양한 계층의 사람들이 만나는 교회가 되어야 합니다.

3. 바울의 사역

바나바와 바울은 최초의 선교사가 되었습니다. 성령님은 하나님의 역사를 이루시되 사람을 통하여 역사하십니다. 그러므로 바나바와 바울의 헌신은 참으로 중요합니다. 결단이 없이는 하나님의 뜻을 성취할 수 없습니다.

바나바와 바울의 결단은 창세기 12장에 언급된 아브라함의 결단에 해당합니다. 아브라함은 갈 바를 알지 못하고 "말씀을 따라" 갔다고 했는데 바나바와 바울도 갈 바를 알지 못하고 "성령님을 따라" 갔습니다. 아브라함이 이로 말미암아 한 민족의 조상이 된 것 같이 바나바와 바울은 "이방의 빛"이 되었습니다. 많은 이방인들을 영적 자손으로 두게 되었습니다.

바나바와 바울에게는 어떤 선배 선교사의 이야기도, 경험담도, 훈련도 없었습니다. 성령님의 인도하심, 그리고 교회의 기도가 있었을 뿐입니다. 이 선교사의 길은 바울이 고린도후서 11장 23-27절에 기록한 바와 같이 옥에 갇히고, 매 맞고, 죽을 뻔하고, 돌로 맞고, 파선하여 바닷속에서 지내고, 강의 위험, 강도, 동족, 이방인, 시내, 광야, 바다, 거짓 형제의 위험을 감수하고, 수고하고 애쓰고, 자지 못하고, 주리고, 목마르고, 굶고, 춥고, 헐벗는 험난한 가시밭길입니다.

그래도 이들은 "기쁨과 성령이 충만"(행 13:52)하여 선교사의 직분을 감당하였습니다.

이 선교여행을 통하여 바나바와 바울은 선지자와 교사에서 열두 사도와 같은 "이방의 사도"로 불리게 됩니다. 그리고 선교의 일에 있어서 바울의 지도력은 바나바를 능가하게 되어 바울과 바나바로 순서가 바뀌게 됩니다.

바나바와 바울이 먼저 구브로에 갔는데, 바나바의 고향이기 때문입니다(행 4:36). 구브로 섬 동쪽 끝에 위치한 살라미에 도착해 회당을 중심으로 전도사역을 시작하여 섬을 가로질러 서쪽 끝 바보에 이릅니다. 바보에서 바울은 성령이 충만하여 마술사 엘루마를 제압하였습니다(행 13:9-11). 총독 서기오 바울이 바나바와 바울을 불러 하나님의 말씀을 들으려고 할 때 유대인 거짓선지자 바

예수, 다른 이름은 박수 엘루마가 바울의 말을 대적하였습니다. 마치 모세가 바로에게 섰을 때의 술사들과 같은 모양입니다. 바울도 사울이란 이름과 두 개가 있는데 이 거짓 선지자도 두 개의 이름이 나옵니다. (이후로는 사울이라는 유대인 이름보다 로마식 이름인 바울로 불립니다.) 바울은 이전에 다메섹에서 눈이 먼 경험이 있는데 이번에는 박수 엘루마가 맹인이 됩니다. 베드로가 마술사 시몬을 책망하며 물리친 것처럼(행 8:9-24) 바울도 마술사 엘루마를 제압한 것입니다. 이로써 예수님이 하셨던 축귀의 이적이 베드로에게 일어났던 것처럼 바울에게서도 나타남을 보여 줍니다. 후에는 걷지 못하는 자도(행 14:8) 일으킵니다.

바울이 하나님의 자녀인데 비해 바예수는 마귀의 자식, 의의 원수이며, 주의 바른 길을 굽게 하는 자입니다. 바울이 선지자인데 비해 바예수는 거짓 선지자이며, 바울이 성령 충만한 데 비해 바예수는 궤계와 악행이 충만하고, 바울은 총독 서기오 바울을 믿게 하려고 하는 데 비해 바예수는 믿지 못하게 힘을 씁니다. 믿게 하는 성령님의 역사에 대항하는 믿지 못하게 하는 사탄의 역사를 봅니다. 성령의 역사가 거세면 사탄의 방해도 심해집니다. 영적 전쟁입니다. 그러나 결국 바예수는 눈이 멀게 되고 이 이적을 보고 서기오 바울은 첫 개종자가 되었습니다. 총독 서기오 바울이 첫 번째 결실입니다.

이 사역을 통하여 바울은 베드로와 같은 사도의 반열에 드는 역사를 일으키게 되고, 바로 앞에 있던 술사들을 물리친 모세처럼 바울 앞에서 사탄이 결박당하고, 하나님의 왕국이 확장되며, 로마 당국자가 복음에 설복되는 역사가 시작됩니다.

이것을 보니 전도에서는 능력이 지혜보다 먼저라는 생각이 듭니다. 그동안 저는 지혜로 전도하고 믿음으로 능력이 나타난다고 생각을 했습니다. 그런데 순서가 잘못되어 있습니다. 지혜가 먼저가 아니라 능력이 먼저입니다. 예수님도 제자들을 파송하면서 이적을 행하며 전도하라고 하셨습니다. 이것이 "능력전도"(power evangelism)입니다.

누가복음 10장에 나오는 네 단계 영혼 추수법은 먼저 평안을 빌고, 교제하고, 능력을 행하고, 복음이 전파되는 것입니다. 어차피 전도는 능력 대결이고 영적 싸움입니다. 사탄의 포로가 된 이들에게 능력 대결만이 그들을 자유롭게 할 수 있습니다.

기도에 응답하신 하나님의 능력을 체험했다면 그 하나님을 더 알고 싶지 않겠습니까? 하나님의 능력을 먼저 체험하는 것이 옳습니다. 백 마디의 말보다 한 마디의 실천이 낫습니다.

"내 말과 내 전도함이 설득력 있는 지혜의 말로 하지 아니하고 다만 성령의 나타나심과 능력으로 하여 너희 믿음이 사람의 지혜에 있지 아니하고 다만 하나님의 능력에 있게 하려 하였노라"(고전 2:4-5). 우리는 하나님의 능력보다 사람의 지혜에 기초하여 전도하려고 하기 때문에 실패했습니다. 성령의 능력은 전도를 위해서 전도자들에게 주어집니다.

"오직 성령이 너희에게 임하시면 너희가 권능을 받고 … 땅 끝까지 이르러 내 증인이 되리라"(행 1:8).

바울은 안식일에 회당에서 능력 있게 설교하였습니다(행 13:16-41). 여기에서 바울이 앙코르를 받았다는 것을 아십니까? 13장 42절에 "사람들이 청하되 다음 안식일에도 이 말씀을 하라"고 나와 있습니다. 그다음에는 온 시민이 거의 다 모여 하나님의 말씀을 들었습니다.

물론 바울은 말라리아에 걸려 심하게 고생하였고, 시기와 조롱과 봉변도 당하고, 돌에 맞아 거의 죽게 되어 성 밖에 버려지는(행 14:19) 일도 당하였습니다.

그래서 이전에 다메섹에서 바울을 부르시면서 주님이 주신 말씀대로(행 9:15-16) 1) 이방인을 위한 택한 그릇이 되고, 2) 이방인들과 왕들 앞에 말씀을 전하게 되고, 3) 그리스도의 이름을 위한 고난을 받게 되는 세 가지 모두가 1차 선교여행을 통하여 그대로 드러나게 됩니다.

성령님의 거룩한 도구가 되기 위하여 성령님의 인도하심을 바라며 예배하고, 성령님이 인도하실 때 순종함으로 안디옥 교회와 같은 교회, 바울과 같은 성도들이 되시기를 축원합니다.

19
인생의 척도를 하나님께

⁸루스드라에 발을 쓰지 못하는 한 사람이 앉아 있는데 나면서 걷지 못하게 되어 걸어 본 적이 없는 자라 ⁹바울이 말하는 것을 듣거늘 바울이 주목하여 구원 받을 만한 믿음이 그에게 있는 것을 보고 ¹⁰큰 소리로 이르되 네 발로 바로 일어서라 하니 그 사람이 일어나 걷는지라 ¹¹무리가 바울이 한 일을 보고 루가오니아 방언으로 소리 질러 이르되 신들이 사람의 형상으로 우리 가운데 내려오셨다 하여 ¹²바나바는 제우스라 하고 바울은 그 중에 말하는 자이므로 헤르메스라 하더라 ¹³시외 제우스 신당의 제사장이 소와 화환들을 가지고 대문 앞에 와서 무리와 함께 제사하고자 하니 ¹⁴두 사도 바나바와 바울이 듣고 옷을 찢고 무리 가운데 뛰어 들어가서 소리 질러 ¹⁵이르되 여러분이여 어찌하여 이러한 일을 하느냐 우리도 여러분과 같은 성정을 가진 사람이라 여러분에게 복음을 전하는 것은 이런 헛된 일을 버리고 천지와 바다와 그 가운데 만물을 지으시고 살아 계신 하나님께로 돌아오게 함이라 ¹⁶하나님이 지나간 세대에는 모든 민족으로 자기들의 길들을 가게 방임하셨으나 ¹⁷그러나 자기를 증언하지 아니하신 것이 아니니 곧 여러분에게 하늘로부터 비를 내리시며 결실기를 주시는 선한 일을 하사 음식과 기쁨으로 여러분의 마음에 만족하게 하셨느니라 하고 ¹⁸이렇게 말하여 겨우 무리를 말려 자기들에게 제사를 못하게 하니라 ¹⁹유대인들이 안디옥과 이고니온에서 와서 무리를 충동하니 그들이 돌로 바울을 쳐서 죽은 줄로 알고 시외로 끌어 내치니라 행 14:8-19

인생의 성공을 재는 자는 무엇이라고 생각하십니까? 많은 땅과 권력을 차지하는 것입니까? 그렇다면 아합과 이세벨 같은 사람입니까? 한때 세상을 호령하던 알렉산더, 나폴레옹이나 히틀러 같은 사람입니까? 아니면 많은 재물을 소유하는 것입니까? 그러면 왜 예수님은 쌓을 곳이 없도록 많이 거두어 저축하고 스스로 만족하고 있던 부자에게 "이 어리석은 자여"라고 하셨습니까? 아더 밀러(Arther Miller)가 쓴 「세일즈맨의 죽음」에서 주인공은 성공적인 세일즈맨이었는데 왜 결말은 자살로 맺고 있습니까? 현대가의 막강한 재력가인 정몽헌 회장은 왜 투신하여 자살했습니까? 그것도 아니면 많은 인기를 얻는 것입니까? 마를린 먼로는 그 많은 인기를 한 몸에 지니고 살았으면서도 왜 35세의 나이에 수면제를 먹고 자살을 했습니까? 인기투표에서 바나바는 예수님보다 더 많은 지지를 받았는데, 그러면 그가 더 성공적인 인생을 살았습니까?

솔로몬은 전도서에서 지혜, 건강, 아름다움, 재물, 권력, 향락 모두를 가졌지만 "헛되고, 헛되며, 헛되고, 헛되니, 모든 것이 헛되다"고 했습니다. 이 모든 것이 기준이 되지 못한다는 것입니다.

심리학, 사회학 용어 중에 "중요한 타인"(significant other)이라는 개념이 있습니다. 한 사람의 인생의 방향이나 삶의 가치에 지대한 영향을 미친 사람을 통칭하는 것입니다. 사람마다 중요한 타인이 있습니다. 사람에 따라 부모, 친구, 교사, 존경하는 인물, 애인, 배우자 등 중요한 타인이 되는 사람은 다양합니다. 중요한 타인과의 상호작용을 통해 자아가 형성됩니다. 일종의 나의 삶의 기준이 되는 것입니다. 여러분에게는 중요한 타인이 누구입니까?

뉴욕 카네기 홀에서 바이올린 연주자가 연주를 마치자 수많은 관중이 기립박수를 보냈습니다. 그런데 연주자는 즉각 인사를 하지 않고 누군가를 찾고 있었습니다. 자신을 사사해 준 선생님입니다. 그가 일어나 활짝 웃으며 박수를 치는 모습을 보고서야 미소를 띠며 관중들을 향해 인사를 했습니다. 연주자에게 중요한 타인은 선생님이었던 것입니다.

제가 목회를 하면서 제일 중요하게 생각하는 것은 하나님의 뜻을 분별하는 것입니다. 하나님을 보지 않고 사람을 보고 하면 목회가 잘못될 수 있습니다. 사람의 인정과 칭찬을 바라면 올무에 빠지게 됩니다. "사람을 두려워하면 올무에 걸리게 되거니와 여호와를 의지하는 자는 안전하리라"(잠 29:25). 베드로가 예수님에게서 눈을 옮겨 물결을 보다가 바다에 빠지는 것과 매한가지입니다. 훈련된 개는 음식의 유혹을 뿌리치기 위해서 주인만을 바라봅니다.

우리는 하나님이 생각하는 나보다 다른 사람이 생각하는 나에 더 관심을 두는 경우가 많습니다. 목회와 설교를 하다 보면 과다하게 칭찬을 하는 사람도 있고, 과도하게 비방하는 사람도 있습니다. 그러나 그것이 목회나 설교의 승패를 좌우하는 것은 아닙니다.

"사람들이 하는 모든 말에 네 마음을 두지 말라 그리하면 네 종이 너를 저주하는 것을 듣지 아니하리라"(전 7:21).

SNS 댓글에 너무 신경 쓰지 마세요. 세상은 천사처럼 일해도 악마처럼 대하기도 하고, 악마처럼 일해도 천사처럼 받들기도 합니다.

본문은 바울이 (이방선교) 1차 선교여행에서 비시디아 안디옥-

이고니온-루스드라-더베까지 갔다가 다시 돌아서 더베-루스드라-이고니온-비시디아 안디옥 그리고 수리아 안디옥 교회로 오는 여정입니다. 그 가운데 루스드라에서 생긴 일을 읽어 보면, 바울은 루스드라에서 천당과 지옥에 떨어지는 경험을 동시에 했습니다. 두 가지 극단적인 반응을 접했습니다. 하늘처럼 높여졌다가 땅바닥에 굴러떨어졌습니다.

바울과 바나바는 루스드라에 들어가자 나면서 걷지 못하는 사람을 만났습니다. 이것은 베드로가 성전에 올라가다 미문에 앉아 있던 걷지 못하는 자를 치료한 사도행전 3장의 기사를 연상시킵니다. 바울이 걷지 못하는 자를 고친 사건은 베드로가 성전 미문에서 걷지 못하는 자를 고친 사건과 평행을 이룹니다. 바울의 사역과 베드로의 사역의 연속성을 보여 줍니다. 바울은 말씀을 전하다가 그 걷지 못하는 자에게 "구원받을 만한 믿음"이 있음을 보았습니다. 여기에서 믿음과 구원이 등식을 이룹니다. 믿음으로 구원을 받는데, 그 믿음이 걷지 못하는 자에게 있었습니다(9절). 바울은 "네 발로 바로 일어서라"라고 성령에 충만하여 외쳤습니다. 그때에 걷지 못하는 자가 일어나 걸었습니다. 이 광경을 본 무리들이 "신들이 사람의 형상으로 우리 가운데 내려오셨다"라고 외치며 바울이 행한 이적으로 인하여 일대 소동이 일어났습니다.

당시 그들은 파르테논 신전을 지어 놓고 여러 그리스 신들을 모시고 있었습니다. 그중에 제일 높은 신은 제우스고, 제우스의 아들이면서 메신저 역할을 하는 신이 헤르메스였습니다. 저들은 키

크고 잘 생긴 바나바를 쓰스(제우스)의 화육이요, 말씀을 전하던 바울을 허메(메신저에 해당하는 헤르메스)의 화육이라고 생각을 했습니다. 제우스는 신들과 인간의 아버지이며, 헤르메스는 제우스의 아들이고 동시에 신들의 사자입니다.

그들은 오비드(Ovid)의 신화(Metamorphoses)를 잘 알고 있었습니다. 과거에 루스드라에 신들이 사람의 모습으로 나타났으나 잘 대접하지 않아 모두 심판을 받았고, 오직 빌레몬과 바오시스 부부만이 환대하여 복을 받아 그 집이 신전이 되고 그들은 제사장이 되었다는 이야기입니다. 이번에는 앞을 다투어 바나바와 바울을 제우스와 헤르메스 신으로 잘 받들고자 제사장과 무리들이 꽃과 황소제물을 가지고 나온 것입니다.

하여간에 사람들은 복음을 듣고, 하나님의 하시는 일을 보아도 다 자기 식대로 해석하고 받아들이는 것 같습니다. 하나님의 복음을 자기들의 신화와 연결시켜서 자기들 편할 대로 생각하고 행동합니다.

오늘날 교회에서 말씀을 들어도 마찬가지입니다. 모두 자기합리화, 자기 좋을 대로 해석합니다. 똑같은 설교를 듣고도 남편이 하는 말이 다르고, 아내가 하는 말이 다르고, 시어머니가 들은 설교가 다르고, 며느리가 들은 내용이 다릅니다. 모두 자기중심적으로 듣기 때문입니다.

복음은 헛된 신화, 잘못된 신화를 깨뜨리는 것입니다. 특별히 자기 신화를 깨뜨리는 것입니다. 삶을 고치고, 생각을 고치고, 말을 고치는 것입니다. 그런데 그들은 자기 신화를 강화하는 것입니다. 말씀을 자의적으로 해석하는 사람들이 그렇습니다.

베드로는 사도행전 3장 12절에서 걷지 못하는 자를 고친 것을 보고 놀라는 무리들에게 "이스라엘 사람들아 이 일을 왜 놀랍게 여기느냐 우리 개인의 권능과 경건으로 이 사람을 걷게 한 것처럼 왜 우리를 주목하느냐"라고 했습니다.

바나바와 바울은 옷을 찢고 무리들에게 소리 지르되 "여러분이여 어찌하여 이러한 일을 하느냐 우리도 여러분과 같은 성정을 가진 사람이라"(행 14:15)고 했습니다. 여기서 "성정"이라는 말은 죄성과 연약성이라는 뜻으로, 우리도 너희와 다름없는 사람이라는 말입니다. 나도 너희와 같은 죄인이요, 구원을 필요로 하는 사람이라는 말입니다. 자신의 한계를 솔직히 인정하는 말입니다.

여기서 망령된 사람 같았으면 그들의 신화 위에 자기 신화를 더 만들었을 것입니다. 세상에는 그런 사람이 많습니다. 하늘 높은지 모르고 바벨탑을 쌓는 교만한 사람, 이단 교주들은 과시하고 자신을 신격화합니다.

헤롯 아그립바 1세 같은 사람은 스스로 신처럼 방자하게 굴다가 죽었습니다. 사도행전 12장 21-23절에 보면, 헤롯이 왕위에 앉아 백성들에게 연설을 할 때에 백성들이 신의 소리요 사람의 소리가 아니라고 추켜올리자 하나님께 영광을 돌리지 않고 신의 영광을 가로채다가 벌레에 먹혀 죽고 말았습니다. 병들어 죽은 신입니다.

세상에서 제일 어려운 것이 앞에서 칭찬하는 사람에게 어떤 표정을 지을 것인가 하는 것입니다. 욕하는 사람에게는 침착하게 잘 대하면 좋은 평을 받지만 칭찬하는 사람에게는 화를 낼 수도 없고, 덩달아 좋아해도 소인임을 드러내기 때문입니다. 칭찬과 교만으로 바울과 바나바를 시험해 본 것입니다.

그런데 그들은 오직 하나님께만 영광을 돌렸습니다. 그리고 자신들의 부족을 고백했습니다. 사도행전 10장 21-26절에서 고넬료가 베드로에게 엎드려 절할 때 베드로가 "일어나시오. 나도 사람이오"라고 했던 것과 같습니다.

오히려 이런 기회에 만물 가운데 살아계신 하나님을 증거하였습니다. 그리고 이렇게 사람을 신격화하는 우상놀음이 "헛된 일"(15절)임을 알려 주었습니다. 사람의 칭찬을 받는 것은 헛된 일이며, 사람을 추앙하는 것도 헛된 일입니다.

바울은 그들에게 행한 선한 일과 은사와 말씀을 통하여 영광받는 것을 옷을 찢으며 거절하였습니다. 옷을 찢는 행위는 하나님 앞에 회개하는 모습입니다. 하나님의 이름으로 행한 일을 통하여 이익을 얻는 것은 하나님의 영광을 가로채는 일입니다. 영광은 오직 하나님께만 올려야 합니다. 바울은 메신저를 더 귀하게 여기는 그들의 관심을 메시지로 돌립니다. 때로 사람들은 목사, 교사, 선교사를 특별한 사람인 양 취급합니다. 말씀을 전하는 사람보다 말씀 자체가 더 귀합니다. 은사를 행하는 사람보다 은사를 주신 분이 더 귀합니다. 그리고 바울은 우주 만물을 만드시고 살아계셔서 우리를 부르시는 하나님에 대하여 짧은 말씀을 전하였습니다.

그러던 차에 비시디아 안디옥과 이고니온에서 유대인들이 루스드라까지 따라와 무리들을 선동하여 악감을 품게 했습니다. 사실 악한 일은 하나도 없는데 바울을 돌로 쳤습니다. 조금 전까지만 해도 천사처럼 받들어졌는데, 이제 상황은 완전히 역전되어 개 취급(짐승)을 받게 되었습니다. 군중들이란 그렇습니다. 거기에 마음을 두시겠습니까? 아니 요사이는 개도 돌로 치면 안 됩니다. 전에는 인간 이상 취급을 하더니 이제는 인간 이하의 대접을 합니다.

이쪽 아니면 저쪽 양 극단입니다. 바울처럼 천사같이 전해도 돌 맞는 경우가 있습니다. 바울은 스데반의 경우를 떠올렸는지도 모릅니다.

세상 군중들은 얼마나 무지한지 천사처럼 전해도 짐승처럼 대우하고, 사기꾼처럼 속여도 영웅시하는 경우가 허다합니다. 바울만 이런 일을 당하는 것은 아닙니다.

예수님도 "호산나 다윗의 자손으로 오시는 이여" 하다가 똑같은 입으로 "십자가에 못 박으소서"(마 21:6-9; 27:20, 22-23) 하는 경우를 당했습니다.

핍박하는 자들도 얼마나 열심히 따라다니면서 방해를 하고 모함을 하고 선동하는지 모릅니다. 저들은 돌에 맞은 바울이 죽은 것으로 생각하고 성 밖에다 버렸습니다. 돌에 맞아 뇌진탕이 걸린 것 같습니다. 바울은 이때의 체험을 고린도후서 11장 25절에("돌로 맞아") 기록하고 있습니다. 만일 바울이 저들을 의지했다면 얼마나 실망을 크게 했겠습니까? 그러나 그는 그렇게 반응하지 않았습니다. 다시 일어났습니다. "일어나"(아나스타스)는 부활의 능력을 뜻하는 단어입니다. 부활을 암시합니다. 다시 일어나 자기를 죽이려던 성에 다시 들어갔습니다. 피하여 도망을 가는 것이 아니라 도리어 성에 들어가서 다른 제자들을 위로하고 권면하며 "우리가 하나님의 나라에 들어가려면 많은 환난을 겪어야 할 것이라"(행 14:22)고 하였습니다. 전에는 교만과 칭찬으로 시험을 해보았는데, 그때는 오직 하나님께만 영광을 돌렸습니다. 이번에는 박해로 시험을 해보았는데 역시 오직 하나님만을 의지하였습니다.

여기서 배운 것은 두 가지입니다. '어떤 상황에서도 믿음을 지키라'와 '하나님 나라를 위해 고난은 필수사항이다'입니다. 바울의 루스드라(Lystra) 사역은 두 가지 상반된 반응을 불러왔습니다. 모든 영광을 스스로 취하도록 유혹하는 것(8-18절)과 바울을 죽이려는 시도(19-28절)입니다. 바울은 사람들의 환호와 경배를 거부하며 옷을 찢고 엎드리는 겸손(우상숭배의 유혹, 자기 우상화 놀음)과 다시 일어나 성으로 들어가 복음을 전하는 물러섬 없는 용기를 보여 주었습니다.

바울은 걷지 못하는 사람을 일으킨 이적을 통하여 신처럼 떠받들어졌습니다. 그럼 바울은 이것을 성공했다고 반기며 좋아했습니까? 아닙니다. 바울은 옷을 찢어가며 그들을 만류하였습니다. 나도 너희와 같은 별 수 없는 인간이라고 말했습니다. 그런 다음 얼마 지나지 않아서 똑같은 사람들에게 마치 개처럼 돌로 맞아 죽게 되었습니다. 그러면 바울은 절망하였습니까? 아닙니다. 다시 일어나 성안으로 들어가 전했습니다. 바울에게는 사람들의 평판이 기준이 아니었던 것이 분명합니다. 바울은 다른 기준이 있었던 것입니다. 그는 추앙을 받을 때에 교만하지 않고 자기의 한계를 고백했고, 돌에 맞았을 때 절망하지 않고 다시 일어나 성에 들어갔습니다.

바울은 사람이나 환경에 의지하지 않고 오직 하나님만을 의지하는 법을 배운 것입니다. 올라갈 때와 내려갈 때, 기쁠 때와 슬플 때, 환영받을 때와 박해를 받는 때, 건강할 때와 병들었을 때, 있을 때와 없을 때, 어떠한 경우에라도 하나님만을 의지하는 법을 배웠습니다.

그가 많은 고난의 학교를 통과하며 배운 진리는 이것입니다.

"형제들아 우리가 아시아에서 당한 환난을 너희가 모르기를 원하지 아니하노니 힘에 겹도록 심한 고난을 당하여 살 소망까지 끊어지고 우리는 우리 자신이 사형 선고를 받은 줄 알았으니 이는 우리로 자기를 의지하지 말고 오직 죽은 자를 다시 살리시는 하나님만 의지하게 하심이라"(고후 1:8-9).

"내가 궁핍하므로 말하는 것이 아니니라 어떠한 형편에든지 나는 자족하기를 배웠노니 나는 비천에 처할 줄도 알고 풍부에 처할 줄도 알아 모든 일 곧 배부름과 배고픔과 풍부와 궁핍에도 처할 줄 아는 일체의 비결을 배웠노라 내게 능력 주시는 자 안에서 내가 모든 것을 할 수 있느니라"(빌 4:11-13).

결국 바울의 사역은 21절 기록대로 이러한 고난을 통하여 더 "많은 사람을 제자로" 삼게 되었습니다.

다시 서론의 질문으로 돌아가 무엇이 바울의 인생척도였습니까? 사람들의 칭찬입니까? 재물입니까? 안락한 생활입니까? 명예입니까? 권력입니까? 하나님이었습니다. 하나님만이 우리 인생을 결산하실 것입니다.

바울의 삶의 기준은 분명합니다.

"그러므로 너희가 그리스도와 함께 다시 살리심을 받았으면 위의 것을 찾으라 거기는 그리스도께서 하나님 우편에 앉아 계시느니라 위의 것을 생각하고 땅의 것을 생각하지 말라"(골 3:1-2).

"위를 보라!" 당신과 내가 받아야 할 훈련입니다. "위에 있는 것에 마음을 쏟아라. 천국에, 성령에, 그리스도에 마음을 쏟아라." 하나님 나라가 유일하며 최고의 소망입니다.

"예수님께 시선을 고정하라. 그러면 세상의 모든 것들이 그분의 빛으로 희미해질 것이요, 아름답게 빛날 것이다."

티모시 존스는 "우리가 인생을 지나 다른 곳을 겨냥할 때에 비로소 합당하게 살 수 있다. 오직 영원만이 우리 삶에 궁극적인 목표를 제공한다"라고 했습니다. 우리는 목표물을 지나(통과하여) 어떤 곳을 지향해야 합니다.

우리 심령과 마음을 위에 있는 것들에 고정하세요. 우리 눈을 보이는 것과 일시적인 것에 고정시키는 것이 아니라 보이지 않으며 영원한 것에 고정시켜야 합니다. 이 세상이 충분하지 않다는 것을 깨달아야 합니다. 천국을 겨냥하세요. 그러면 힘과 탄력을 얻어 세상을 헤치고 나갈 수 있을 것입니다.

하나님은 심판하시는 분, 측량하시는 분, 저울로 재시는 분입니다.

다니엘서에서 벨사살 왕은 성전기물을 가져다가 왕궁에서 술잔치를 베푸는 데 썼습니다. 그때 하나님이 벽에 "메네메네 데겔 우르바신"이라 쓰셨는데 다니엘이 해석한 바 "저울에 달려서 부족하다"(단 5:27)라는 뜻이었습니다(계 6:5 참조). 하나님은 척량하시는 분으로 계시록에 여러 번 나타납니다(계 11장; 21장; 시 62:9).

예수님은 도저히 복 있을 것 같지 않은 것을 복이라고 말씀하셨습니다.

팔복을 보세요. 심령이 가난한 자, 애통하는 자, 의에 주리고 목마른 자, 의를 위해 핍박을 받는 자에게 복이 있습니다. 세상과 다른 기준이 있다는 것입니다. 세상의 가치 기준인가, 하늘의 가치 기준인가? 가변적인 것인가, 영원한 것인가?

대중은 선지자를 죽이고, 예수님을 십자가에 못 박았습니다. 대중의 인기에 영합하고 추구하면 영적으로 쇠퇴합니다.

"사람에게서는 영광을 구하지 아니하였노라"(살전 2:6).

롯은 대중의 인기에 영합하는 신자였고, 아브라함은 대중의 눈에 보이지 않았습니다. 그러나 롯은 위기에 처하고, 아브라함은 그를 구출해 줍니다. 오직 하나님께만 집중해야 합니다. 단일 초점(single focus)으로 "주만 바라볼지라"여야 합니다. "주도 바라볼지라"가 아닙니다.

지금 보이는 결과에 너무 정신을 빼앗기지 않도록, 사람들의 평가에 중심을 잃지 않도록 해야 합니다. 하나님을 의지하면서 하나님의 말씀의 자로 여러분의 삶을 측량해야 합니다. 그래서 하나님 앞에서 "잘 하였도다, 착하고 충성된 종아. 너를 위해 예비된 영원한 상급을 받으라"라는 음성을 들으시기 바랍니다.

20
첫 번째 교회회의

¹어떤 사람들이 유대로부터 내려와서 형제들을 가르치되 너희가 모세의 법대로 할례를 받지 아니하면 능히 구원을 받지 못하리라 하니 ²바울 및 바나바와 그들 사이에 적지 아니한 다툼과 변론이 일어난지라 형제들이 이 문제에 대하여 바울과 바나바와 및 그 중의 몇 사람을 예루살렘에 있는 사도와 장로들에게 보내기로 작정하니라 ³그들이 교회의 전송을 받고 베니게와 사마리아로 다니며 이방인들이 주께 돌아온 일을 말하여 형제들을 다 크게 기쁘게 하더라 ⁴예루살렘에 이르러 교회와 사도와 장로들에게 영접을 받고 하나님이 자기들과 함께 계셔 행하신 모든 일을 말하매 ⁵바리새파 중에 어떤 믿는 사람들이 일어나 말하되 이방인에게 할례를 행하고 모세의 율법을 지키라 명하는 것이 마땅하다 하니라 ⁶사도와 장로들이 이 일을 의논하러 모여 ⁷많은 변론이 있은 후에 베드로가 일어나 말하되 형제들아 너희도 알거니와 하나님이 이방인들로 내 입에서 복음의 말씀을 들어 믿게 하시려고 오래 전부터 너희 가운데서 나를 택하시고 ⁸또 마음을 아시는 하나님이 우리에게와 같이 그들에게도 성령을 주어 증언하시고 ⁹믿음으로 그들의 마음을 깨끗이 하사 그들이나 우리나 차별하지 아니하셨느니라 ¹⁰그런데 지금 너희가 어찌하여 하나님을 시험하여 우리 조상과 우리도 능히 메지 못하던 멍에를 제자들의 목에 두려느냐 ¹¹그러나 우리는 그들이 우리와 동일하게 주 예수의 은혜로 구원 받는 줄을 믿노라 하니라 행 15:1-11(-21)

초대교회의 역사를 보면 교회는 끊임없이 밀려오는 안팎의 시험과 문제들을 잘 대처하여 나아가는 것을 볼 수 있습니다. 내적으로 충만해지면 밖으로부터 시험(핍박)이 찾아오고, 밖으로 양적인 성장을 하게 되면 내적으로 문제(분열)가 생겼습니다. 언제나 잘 나갈 때 조심해야 합니다.

사도행전 6장에 보면 교회에서 구제 문제로 내부에 헬라파 유대인과 히브리파 유대인 사이에 원망이 일어나 교회가 분열될 수 있는 어려운 지경이었습니다. 그러나 사도들이 그 기회에 말씀을 전하는 일과 기도하는 일에 우선순위를 두게 되고, 돕는 집사들을 선정하여 세움으로 슬기롭게 잘 대처해 나간 일도 있었습니다.

이제 복음이 사마리아뿐 아니라 이방인들에게 직접 전파되어 땅 끝까지 이르게 되는 시점에서 새롭게 주님을 믿게 되는 이방인 신자들과 유대인 신자들 간에 구원의 교리에 대한 논쟁이 일어나게 됩니다. 자칫 잘못하면 교회가 유대교회와 이방인교회로 나누어질 수 있는 내적인 위기를 다시 한번 맞이하게 됩니다. 이렇게 교회가 부흥하여 선교의 터를 한 단계씩 넓혀갈 때마다 새로운 문제에 봉착하게 됩니다.

그래서 이 문제를 풀기 위하여 교회 역사상 최초의 공회가 되는 예루살렘 회의로 모이게 됩니다. 바울의 1차와 2차 선교 여행 사이인 주후 49년으로 추정됩니다. 이 처음의 교회회의에서 오늘날 교회와 교단의 각종 회의의 모범을 찾을 수 있습니다. 이 회의를 사도행전 15장은 객관적 입장에서 서술하고 있고, 갈라디아서 2장 1-10절에는 바울의 기록으로 나와 있습니다. 바울은 할례자와 무할례자의 "친교의 악수"를 강조하고, 베드로는 할례자의 사도로, 자신은 무할례자의 사도로 나아감을 말하고 있습니다.

1. 문제를 푸는 회의였습니다

요사이는 교회에서 회의하는 것이 겁이 난다는 말을 듣습니다. 왜냐하면 문제를 만드는 회의를 하기 때문입니다. 회의를 하다가 회의에 빠지게 되는 것입니다. 그들이 당면한 문제는 무엇이었습니까? 그것은 1절과 5절에 나오는 대로 이방 안디옥 교회의 유대로부터 내려온 바리새파 유대인 신자 중에 이방인들이 믿는 것을 보고 "너희가 모세의 법대로 할례를 받지 아니하면 능히 구원을 받지 못하리라"라고 말하고, "이방인에게 할례를 행하고 모세의 율법을 지키라 명하는 것이 마땅하다"라고 가르친 것이 발단이 되었습니다. 그러니까 기독교인이 되기 위해서는 유대인처럼 할례를 받고 율법도 지켜야 한다는 말입니다. 이것은 구약시대에 통용되는 발상입니다. 구약도 선교가 있었지만 구심력적 선교입니다. 밖으로 나가는 것이 아니라 안으로 들어오라는 것입니다. 기독교인이 되려면 유대인같이 되어야 한다는 것입니다. 믿음만이 아니라 할례와 율법이 구원의 필수조건이라는 것입니다. 여기서 '기독교인이 되려면 유대인처럼 귀화해야 하느냐'라는 중대한 문제가 제기되는데, 이것은 '구원을 얻기 위하여 예수님을 믿는 것 외에 부가적인 것이 있느냐'는 기독교의 핵심을 다루는 문제입니다. 구원론에 관련된 중차대한 문제입니다. 예수님이 사도행전 1장 8절에서 말씀하신 선교는 안에서 밖으로 나가는 원심력적인 것인데 말입니다.

 안디옥 교회에 바리새파 유대인과 바울과 바나바 사이에 다툼과 변론이 있었습니다. 여기 다툼은 '스타시스'로 심각한 논쟁을 의미합니다. 안디옥 교회는 이 문제를 해결하기 위해 예루살렘 교회에 바나바와 바울을 보내어 의견을 구하였습니다. 이것은 예루살렘 교회와 사도들의 리더십을 인정하는 안디옥 교회의 신뢰와 겸손의 태도로 볼 수 있습니다. 초대교회는 이 문제를 무시하지 않고 공개적으로 충분한 토의를 하게 됩니다. 바울과 바나바는 구원은 오직 예수 그리스도를 믿음으로 충분하다고 하였습니다. 이방인들이 유대인이 되지 않고도 바로 하나님의 백성이 될 수 있다는 것입니다. 그러나 바리새파 유대인 출신 신자들은 이방인도 유대인들과 마찬가지로 할례를 받아야 하고, 모세의 율법도 지켜야 된다고 주장하여 "많은 변론"이 있었습니다(7절). 만일 바리새파 유대인들이 주장하는 것이 옳다면 바울과 바나바가 전한 것은 반쪽짜리 복음이거나 불완전한 선교입니다.

그래도 교회회의의 분위기를 보면 양측의 의견을 충분히 듣는 회의였고, 서로 다른 의견을 개진하면서도 전혀 인신공격이 없었습니다. 남의 의견을 비판하는 것이 아니라 자신의 의견을 개진하고 있습니다. 회의에서 필요한 것은 경청과 배려의 기술입니다. 처음 교회회의는 근본적으로 서로를 배려하려는 의도가 깔려 있었습니다. 배척하려는 것이 아닙니다. 그리고 상생(Win-Win)의 결정을 지향하고 있습니다. 하나의 결정을 내린 연후에는 다시 재론하는 일 없이 일치하게 다 따르는 것을 볼 수 있습니다. 편견과 이론과 관습을 한 번에 내려놓는다는 것은 보통 어려운 결단이 아닌데 모두 그렇게 했습니다. 그래서 그 회의는 모두에게 유익하였고 그 결정을 듣는 이로 하여금 위로와 기쁨을 주었습니다(30절). 교회가 공개적으로 입장을 표명하여 모든 의혹을 잠재운 것입니다. 이 회의를 기점으로 이방선교가 본격화되는 것을 볼 수 있습니다.

그러므로 오늘날 교단회의를 하다가 교단이 분열되고, 서로 언성을 높이며, 인신공격을 하고, 자기의 의견만 옳고 남의 의견은 듣지도 않으려고 하고, 결정한 사항에 대하여 승복하지 않는 회의 풍토는 교회회의의 전통은 아닌 것입니다.

처음 교회회의는 교회가 분열되지도 않았고, 이방선교가 중단되지도 않았고, 기독교가 유대교의 한 분파로 남지도 않았다는 데 큰 의의가 있습니다.

2. 원칙이 있는 회의였습니다

말씀의 원리, 성령의 원리, 은혜의 원리, 사랑의 원리에 입각한 회의였습니다. 이 회의를 통하여 무엇이 복음의 본질이며, 무엇이 부수적인 것인가를 확실히 구별해 주었으며, 결과적으로 복음을 더 확실히 전해 주는 유익한 회의였습니다. 복음의 핵심에서 군더더기와 불순물을 정제하는 계기가 되었습니다.

많은 의견의 개진이 있은 후에 베드로가 일어나서 자신의 경험을 간증하면서 그 문제에 대한 하나님의 뜻을 드러내고 있습니다. 베드로가 경험한 고넬료 백부장의 회심기사는(행 10:1-11:18) 베드로가 바리새파 유대인 신자들과 똑같은 관점에서 어떻게 변하게 되었는가를 보여 주는 실제적인 예입니다. 이방인들도 오직 주 예수의 은혜로만 구원받게 하시는 것이 하나님의 뜻이라는 것입니다.

교회의 회의는 하나님의 뜻을 찾아가는 것입니다. 하나의 신학적인 결론을 내리고 증거를 수집하는 식이 아니라 성령님이 일으키신 사건을 추적하여 하나님의 뜻을 발견하는 것입니다. 이것은 다수결의 원리나 합리성에 입각하는 것이 아니라 하나님이 보여 주시고 역사하시는 대로 따라가는 것입니다. 그래서 이 문제에 대하여 예루살렘 회의는 투표로 결론을 짓지 아니합니다. 회의는 일방적 강요와 설득이 아니라 참석자 전원의 동의와 만장일치(26절)를 이끌어 내는 방식으로 진행되었습니다. 하나님의 뜻을 따르는 방향으로 결론이 났습니다.

베드로는 십 년 전쯤 있었던 고넬료의 회심 사건을 상기시키며 성령님이 하시는 일을 설명합니다. 개인의 변화가 교회의 변화로 이어집니다. 과거의 경험이 현재를 변화시키지 못한다면 아무 소용이 없습니다. 베드로의 발언은 이방인 선교는 하나님의 뜻이며, 하나님은 외모보다 마음을 살피시는 분이고, 외적인 할례보다 내면의 믿음을 원하신다는 것을 말해 줍니다. 하나님은 이방인이나 유대인이나 차별 없이 동일한 성령으로 역사하시고 동일하게 깨끗케 하시고 동일하게 예수의 은혜로 구원받게 하십니다(행 15:7-11). 즉 이방인도 있는 그대로 하나님께서 성령의 역사와 깨끗케 하시는 역사와 구원의 역사를 동일하게 일으키신다는 것입니다. 유독 "동일하게"를 강조하고 있습니다. 그리고 하나님이 뜻을 분명히 밝히신 상황에서 이런 문제를 계속 제기하는 것은 "하나님을 시험"하는 것(행 15:10)이라고 말합니다. 하나님의 사역을 부정하는 일이 됩니다. 예수님이 십자가에서 하신 일이 불충분하다고 말하는 것이 됩니다. 그것은 예수님에게서 성취된 구속의 역사의 시곗바늘을 거꾸로 돌리는 것이 됩니다. 조상들도 우리도 어려웠던 '멍에'를 왜 새로운 이방 신자들에게 씌우려고 하느냐는 배려의 발언도 있었습니다. 유대신자와 이방신자 간의 유대감을 강조하는 말입니다. 하나님은 "차별"(9절)하지 않는다는 말도 했습니다. 참으로 감동적인 말입니다. 우리에게는 근본적으로 같은 것이 있습니다. 다른 것 가운데도 일치되는 공감대를 찾아가는 노력이 나옵니다.

그러자 안디옥 교회에서 온 바울과 바나바는 자신들의 안디옥 교회 사역과 이방선교 여행의 기사들을 소개하며 이방인들에 대한 하나님의 역사를 생생하게 전하였습니다(12절). 이 문제에 대한 해답을 얻기 위하여 안디옥 교회로부터 보냄 받은 이들은 사도들이 있는 예루살렘 교회의 권위를 인정하고 안디옥 교회 대표로서 이 회의에 참석하고 있는 중입니다. 그들은 전송을 받고 이곳에 오는 길에도 쉬지 않고 베니게(페니키아)와 사마리아에 들러 복음을 전했습니다(3절).

바울과 바나바의 말이 끝나자 예루살렘 교회 감독이었던 야고보가 결론적인 발언을 합니다. 그는 먼저 앞에 발언한 시므온(시몬 베드로)의 경험과 하나님의 예언의 말씀이 일치된 것을 증언함으로 말문을 엽니다. 베드로가 말한 고넬료의 체험은 우연한 일이거나, 예외적으로 일어난 경우이거나, 하나의 개인적 경험에서 끝나지 않고, 구약 아모스 9장 11-12절에 예언된 말씀이 응한 것이라는 해석입니다. 이스라엘을 일으키시고 그 남은 자들과 이방인들을 모아 주님을 찾게 하시는 일이 지금 일어나고 있다는 것입니다. 사건을 통하여 하나님의 뜻을 분별하고 있는 것입니다. 그 사건에 대한 말씀의 근거를 찾았습니다. 하나님의 구원 계획은 유대인뿐 아니라 이방 만백성을 구원하는 데 있다는 구원의 보편성을 말합니다. 이렇게 야고보는 말씀에 합하는 결정을 이끌어 냈습니다(15절). 그리고 성령님이 함께하는 결정을 하고자 했습니다. 이러한 사항을 편지 문건으로 만들어 보낼 때 "성령과 우리는"(28절)이라고 표현하여 성령님이 주도하시는 가운데 내려진 결정이라고 말하고 있습니다.

다만 야고보는 이방인들도 이미 유대인들의 관습과 의식을 잘 알고 있으므로 신앙의 권면과 성도 안에서 서로의 교제를 위하여 유대인들이 꺼리는 것은 스스로 삼가도록 요청을 했습니다. 이것은 구원을 위한 조건이 아니라, 신앙의 양심과 사랑의 동기에서 자발적으로 해주기를 바라는 자신의 견해를 반영한 것입니다. 그리고 유대인 신자들에게는 "하나님께로 돌아오는 자들을 괴롭게 하지 말고"(19절)라고 했습니다. 율법과 할례를 강요하지 말자는 말입니다. 유대인의 기득권을 완전히 내려놓은 것입니다. 유대인과 이방인 신자들에게 각자의 할 일을 주문하고 있는 것입니다. 서로의 원만한 교제를 위하여 이방인 신자들에게는 "우상의 더러운 것과 음행과 목매어 죽인 것과 피를 멀리하라"(20, 29절)고 했습니다. 유대인들에게 거슬리는 이방인의 관습 가운데 그런 것을 피하면 서로 교류하는 데 아무런 걸림돌이 없다는 것입니다. 이방인도 유대인을 배려해야 합니다. "이에 스스로 삼가면 잘되리라 평안함을 원하노라"(29절). 구원은 은혜로 받지만 남을 배려하는 행동은 평안함을 줍니다. 감정상의 문제를 잘못 다룸으로 원칙으로까지 논쟁이 비화되는 경우가 있습니다. 이방인들도 모세의 율법을 들어 알고 있기 때문에 유대인들이 무엇을 꺼리는지 이미 알고 있다는 것입니다(행 15:21). 여기에서 복음과 관습(문화)을 구분하고 있습니다. 본질과 비본질적인 요소를 구분하고 있습니다.

그러나 분명한 것은 구원을 위하여 예수의 은혜 외에 어떤 지식이나 율법이나 할례를 조건으로 하지 않았습니다. 오직 은혜를 믿음으로만 구원을 받는다는 진리를 확인하게 된 것입니다. 구원은 율법의 신학이 아니라 은혜의 신학입니다. 이것은 유대인과 이방인 모두에게 적용되는 것입니다.

3. 긍정적인 회의였습니다

교회회의는 하나님의 성령의 역사를 믿음으로, 은혜로 받아들이게 하면서도 사람들에게 인위적인 어떤 짐이나, 멍에나, 괴로움을 주지 말라는 것이었습니다. 약한 자들이 넘어질 수 있는 걸림돌들을 제거하는 회의였습니다(19, 24, 28절). 율법주의자들은 모이면 새로운 규례와 조문을 만들어 자꾸만 짐을 지우는 일을 했습니다. 이러한 어려움을 잘 아는 저들이라 베드로는 자신들도 지기 어려운 멍에를 이방인들에게도 지게 하는 것은 하나님을 시험하는 일이라고 말했습니다(10절).

회의에서 발언한 베드로, 바나바와 바울, 야고보 모두 유대인이었지만 이방인을 배려한 발언을 하였고, 그런 결정을 찾아갔습니다. 진취적으로 미래를 향하여 나아가는 열린 회의였습니다. 가치지향적인 선택을 함으로 블루오션을 열었습니다. 이방인들이 함께 생명의 은혜와 구원을 받는 것을 보고 못마땅하게 여기며 무엇인가 텃세를 하려고 하는 사람들은 다툼을 일으키지만, 이방인들의 구원을 보고 하나님의 심정을 가지고 하나님의 기쁨에 동참하여 크게 기뻐하는 사람들은 저들을 격려하고 기쁨의 선물(결정)을 보내게 됩니다. 그래서 교회가 함께 기뻐하는 가운데 이 문제가 오히려 교회의 유익이 되고, 앞으로 이방선교의 큰 장을 열게 되며, 성령님의 역사가 계속하여 나타나게 됩니다.

예루살렘 교회는 바울과 바나바 편에 편지를 써서 안디옥 교회에 보내면서 유다와 실라도 예루살렘 교회의 사신들로 함께 보내어 저들을 위로하고 해명하도록 했습니다. 결과적으로 교회와 성도 사이에 평안이 임하게 됩니다(29, 33절).

예루살렘 교회와 안디옥 교회가 일치하는 회의였고, 세계 교회로 발돋움하는 건설적인 회의였습니다. 이렇게 하여 기독교는 세계 종교가 되었습니다. 바울의 2차 선교 여행의 지경은 더욱 넓혀지게 되었습니다. 그리고 이방인 사도로서의 바울의 위상이 확고해지는 계기가 되었습니다.

21
한밤중의 노래

¹⁹여종의 주인들은 자기 수익의 소망이 끊어진 것을 보고 바울과 실라를 붙잡아 장터로 관리들에게 끌어 갔다가 ²⁰상관들 앞에 데리고 가서 말하되 이 사람들이 유대인인데 우리 성을 심히 요란하게 하여 ²¹로마 사람인 우리가 받지도 못하고 행하지도 못할 풍속을 전한다 하거늘 ²²무리가 일제히 일어나 고발하니 상관들이 옷을 찢어 벗기고 매로 치라 하여 ²³많이 친 후에 옥에 가두고 간수에게 명하여 든든히 지키라 하니 ²⁴그가 이러한 명령을 받아 그들을 깊은 옥에 가두고 그 발을 차꼬에 든든히 채웠더니 ²⁵한밤중에 바울과 실라가 기도하고 하나님을 찬송하매 죄수들이 듣더라 ²⁶이에 갑자기 큰 지진이 나서 옥터가 움직이고 문이 곧 다 열리며 모든 사람의 매인 것이 다 벗어진지라 ²⁷간수가 자다가 깨어 옥문들이 열린 것을 보고 죄수들이 도망한 줄 생각하고 칼을 빼어 자결하려 하거늘 ²⁸바울이 크게 소리 질러 이르되 네 몸을 상하지 말라 우리가 다 여기 있노라 하니 ²⁹간수가 등불을 달라고 하며 뛰어 들어가 무서워 떨며 바울과 실라 앞에 엎드리고 ³⁰그들을 데리고 나가 이르되 선생들이여 내가 어떻게 하여야 구원을 받으리이까 하거늘 ³¹이르되 주 예수를 믿으라 그리하면 너와 네 집이 구원을 받으리라 하고 ³²주의 말씀을 그 사람과 그 집에 있는 모든 사람에게 전하더라 ³³그 밤 그 시각에 간수가 그들을 데려다가 그 맞은 자리를 씻어 주고 자기와 그 온 가족이 다 세례를 받은 후 ³⁴그들을 데리고 자기 집에 올라가서 음식을 차려 주고 그와 온 집안이 하나님을 믿으므로 크게 기뻐하니라 행 16:19-34(빌 4:6-8)

어떤 사람은 신앙생활을 하면 모든 일이 자기가 원하는 대로 잘 풀릴 거라고 기대할지 모릅니다. 그러나 신앙생활의 본질은 나의 뜻을 이루는 것이 아니라 하나님의 뜻을 이루는 것입니다. "내 뜻

대로 마옵시고 아버지 뜻대로 되기를 원하는 생활"입니다. 그래서 내 소원을 이루어 달라고 기도하다가 하나님의 소원을 이루는 제가 되게 해달라고 기도하게 됩니다.

바울은 2차 선교여행을 떠나기 직전에 '요한이라는 마가를 동반하느냐'는 문제로 바나바와 다투었습니다. 바울의 뜻대로 바나바가 마가를 동행하자는 의견을 철회하든지 아니면 최소한 지금까지 지내던 우정을 생각해서라도 잘 타협하여 문제를 매듭짓는 것이 바울의 바람이었습니다. 그러나 결과는 심히 다투고 서로 헤어지게 되었습니다. 바나바는 마가를 데리고 구브로로, 바울은 실라를 데리고 수리아로 각각 떠나게 되었습니다. 사명을 가지고 간다지만 인간적으로는 아픔을 가지고 있었을 것입니다. 바울의 뜻대로 되지 않았습니다.

16장 6절을 보면 바울은 선교 행로를 놓고 다시 한번 갈등하게 됩니다. 바울은 아시아로 가기 위해 노력했는데, 성령께서 막으시므로 부르기아와 갈라디아를 지나 무시아에서 다시 북쪽 비두니아 쪽으로 가려고 합니다. 하지만 "예수의 영"이 허락하지 않으셔서 하는 수 없이 서쪽 드로아 항구로 나아갔다가 마게도냐 사람이 환상 중에 도와 달라고 부르는 음성을 듣고 그동안 아시아로 가려던 노력을 다 접어두고 배를 타고 마게도냐 빌립보에 들어갑니다. 이렇게 "성령", "예수의 영", "마게도냐 사람의 부름" 등 3번의 인도하심으로 인해 자신이 계획하고 바라던 선교 일정과 방향이 송두리째 바뀌게 되었습니다(행 16:6-12). 이것도 바울의 뜻대로 되지 않은 것입니다.

역사학자들은 기독교가 서구의 물질문명을 찬란하게 이룩하는 데 결정적인 공을 세웠다고 말하는데, 서구 기독교에서 결정적인 역사의 분기점은 바울이 아시아로 가지 않고 드로아에서 유럽으로 발길을 옮긴 것에 있습니다. 만일 그가 아시아에 복음을 먼저 전했다면 오늘날 세계 역사는 완전히 달라졌을 것입니다. 이런 점에서 저도 안타까움을 금할 수 없습니다. 만일 천국에 가서 바울 선생님에게 물어본다면 "내 책임이 아니야. 그렇지 않아도 나도 아시아에 먼저 가려고 여러 차례 노력을 했는데 성령님이 막으셔서 유럽으로 발길을 돌렸으니 하나님한테 물어봐"라고 말할 것입니다. 한 전도자의 발길이 역사를 이렇게 바꿀 수 있다는 것은 오늘날 우리의 전도와 하나님을 믿는 삶이 앞으로 어떤 엄청난 영향을 미칠 것인가를 충분히 예고하고도 남습니다.

동역자 바나바와의 일도 바울 뜻대로 된 것이 아니고, 선교지를 정하는 문제도 그의 뜻대로 되지 않았고, 선교지 빌립보의 상황도 그가 원하던 바가 아닙니다. 빌립보에서 바울은 귀신 들린 소녀를 고쳐 주고 생명의 복음을 전했습니다. 그 소녀의 경우는 강신 무당에 해당하는데 점을 쳐주고 복채를 받아 주인에게 짭짤한 재미를 주는 신통한 무당이었습니다. 그녀는 바울의 일행이 나타나자 귀신같이 알아보고 "이 사람들은 지극히 높은 하나님의 종으로서 구원의 길을 너희에게 전하는 자라"(17절)고 했습니다. 예수님도 귀신들에 의해 하나님의 아들이시오, 죄를 멸하기 위해 오신 분이란 사실이 증거되기도 했지만, 바울도 귀신들에 의해 인정받는 하나님의 종이었습니다. 바울은 귀신 들린 소녀에게 권세 있는 "예수님의 이름"으로 "이 귀신아 그 소녀에게서 나오라"고 했습니다. 그 소녀는 즉시 정상 상태로 돌아가고 여러 가지 정황으로 보아 신자가 되었음이 확실합니다. 그런데 이 사건은 여기에서 끝나지 않습니다. 점치는 귀신 들린 소녀를 통해 돈을 벌어들이던 주인들이 수입이 끊기게 되자 바울과 실라를 잡아서 관할 경찰서로 끌고 간 것입니다. 귀신을 쫓아 주고 소녀에게 건강한 삶을 선물한 것은 너무나 잘한 일로 칭찬과 존경과 환영을 받아야 마땅합니다. 최소한 미움받을 일은 아닙니다.

예수님도 군대 귀신 들린 사람을 고쳐 주고도 돼지 떼가 바다에 몰살한 일 때문에 마을 어귀에서 문전박대를 받고 돌아가신 일이 있었는데(눅 8:37) 비슷한 경우입니다. 원래 하나님께서 사람은 사랑을 받고, 물질은 쓰임을 받도록 하셨는데, 비도덕적인 세상은 거꾸로 사람은 이용하고, 물질(돈)을 사랑합니다. 주인들에게는 영혼 구원보다 수입이 더 중요했습니다.

신앙적인 것이 경제적인 것과 타산이 맞지 않을 때도 많이 있습니다. 지금의 경우 귀신은 나갔는데, 그들의 비즈니스는 엉망이 되었습니다. 그래서 세상적인 안목으로는 신앙생활이 이해타산이 맞지 않는 손해 보는 일 같습니다. 그래서 선뜻 신앙생활하기가 어렵습니다.

그런데 그 소녀를 이용하여 큰 이익을 챙기던 사람들이 자기들의 수입원이 끊기게 됨에 대하여 반발을 하게 된 것입니다. 그러나 명분은 수입이 없어진 것에 대한 것이 아니고 소란을 일으키고 풍기를 문란하게 한다는 이유였습니다. 주인들은 여종이 귀신 들린 처지를 이용하여 돈을 벌다가 수익이 끊긴 것을 고소하지 않고 (인색하고 무자비한 사람이라는 인상을 줄까 봐. 재미있는 것은 체면 문제가 이 장에 많이 부각됩니다. 종의 주인, 죄수가 도망간 줄 알고 자결하려고 했던 간수, 방면했을 때 바울이 상관들이 와서 직접 말하라고 한 일 등) 자기들의 욕심을 감춘 채 마치 빌립보 성의 풍기를 염려하는 문화인처럼 행세를 하며 과대 과장하고 거짓으로 모함하면서 성을 소란케 하고, 미풍양속을 해친다고 고발했습니다.

    이번에는 사람들에게 모함을 받아, 옷이 찢겨 벗겨지고 죽지 않을 정도로 매를 맞고 (아마 40에 하나 감한 39대의 매를 맞고) 지하 동굴 깊숙한 감옥에 발에 족쇄를 차고 갇히게 되었으니 이 또한 바울이 원하는 일이 아닐 것입니다. 정말 억울한 일이지요.

    솔직히 말해 하나님의 사람이라고 하는 바울에게, 더구나 복음을 전하기 위해 애쓰는 바울에게 되는 일은 하나도 없고 안 되는 일만 연속되는 것 같습니다. 이쯤 되면 믿음 좋은 사람도 불평을 할 것입니다. "왜 나에게 이런 어려움을 주시는가?" "내가 이곳에 오지 않겠다고 했는데 굳이 가라고 하시더니 결국 매 맞게 하려고 그랬나?" "내가 무엇 잘못한 것이 있단 말인가?" 그런데 본문 어디에도 이런 불평은 없고 도리어 지하 감방에서 기도하고 찬송을 하였다고 하니 어찌 바울이 제정신입니까? 지하 감방의 깊은 밤보다 더 깊은 절망의 수렁으로 빠져들어 가는 것이 보통 사람의 반응일 터인데…. 우리는 춥고, 어둡고, 딱딱한 지하 동굴 대신 따뜻하고 푹신한 침대에 누워서도, 온몸에 상처가 나도록 매질을 당하는 대신 갖은 오일과 화장품으로 마사지를 하고서도, 발목을 조여 움직이지도 못하게 족쇄를 채우는 대신 온갖 용도에 맞추어 가볍고 부드럽고 보기 좋은 신발을 신어도 찬송은커녕 불평만 나오는데…. 그러나 바울과 실라는 한밤중에 기도하고 찬송을 부르기 시작하는데 온 죄수들의 귀에 우렁차게 울렸습니다.

여기에서 제가 이야기하고 싶은 것은 이것입니다.

바울의 태도는 오늘날 사회적 통념을 깨는 것입니다. 사회적 통념은 감정이 행동을 지배한다는 것입니다. 대중매체의 심리학은 인간의 감정에 지나치게 의존하고 있습니다. "느낌이 좋으면 그것을 하라"고 말하고 있습니다. "감정에 솔직하라"고 말합니다. 그래서 세상이 감각적인 문화에 지배를 받고 있습니다. 이성 없는 짐승이 되어가고 있습니다. 감성문화가 지배하는 상황에서는 의지적, 지성적 행동을 찾아보기 어렵습니다. 직장도 잃고, 수입도 줄고, 가진 것도 없고, 원하는 대로 되지 않으면 기분이 좋을 리 없습니다. 그래서 점점 더 우울해집니다. 부부 관계에서도 그렇습니다. 서로가 상처를 주고, 실망을 안겨 주니, 사랑할 기분이 나지 않고 그래서 더 관계가 멀어집니다. 그래서 더욱 비참한 기분이 듭니다. 모든 것이 귀찮고, 포기하고 싶고, 절망적으로만 보입니다. 우울증과 영적 침체에 빠지기 쉽습니다. 기분이 저조한 상태에서 인생을 분석해서는 안 됩니다. 그것은 정서적인 자살 행위입니다. 신경증 환자는 사상누각을 짓고, 정신병 환자는 그곳에 살고, 정신과 의사는 그 집의 집세를 받는다고 합니다.

바울과 같은 상황에 처하면 어떻습니까? 불평이나 절망이 나오고, 노래하거나 기도할 기분이 아닐 것입니다. 그러나 사람의 감정도 중요하지만 사람은 감정 이상입니다. 사람은 사고하고, 느끼고, 욕망하고 행동합니다. 감정은 그중 하나입니다. 인간은 지, 정, 의를 동시에 가지고 있습니다. 한 가지 분명한 사실은 "문제는 피할 수 없지만 비참해지는 것은 선택할 수 있다"는 사실입니다. 감정이 행동에 영향을 미친다고 우리는 믿어왔습니다만 이제는 더 적극적으로 행동이 감정에 긍정적인 영향을 줄 수 있다는 사실을 알아야 합니다. 말하자면 노래할 기분이 아니지만 노래함으로 기분이 좋아질 수 있습니다. 기도할 기분이 아니지만 기도함으로 힘을 얻을 수 있습니다. 부정적인 감정에도 불구하고 긍정적인 행동을 취하면 내 감정이 바뀌어서 긍정적인 영향을 줄 수 있습니다. 그러므로 어떤 상황에서든지 '이 상황에서 취할 수 있는 가장 긍정적인 행동이 무엇인가?'를 물어야 합니다.

긍정적인 행동의 힘을 믿어야 합니다.

예를 들어, 오늘 교회에 나오고 싶지 않은 감정 상태를 지니고 있을 수 있습니다. 그래도 감정에 따라 살았다면 지금쯤 '감정의 눈덩이'는 점점 부풀려져 당신을 더 침체 상태로 몰아가고 있을 것입니다. 그런데 교회에 나오고 싶지 않았던 마음을 박차고 교회에 나오는 행동을 선택합니다. 그리고 오늘 이 메시지를 듣습니다. 교우들을 만납니다. 기도하고 찬송합니다. 그러는 동안 내 마음은 새로운 희망으로 들뜹니다. 그래서 "교회에 나오길 잘했지!"라고 스스로 말합니다. 이것이 긍정적인 행동의 힘입니다. 아침에 침대에서 일어나고 싶은 느낌이 들 때까지 누워 있었다면 허리에 욕창이 생긴 사람이 꽤 많을 것입니다. 감정에 거슬러 행동을 먼저 하고 보면 잘했다는 느낌이 드는 것입니다.

감정에 따라 살지 말고 행동으로 감정을 다스려야 합니다. 의지는 엔진이고 감정은 화차입니다. 의지가 감정을 이끌어야 합니다. 실망스럽고, 상처받고, 좌절하고, 비참함을 느끼지만 이런 감정이 우리의 행동을 통제하도록 내버려 두어서는 안 됩니다. 오히려 빌립보서 4장 8절에 언급된 대로 "무엇이 최선인가?", "무엇이 옳은 일인가?", "무엇이 사랑하는 것일까?", "무엇이 좋은 것일까?" 물으면서 적극적인 행동을 할 때 기쁘고 감사한 마음의 평강을 누리게 됩니다. 염려스러운 모든 문제를 치유하고 올바른 방향으로 가는 길이 열립니다.

빅터 프랭클도 「죽음의 수용소」에서 감정이 행동을 유발하게 하지 말고 행동이 감정을 통제하도록 하라고 했습니다. 포로수용소에서 다른 사람들을 위로하고, 빵을 나누고, 악조건 속에서도 긍정적인 행동을 선택한 사람들은 자신들을 위한 삶의 의미를 발견하였고, 동료 수감자들의 감정과 태도에 긍정적인 영향을 미쳤습니다.

다윗의 많은 시편은 고난과 환란 중에 부른 노래입니다. "내 영혼아 네가 어찌하여 낙심하며 어찌하여 내 속에서 불안해 하는가 너는 하나님께 소망을 두라"(시 42:5). 이렇게 노래하는 사이에 상한 감정도 치유가 됩니다. 바울도 많은 옥중서신을 "찬송하리로다"로 시작합니다. 이들이 부른 찬송은 모르긴 해도 "오직 하나님 한 분만으로", "주님, 당신의 뜻이라면", "무슨 은혜를 주시려고" 이런 내용이었을 것입니다. 이것이 건강한 자화상을 가진 신자들이 가지는 정서적으로 건강한 영성입니다.

하나님은 도대체 누구시길래 이 밤중에도 노래하게 하시는가? "나를 지으신 하나님은 어디 계시냐고 하며 밤에 노래를 주시는 자가 어디 계시냐고 말하는 자가 없구나"(욥 35:10). 하나님은 밤도 가져다주지만 노래도 가져다주십니다. 손발이 다 묶여 있으니 무슨 행동을 할 수 있겠습니까? 입으로 기도하고 찬송하는 것밖에 없지요. 그러나 고난 중에 부르는 이 찬송은 강한 힘이 있습니다. 마음을 울리고, 영혼을 울리고, 간수들과 죄수들의 마음을 움직이는 감동적인 것이었습니다. 성도는 보는 바 대로 살지 않고 믿은 바 대로 살고, 보는 것으로 하지 않고 믿는 것으로 합니다. 고난 중에 부르는 찬양은 강한 힘이 있습니다. 가슴을 울리는 찬양, 영혼을 울리는 찬양, 간수와 죄수들이 단순히 귀로 듣는 것이 아니라 그들의 마음을 감동시키고 눈에서 눈물이 솟구치도록 하는 찬양이었을 것입니다. 그리고 그들에게 갈증을 일으켰을 것입니다. 도대체 "저들의 하나님이 누구시길래 이 밤중에도 찬양하게 하는

가?" 의문이 들었을 것입니다. 이 찬송과 기도는 주님과의 교제를 강화시켜 주고, 감옥의 터에 큰 지진이 일으키고, 모든 매인 것들을 풀었습니다. 아마 지진도 하나님께서 그들의 찬송에 발을 맞추셨기 때문에 일어났을 것입니다. 지진이 일어나고 모든 결박이 풀어지는 것은 어찌되었든 바울과 실라의 기도와 찬송에 하나님이 응답을 하신 것입니다. 찬송은 자연도, 인간의 마음도, 세상의 사슬도, 근심과 걱정과 아픔도 다 풀어지게 만듭니다.

간수는 자다가 깨어 옥문이 열린 것을 보고 죄수가 도망간 줄 알고 칼을 빼어 자결하려고 했습니다. 여기 하나님을 믿는 사람과 믿지 않는 사람의 극명한 차이가 나옵니다. 하나님의 사람들은 극심한 오해와 고난 중에도 하나님께 기도하고 찬송하지만, 세상의 사람들은 불행이 닥치면 자신의 목숨을 끊음으로 벗어나려고 합니다. 바울은 크게 소리 질렀습니다. "우리가 다 여기 있노라." 간수는 불을 밝히고 그들에게 뛰어왔습니다. 그리고 바울을 결박하고 때리던 간수가 마음이 녹아져 바울과 실라 앞에 무릎을 꿇고 "선생들이여 내가 어떻게 하여야 구원을 받으리이까"라고 고백합니다. 간수가 감동체험을 한 것입니다. 수없이 많은 죄수들을 다루어 보았지만 저런 사람은 처음이었을 것입니다. 그들의 찬송과 기도가 가슴을 파고들었을 것입니다. 모두 다 도망칠 수 있는 상황인데, 그곳에 남아 있는 저들은 분명 다른 것이 있었습니다. 죄수가 탈옥을 하면 책임을 지고 처형을 받을 처지인데, 도망가지 않고 남아 있어 목숨을 부지하게 되었기 때문에 생명의 은인이라는 생각도 들었을 것입니다. 사람을 변화시키고 마음을 움직이는 힘은 감동밖에 없습니다. 여기 바울이 자유인이고 간수가 죄인이 된 기분입니다. 누가 진정 자유인입니까? "주 예수를 믿으라 그리하면 너와 네 집이 구원을 받으리라"(31절). 구원을 위한 처방은 오직 예수를 믿는 것입니다. 그 밤에 간수와 그의 가족 모두가 예수님을 영접하고 세례를 받았습니다. 이것은 사도행전에서 나오는 가족 전체가 구원된 세 번째 기사입니다(10:33 고넬료 가족, 16:14 루디아 가족, 33절 간수 가족, 18:8 그리스보 가족). 간수는 바울과 실라의 상처를 씻어 주고, 바울은 저들의 죄를 씻어 주고, 함께 먹고, 크게 기뻐했습니다.

긍정적인 행동이 관계를 치유합니다. "미운 놈 떡 하나 더 주라"는 말이 있습니다. 떡 하나 더 주는 긍정적인 행위가 미운 놈을 예쁘게 보이게 합니다. 원수를 축복하고 기도해 주면 용서할 마음이 생깁니다.

서두에 소개한 바울의 경우 세 가지가 모두 바울의 뜻대로 되지 않았지만 바울은 주어진 상황에서 긍정적인 행동을 취함으로 말미암아 이전보다 더 많은 지역을 선교하게 되었습니다. 다른 동역자 누가와 실라를 대동하고 더구나 루스드라에서는 젊고 촉망되는 디모데를 동역자로 세웠으며, 마게도냐 빌립보에서 루디아와 온 집을 선교하여 그 집에 빌립보 교회가 탄생하게 되었습니다. 게다가 지하 감옥에서 간수와 가족들을 구원하게 되었습니다. 빌립보 개척교회에는 루디아뿐 아니라 귀신 들렸던 소녀 그리고 간수의 가족들이 함께했을 것입니다. 빌립보서 1장 12-13절은 말씀합니다. "형제들아 내가 당한 일이 도리어 복음 전파에 진전이 된 줄을 너희가 알기를 원하노라 이러므로 나의 매임이 그리스도 안에서 모든 시위대 안과 그 밖의 모든 사람에게 나타났으니." 성경은 믿는 자들에게 문제가 없음을 약속하지 않습니다. 그러나 문제를 이길 수 있는, 오히려 더 좋은 열매를 맺을 수 있는 길을 약속하고 있습니다. 그것은 느낌에 의해서가 아니라 행동에 기초해서 살아갈 때입니다. 믿음은 긍정적인 행동의 능력을 약속합니다. 우리의 신앙생활도 자주 감정에 얽매이는 것을 봅니다. 그러나 적극적이고 긍정적인 믿음의 행동이 우리의 감정을 긍정적이고 적극적인 믿음에 서 있도록 변화시킵니다. 적극적이고 긍정적인 행동이 감정과 인간관계까지도 적극적이고 긍정적으로 변화시킵니다.

감옥에서 나오는 길에 바울은 무엇이라 했겠습니까? '하나님, 저 간수와 죄수들을 구원하기 위해 저를 그곳으로 보내셨군요. 그런데 맞은 곳이 너무 아파요.' '아니지, 우리를 구원하시기 위해 예수님이 당하신 그 채찍과 조롱과 가시관과 십자가의 고난을 생각하면, 제가 십자가의 고난에 동참케 하심을 감사합니다.' 충분히 바울은 이러고도 남았을 것입니다. 그러므로 루디아 집과 교회에 가서 형제들을 위로할 수 있었습니다.

어려운 시기에도 찬양하면 영혼 추수의 기쁨을 주십니다. 이것이 변장된 축복입니다.

22
알지 못하는 신

¹⁶바울이 아덴에서 그들을 기다리다가 그 성에 우상이 가득한 것을 보고 마음에 격분하여 ¹⁷회당에서는 유대인과 경건한 사람들과 또 장터에서는 날마다 만나는 사람들과 변론하니 ¹⁸어떤 에피쿠로스와 스토아 철학자들도 바울과 쟁론할새 어떤 사람은 이르되 이 말쟁이가 무슨 말을 하고자 하느냐 하고 어떤 사람은 이르되 이방 신들을 전하는 사람인가보다 하니 이는 바울이 예수와 부활을 전하기 때문이러라 ¹⁹그를 붙들어 아레오바고로 가며 말하기를 네가 말하는 이 새로운 가르침이 무엇인지 우리가 알 수 있겠느냐 ²⁰네가 어떤 이상한 것을 우리 귀에 들려 주니 그 무슨 뜻인지 알고자 하노라 하니 ²¹모든 아덴 사람과 거기서 나그네 된 외국인들이 가장 새로운 것을 말하고 듣는 것 이외에는 달리 시간을 쓰지 않음이더라 ²²바울이 아레오바고 가운데 서서 말하되 아덴 사람들아 너희를 보니 범사에 종교심이 많도다 ²³내가 두루 다니며 너희가 위하는 것들을 보다가 알지 못하는 신에게라고 새긴 단도 보았으니 그런즉 너희가 알지 못하고 위하는 그것을 내가 너희에게 알게 하리라 ²⁴우주와 그 가운데 있는 만물을 지으신 하나님께서는 천지의 주재시니 손으로 지은 전에 계시지 아니하시고 ²⁵또 무엇이 부족한 것처럼 사람의 손으로 섬김을 받으시는 것이 아니니 이는 만민에게 생명과 호흡과 만물을 친히 주시는 이심이라 ²⁶인류의 모든 족속을 한 혈통으로 만드사 온 땅에 살게 하시고 그들의 연대를 정하시며 거주의 경계를 한정하셨으니 ²⁷이는 사람으로 혹 하나님을 더듬어 찾아 발견하게 하려 하심이로되 그는 우리 각 사람에게서 멀리 계시지 아니하도다 ²⁸우리가 그를 힘입어 살며 기동하며 존재하느니라 너희 시인 중 어떤 사람들의 말과 같이 우리가 그의 소생이라 하니 ²⁹이와 같이 하나님의 소생이 되었은즉 하나님을 금이나 은이나 돌에다 사람의 기술과 고안으로 새긴 것들과 같이 여길 것이 아니니라 ³⁰알지 못하던 시대에는 하나님이 간과하셨거니와 이제는 어디든지 사람에게 다 명하사 회개하라 하셨으니 ³¹이는 정하신 사람으로 하여금 천하를 공의로 심판할 날을 작정하시고 이

에 그를 죽은 자 가운데서 다시 살리신 것으로 모든 사람에게 믿을 만한 증거를 주셨음이니라 하니라 ³²그들이 죽은 자의 부활을 듣고 어떤 사람은 조롱도 하고 어떤 사람은 이 일에 대하여 네 말을 다시 듣겠다 하니 ³³이에 바울이 그들 가운데서 떠나매 ³⁴몇 사람이 그를 가까이하여 믿으니 그 중에는 아레오바고 관리 디오누시오와 다마리라 하는 여자와 또 다른 사람들도 있었더라 행 17:16-34

바울과 실라와 디모데의 선교 일행이 가는 곳마다 참된 혁명이 일어났습니다. 17장 6절에서 사람들은 이들에게 "천하를 어지럽게 하는 사람들"(the world upside down)이라는 불명예스러운 별명을 붙여 주었지만, 사실은 죄악된 인간의 심성과 부패한 문화의 풍조를 쟁기(보습)로 갈아엎는 그야말로 "묵은 땅을 기경"하는 부흥의 역사가 일어난 것입니다.

배척과 핍박도 많이 받았고, 결국 예수님이 말씀하신 대로 이 도시에서 저 도시로 옮겨가며 말씀을 전하였는데, 이것을 정거장식 전도라고 합니다. 데살로니가에서 야손의 집을 중심으로 사역하여 후에 데살로니가 교회가 탄생됩니다(1-9절). 야심한 밤에 베뢰아로 떠나 거기서도 하나님의 말씀을 증거합니다. 그곳에서도 배척을 받게 되니, 실라와 디모데는 베뢰아에 더 머물게 하고 바울만 혼자 아덴으로 떠납니다. 아마도 바울이 반대의 주요 표적이 되었던 것 같습니다. 그래서 자신이 다른 곳으로 감으로 저들의 관심을 분산시키고 그 사이에 실라와 디모데를 통해 아직 연약한 성도들을 돕도록 한 것입니다.

이제 바울은 혼자 그리스 문명의 산실인 아테네에 도착합니다.

1. 그곳에서 그는 무엇을 보았습니까?(16절) : 바울의 관점

아테네는 그리스 신화에 나오는 아테네 여신의 이름을 도시의 이름으로 정했습니다. 아테네는 주전 5세기 이래 가장 주요한 도시국가 중 하나로 헬라의 수도였습니다. 로마와 알렉산드리아와 더불어 세계 3대 도시 중 하나로, 세계 문명의 발상지로서 철학과 문학, 예술 등 헬라 문화의 중심지였습니다. 아크로폴리스 언덕에는 세계 9대 불가사의 중 하나인 파르테논 신전이 있고, 건축과 문화예술이 발달되어 있는 아름다운 도시이며, 소크라테스, 플라톤, 아리스토텔레스로 이어지는 서구의 지성사가 시작된 곳입니다. 고대의 유명한 대학들이 있는 곳입니다.

바울은 그곳에서 무엇을 주목해서 보았을까요? 사람들은 다 자기의 주된 관심사에서 사물을 보기 마련입니다. 어떤 사람은 '이곳에서 철학공부를 하면 좋겠구나' 또는 '저 정교한 예술품을 어떻게 만들었을까?', '이들이 만들어 놓은 문명이 얼마나 대단한가'를 생각합니다.

그런데 16절에서 바울은 "그 성에 우상이 가득한 것을" 보았다고 했습니다. 어떤 고고학자는 당시 아테네에는 시 인구보다도 많은 3만여 신상이 있었다고 합니다. 바울의 눈은 온 성에 보이는 우상, 보이지 않는 우상이 가득한 것을 보았습니다.

교육의 도시이며 문화와 철학과 예술이 가장 발달된 문명의 도시인데, 우상이 가득하다는 것은 왠지 어울리지 않는 것 같습니다. 그러나 실제로 아테네가 그랬고, 일본이 그렇고, 오늘 우리 주변의 모습이 그렇습니다. 대학로에 한번 가 보세요. 무슨 포장마차처럼 만들어진 공간에 '타로'라고 써 있습니다. 타로카드로 사주팔자 운명 점을 보는 곳인가 봅니다. 인터넷, 유튜브에는 '사주카페'가 성업 중입니다. 가장 발달한 과학 문명, 최첨단 기술, 편리한 이기들, 최고의 지성들 사이사이로 우상이 가득 깔려 있습니다.

바울은 올림푸스 신들인 아폴로, 주피터, 비너스, 머큐리, 다이애나 등을 비롯하여 수많은 신들의 상과 제단을 보았습니다. 인간의 손에 의해 만들어진 신상들, 부도덕하고 인간만도 못한 추악한 탐욕과 싸움과 잔인함과 음란함으로 이루어진 것들을 신이라고 받들어 모시고 그들의 비위를 거스르지 않으려고 섬기는 것을 보았습니다.

문명이 발달한 도시일수록 물질이 우상이 되어 있습니다. 맘몬(Mammon)이라는 물질의 신을 섬기며 삽니다. 더 많이 소유하기 위해, 더 벌기 위해 자기의 시간과 능력과 마음을 다 빼앗겨 버립니다.

이런 보이는 우상 외에도 바울은 그들 마음 가운데 자리하고 있는 보이지 않는 우상도 보았습니다. 세상 철학과 학문, 세속적인 가치와 물질적 세계관이 그런 것입니다. 특별히 당시 세계는 정치와 군사는 로마가, 문화와 철학은 그리스(헬라)가, 후에 종교는 히브리적 기독교가 지배했습니다. 그리스의 양대 중요한 철학사상은 에피쿠로스 학파와 스토아 학파가 주류를 이루고 있었습니다. 에피쿠로스 철학과 스토아 철학은 헬레니즘 시대를 지배했던 대표적인 철학이었습니다.

에피쿠로스 학파는 에피쿠로스(Epicurean, BC 341-270)가 시작한 것인데, 개인과 전체의 대립관계에서 개인의 편을 들었습니다. 모든 일은 우연히 생긴 일이라고 믿고, 신들은 있다고 해도 인간 세상과는 관계없이 멀리 떨어져 있으며 세상과는 아무런 상관도 없다고 믿고, 죽음이 끝이므로 살아있는 동안 쾌락을 누리는 것이 인생의 최대 목적이라고 주장했습니다. "먹고, 마시고, 즐기라"는 쾌락 추구의 철학입니다. 내세와 죽은 뒤의 심판을 부정했습니다. 사적 영역에서 자신의 행복을 추구합니다. 은둔주의, 금욕주의로도 나갑니다. 욕망은 끝이 없으므로 욕망을 억제함으로 행복을 얻겠다는 것입니다. 이들도 알고 보면 우상숭배자들인데 그들의 우상은 쾌락입니다. 오늘날도 이러한 부류의 우상숭배자들을 주변에서 많이 봅니다.

스토익(Stoic, BC 340-265) 학파는 제논(Zenon)이 BC 300년에 시작한 것인데 모든 사물에 신이 내재되었다는 것을 믿는 다신론으로(범신론, 영혼불멸) 덕과 조화를 강조하고 감정보다 이성의 우위성을 주장합니다. 세계 속에서 느끼는 개인의 소외와 고독감 그리고 무기력감이 스토아 철학의 근본 정서입니다. 세상이 넓어짐에 따라 개인의 의미와 가치는 훨씬 작아질 수밖에 없습니다. 개인보다 전체를 앞세우는 것입니다. 개인의 행위는 전체를 지배하고 있는 어떤 근원적 힘과 원리에 의해 지배되고 결정된다는 숙명결정론을 주장합니다. 점성술과 미신적인 형태도 띄었으나 세계이성(Logos)을 내세우며, 최고의 덕은 이성이며 성품의 절제를 말하고 운명론을 믿습니다. 이들도 "이성" 지식이 그들의 우상이 되어 있습니다. 논쟁하는 것을 좋아하고 지식으로 교만하고 더 많은 지식을 얻기 위해 모든 것을 다 쓰는 자들입니다. 오늘날도 지식이 우상이 되어 있는 사람들이 많이 있습니다. 바울은 이러한 것들을 아테네에서 보았습니다.

2. 그는 무엇을 느꼈습니까?(16절) : 바울의 열정

저 같은 촌사람은 그들의 문명과 물질과 건축과 예술과 철학을 접하면 당장에 압도당하고, 부러워하거나 놀라거나 매력을 느꼈을 텐데, 바울은 그들을 부러워하기보다는 우상을 섬기는 저들을 불쌍히 여겼습니다.

바울은 "마음에 격분"을 느꼈습니다. 그것은 하나님을 향한 '열심', 하나님을 위한 '질투'가 일어났다는 뜻입니다. 저들에게 실망한 것은 물론이지만 저들의 영혼을 불쌍히 여기면서 하나님을 알지 못하는 것을 안타깝게 여기는 것입니다.

이것은 성령님이 주신 마음입니다. 그러므로 바울의 열심보다도 성령님께서 바울 속에서 저들의 영혼을 위하여 불타고 있었던 것입니다. 하나님께서 시기하시기까지 우리를 사랑하신다는 말씀

그대로입니다. 하나님은 우리의 사랑을 어느 누구와도 나누기를 원치 않습니다.

우리는 세상을 볼 때 하나님의 관점을 가져야 합니다. 하나님의 마음을 느껴야 합니다. 하나님이 아파하는 것에 아파하고, 하나님이 슬퍼하는 것에 슬퍼하고, 하나님이 사랑하는 것을 사랑해야 합니다.

바울은 "내가 하나님의 열심으로 너희를 위하여 열심을 내노니"(고후 11:2)라고 했고, 엘리야도 "내가 만군의 하나님 여호와께 열심이 유별하오니"(왕상 19:10)라고 했으며, 엘르아살의 아들 비느하스도 "내(하나님) 질투심으로 질투하여"(민 25:11) 하나님을 향한 열심을 가졌습니다.

세상에는 잘못된 열심도 많습니다만 바울의 위대함은 영혼을 사랑하는 하나님의 열심을 가졌다는 것, 하나님을 사랑하고 하나님을 향한 열심을 가졌다는 것입니다. 바울은 성령으로 불탔습니다. 하나님의 자녀들이 자기 아버지를 버리고 돌이나 나무나 금으로 어떤 형상을 만들어 놓고 아버지라고 부르니 요절복통할 일 아닙니까? 영적으로 불타는 열심히 있어야 합니다. 불타는 열심이 없는 심령은 순결할 수 없습니다.

당신은 믿지 않는 이웃을 보면 무엇을 느낍니까? 당신의 심령에 불이 붙지 않습니까? 아무런 반응이 없다면 내면의 온도조절장치가 고장 난 것입니다.

하나님 없이 사는 사람들, 우상이 가득한 인생들, 풍족한 가운데 살지만 하나님과 상관없는 사람들을 어떤 심령으로 대하십니까?

3. 그는 무엇을 하였습니까?(17절) : 바울의 논증

바울은 지금 혼자입니다. 지금 아테네 사람들은 대단한 자부심을 가지고 있는 사람들입니다. 전도하는 일을 다음으로 미루겠습니까? 더 준비를 해서 나오겠습니까? 그냥 포기하시겠습니까? 저들이 더 잘났는데, 내가 뭘 안다고 하시겠습니까?

그런데 바울은 종전에 하던 대로 먼저 회당에서는 유대인을 중심으로 말씀을 전하고, 장터에서는 "날마다 만나는 사람들"에게 말씀을 전했습니다. 그래서 당대 두 학파 에피쿠로스와 스토익 철학자들과 논쟁이 일어나게 되었습니다. 그들은 바울을 "말쟁이", "이방신을 전하는 자"라고 놀리면서 시시하게 여겼습니다.

그러나 바울은 복음을 부끄러워하지 않고 담대히 전했습니다. 바울은 세상 지혜, 학자의 한계를 분명히 알았습니다.

> "하나님의 지혜에 있어서는 이 세상이 자기 지혜로 하나님을 알지 못하므로 하나님께서 전도의 미련한 것으로 믿는 자들을 구원하시기를 기뻐하셨도다"(고전 1:21).
>
> "하나님의 어리석음이 사람보다 지혜롭고 하나님의 약하심이 사람보다 강하니라"(고전 1:25).
>
> "누가 철학과 헛된 속임수로 너희를 사로잡을까 주의하라 이것은 사

람의 전통과 세상의 초등학문을 따름이요 그리스도를 따름이 아니니라"(골 2:8).

아고라 광장에 위치한 아레오바고로 끌려간 바울은 청문회 성격의 자리에서도 전도의 말씀을 전했습니다. 아레오바고는 그리스 신화에 나오는데 제우스의 아들 아레스 신이 자기 딸을 겁탈한 사촌 형제를 죽이고 재판을 받았던 장소로 아크로폴리스 서편 바위 언덕에 위치하고 있으며 아레스의 언덕이라고 부르는 곳입니다. 소크라테스도 그곳에서 재판을 받았으며 당시 시의회가 열리는 곳이었다고 합니다. 이곳에서 바울이 청문회성 설교를 하게 됩니다. 청중들은 아테네 시민들과 외국에서 공부하러 온 사람들로 21절에 소개된 대로 "가장 새로운 것을 말하고 듣는 것 이외에는 달리 시간을 쓰지" 않는 최첨단 지식과 정보를 소유하고 있는 사람들입니다. 당대의 최고의 지성을 자랑하는 사람들입니다.

바울의 아레오바고 설교는 이방인에게 하는 설교로 유대인 회당에서의 설교와 다르게 시작합니다. 루스드라에서 했던 강연을 연상시킵니다. 예수님보다는 하나님에 대한 설명으로 시작합니다. 하나님을 하늘과 땅의 주재자로 선포하면서 시작합니다. 저들의 우상 숭배와 하나님의 성품 사이의 모순을 뚜렷이 드러냅니다. 청중이 쉽게 알아들을 수 있는 언어로, 그들의 신분과 계급에 맞는 언어로, 감추었던 것을 드러냅니다. 그리고 회개의 필요성을 강조하고 믿음의 증거를 제시합니다.

김경재 목사는 "아크로폴리스와 아레오바고는 오늘 우리의 관점에서 서로 상반되는 두 가지 패러다임을 보여 준다. 아크로폴리스는 감각적·정신적 눈으로 보고 만족을 즐기는 '눈의 종교'를 상징한다. 바울이 서 있는 아레오바고는 말씀의 메시지를 듣고 순명하는 '귀의 종교'를 상징한다. 높은 언덕 위에 자리 잡은 아크로폴리스의 종교는 파르테논 신전의 기하학적 균형과 조형미가 상징하듯이 이미 결정되어 있는 기존 질서에 순종하고 따라야 하는 귀족적·권위주의적·보수정치를 상징한다. 보다 낮은 언덕에 위치하고 아고라 광장을 가득 채우는 아레오바고의 종교는 시민적·민중적·진보정치를 지향한다. 무엇보다도 아크로폴리스의 종교는 웅장한 성전 안에서 '경건의 외양'은 있지만 본질적으로 말 못하고 듣지 못하는 '우상'이 있을 뿐이다. 거기에 반하여, 아레오바고 종교 안에는 열린 개방성, 역설적 진리, 그리고 세상의 철학 및 종교에서 보면 '어리석음'으로 받아들여지는 생명의 '복음'이 있다"고 평하였습니다.

하나님은 천지의 주재이시니 사람이 손으로 지은 신전에 거하지 않으시고, 무슨 부족한 것이라도 있어서 사람의 손으로 섬김을 받으시는 분이 아니(행 17:24-25)라는 것입니다. 아레오바고 언덕에 선 바울의 강연을 상상해 보면, 바울의 복음신앙이 얼마나 혁명적이고 참신한 새 시대의 영성이었는가를 충분히 짐작할 수 있습니다. 아크로폴리스 언덕 위에 위풍당당하게 서 있는 파르테논 신전이 주는 위력감에 조금도 위축되지 않고, 아테네의 여신이 그 거룩한 신전 안에서 거주한다는 통속적 신앙을 깨뜨리면서, "천지의 주재이신 하나님은 사람이 손으로 지은 신전에 거주하지 않는 법"이라는 메시지를 던졌습니다. 이 파격적인 메시지는 당시의 아테네 시민들의 마음만이 아니라 21세기에도 모든 신상숭배자들의 마음을 뒤흔들어 버리는 파격적인 것입니다. 현재의 우상은 진화론, 공산주의, 범신론, 무신론적 사상, 무슬림의 도전, 뉴에이지, 물질주의, 실용주의, 포스트 모던주의, 과학만능주의, 종교 다원주의입니다.

바울이 말을 전개하는 기술도 탁월합니다. 그들의 처지로부터 시작하여 그들을 먼저 인정해 주고, 그들이 아는 것으로부터 궁금한 것, 모르는 것으로 전개해 나갑니다. 포용과 공통점을 찾아 접촉점을 삼습니다. 우상에 대한 분노의 감정이 있었지만 그것을 그대로 드러내지 않고 이성적이면서 신사적으로 사안에 접근해 갑니다. 감정 대신 칭찬과 인정 그리고 공감의 방법을 사용합니다. 그러면서도 자신의 학문(가말리엘 아래서 배운 것)을 과시하거나 주변의 사소한 문제를 다루지 않고 핵심적인 기독교의 진리를 전했습니다.

"아덴 사람들아 너희를 보니 범사에 종교심이 많도다"(같은 말이라도 "우상 섬기는 어리석은 사람들아" 하지 않고). 그런데 그 말이 그 말이지요. 나도 너희가 해놓은 모든 것을 잘 살펴보았다는 것입니다(그들의 관심사를 모르고 말하는 것보다 알고 말하는 것이 좋습니다).

그러다가 "알지 못하는 신에게"라고 새긴 단도 보았습니다(그들의 궁금증 가운데에서 주제를 도출해냅니다). 다신론적인 세계관을 가진 헬라인들은 자신들의 무지나 부주의로 예배의 대상에서 빠뜨린 신이 있을지 모르니 노여움을 달래기 위해 그런 제단도 만들어 섬겼습니다. 헬라인들의 지혜로운 노파심을 반영합니다. "그런즉 너희가 알지 못하고 위하는 그것을 내가 너희에게 알게 하리라." 그들의 관심을 사로잡기에 충분한 서론입니다(성경을 모르는 사람들에게). 바울은 일단 헬라인들이 신봉하던 그 익명의 신을 하나님이라고 명명하고 그분이 유일한 참 신인 것을 변증합니다.

알지 못하는 신은 인간에게 다른 무엇으로도 충족되지 않는 것이 있다는 것을 알려 주고 있습니다. 왜 그들은 그것을 만들었을까요? 단순히 소외된 신이 진노할까 봐 불안해서 만들었을까요? 아닙니다. 자신들이 가지고 있는 모순을 극복할 수 있는 통로인 것입니다. 그렇게 많은 신상을 만들어도, 그렇게 많은 사상적인 논쟁을 하여도, 그렇게 찬란한 문명을 가지고도 알 수 없는 미지의 공간이 존재하고 있었던 것입니다. 우리의 내면에는 물질로도, 향락으로도, 지식으로도, 지위로도 채워지지 않는 공간이 있습니다. 우리 내면의 채워지지 않는 욕구야말로 영원한 하나님을 그리게 하는 본성입니다. 우리 안에 있는 하나님의 자리입니다. 하나님은 우리 안에 하나님 나라를 향한 자동 유도 장치를 설치하셨습니다. 이 땅은 루이스가 말한 대로 "그림자 땅"(shadowland)입니다.

바울의 미지의 신을 위한 변명

바울은 그레코-로만의 다신교적 전통에 익숙한 로마 사람들에게 하나님을 유일한 참 신으로 소개했습니다. 이방의 신들은 일종의 우상에 불과합니다. 바울의 사역은 "우상을 버리고 하나님께로 돌아와서 살아 계시고 참되신 하나님을 섬기는"것(살전 1:9)으로 요약됩니다. 루스드라에서 헬라의 신 제우스와 헤르메스로 추앙을 받을 때에도 "헛된 일을 버리고 천지와 바다와 그 가운데 만물을 지으시고 살아 계신 하나님께로 돌아오게 함이라"(행 14:15)고 했습니다.

'너희가 알지 못하던 신'은 다른 신들과는 다릅니다.

1) 우주의 창조자입니다(24절).

천지의 주인, 창조자입니다. 자연신학적 접근입니다. 하나님은 손으로 지은 곳에 계시지 않습니다. 어떤 신전도 필요 없습니다. 하나님이 너희를 만드셨지 너희가 하나님을 만드는 것이 아닙니다.

2) 생명의 보존자입니다(25절).

하나님은 자기 충족적 존재, 완전자입니다. 하나님이 사람의 섬김에 의존되어 있지도 않고, 착취하는 신도 아닙니다. 우리의 생명과 호흡이 하나님께 의존되어 있습니다.

3) 온 인류의 통치자입니다(26-28절).

어떤 한 민족 신이 아닙니다. 온 인류를 한 혈통으로 만드시고, 시기와 장소를 지정하여 섭리하십니다. 특별계시와 자연계시의 대상으로 멀리 있지 않습니다. 영적 더듬이를 활용하면 알 수 있는 하나님입니다. 하나님은 우리를 방치하지 않으시고 함께하시는 신입니다. 반면 헬라의 신들은 인간의 일에 무관심하고, 멀리 떨어져 있고, 헌물만 받습니다.

4) 인류의 아버지입니다(28-29절).

우리는 그를 힘입어 살며 활동하며 존재합니다. 하나님은 친근하시고 인격적인 관계를 맺으십니다. 시인 아라투스(Aratus, 스토익학파)의 〈패노메나〉(Phaenomena 5)에서 "우리도 그의 자손이라"("신의 소생") 시구를 인용합니다. 그러므로 신은 금, 은, 돌, 나무가 아닙니다.

5) 온 세상의 심판자입니다(30-31절).

알지 못하던 시대(미계시대)에는 변명할 수 있지만 이제 "회개하라"(문명시대)고 말씀하셨으니, 회개하고 믿음의 증거를 붙들어야 합니다. 그것은 십자가와 부활입니다. 회개하지 않으면 심판받을 날이 다가옵니다.

바울의 설교에 대한 다양한 반응이 있었습니다. 1) 부정적 반응으로 조롱하고(32절) 반대하였습니다. 2) 관심을 표명하면서도 미루고(32절), 네 말을 다시 듣겠다고 결단을 보류하였습니다. 3) 긍정적 반응은 믿음(34절)입니다. 후에 아덴교회의 초대 감독이 된 아레오바고 의원 디오누시오와 다마리(여자), 그리고 다른 사람들입니다. 다른 곳에 비해서는 열매가 적은 편입니다.

바울은 정복과 승리의 방식이 아니라, 인정과 소통과 공감을 통하여 진리를 찾아가고, 개방적이고 합리적으로 설득하며, 공동의 것을 확장해 가는 방식으로 선교를 했습니다.

23
아굴라와 브리스길라: 하나님 말씀에 붙잡혀

¹그 후에 바울이 아덴을 떠나 고린도에 이르러 ²아굴라라 하는 본도에서 난 유대인 한 사람을 만나니 글라우디오가 모든 유대인을 명하여 로마에서 떠나라 한 고로 그가 그 아내 브리스길라와 함께 이달리야로부터 새로 온지라 바울이 그들에게 가매 ³생업이 같으므로 함께 살며 일을 하니 그 생업은 천막을 만드는 것이더라 ⁴안식일마다 바울이 회당에서 강론하고 유대인과 헬라인을 권면하니라 ⁵실라와 디모데가 마게도냐로부터 내려오매 바울이 하나님의 말씀에 붙잡혀 유대인들에게 예수는 그리스도라 밝히 증언하니 ⁶그들이 대적하여 비방하거늘 바울이 옷을 털면서 이르되 너희 피가 너희 머리로 돌아갈 것이요 나는 깨끗하니라 이 후에는 이방인에게로 가리라 하고 ⁷거기서 옮겨 하나님을 경외하는 디도 유스도라 하는 사람의 집에 들어가니 그 집은 회당 옆이라 ⁸또 회당장 그리스보가 온 집안과 더불어 주를 믿으며 수많은 고린도 사람도 듣고 믿어 세례를 받더라 ⁹밤에 주께서 환상 가운데 바울에게 말씀하시되 두려워하지 말며 침묵하지 말고 말하라 ¹⁰내가 너와 함께 있으매 어떤 사람도 너를 대적하여 해롭게 할 자가 없을 것이니 이는 이 성중에 내 백성이 많음이라 하시더라 ¹¹일 년 육 개월을 머물며 그들 가운데서 하나님의 말씀을 가르치니라 행 18:1-11

하나님에게 귀하게 쓰임을 받았던 바울의 삶의 이면에는 수없는 자신과의 싸움과 많은 고난이 있었던 것을 잊어서는 안 됩니다. 사도행전 18장에 보면 바울은 아덴에서 혼자 그 많은 우상과 철학자들에 대항하여 말씀을 전한 후, 그때 당시로 보면 다른 곳에 비해 별 가시적 열매도 없이 고린도로 발길을 돌리게 됩니다. 고린도는 로마 제국 아가야 주의 수도이며 총독의 거주지였습니다. 고린도는 아덴에서 서쪽으로 80km 떨어진 곳에 위치하는 부유한 상업도시이며 해상 교통의 중심 항구도시였습니다. 80km 넘는 길을 혼자 걷는 바울의 심정은 어떠했을까요? 그는 혼자입니다. 외로웠을 것입니다. 그를 대적하는 사람들이 항상 따라옵니다. 두려움과 분노가 일어났을 것입니다. 끊임없이 이어지는 사역과 정처 없는 여행이 이어집니다. 피곤하고 탈진한 데다가 사람들에 대한 기대가 번번이 무너집니다. 상실감과 박탈감도 들었을 것입니다.

사도행전 18장에는 언급되지 않았지만 후에 그는 고린도 교회에 보낸 편지에서 고린도에 이르렀을 때의 자신의 상태를 말했습니다.

"내가 너희 가운데 거할 때에 약하고 두려워하고 심히 떨었노라 내 말과 내 전도함이 설득력 있는 지혜의 말로 하지 아니하고 다만 성령의 나타나심과 능력으로 하여 너희 믿음이 사람의 지혜에 있지 아니하고 다만 하나님의 능력에 있게 하려 하였노라"(고전 2:3-5).

아덴에서 철학자들과의 논쟁, 그리고 인간의 지혜로 하나님을 알 수 없다는 확실한 교훈을 얻어 고린도에서는 성령의 나타남과 능력으로 전하고자 했다는 말씀도 있습니다만, 바울은 여러 가지로 지쳐 있었던 것 같습니다. 그는 돌로 맞고, 매로 맞고, 감옥에 갇히고, 나그네와 같이 이곳에서 저곳으로 옮겨 다니면서 육신적으로 피곤했습니다. 건강상으로 많이 약해졌던 것 같습니다. 거기에다가 그는 아덴에서 기대했던 열매를 못 본 상태이며 바나바와 헤어지고 데살로니가에서 동역자 실라, 디모데와 헤어진 후 혼자 이 일을 수행하고 있으니 정서적으로도 몹시 피곤했을 것입니다. 더구나 재정적인 어려움으로 자신이 과거에 배워 두었던 천막 만드는 일을 해서 선교비를 마련해야 하는 형편에까지 이르렀습니다. (당시 율법교사는 수공업을 하나 배워 익혔는데 바울은 천막 제조공이었습니다. 유대인들은 자녀들에게 한 가지 기술을 꼭 가르쳤다고 합니다. 그들의 말 중에 "자녀에게 장사하는 법을 가르치지 않으면 도둑질을 가르치는 것이다"라는 말이 있습니다.)

이쯤 되면 엘리야의 "나 홀로" 신드롬이 나올 때입니다. "나 혼자 남아서 하나님의 일을 하려고 하는데 성과는 별로 없고, 사람들은 나를 배척하고, 지원해 주는 선교비도 없고, 몸도 아프고…." 슬럼프에 빠질 수 있습니다.

우리는 큰 교회를 세우고 좀 더 깊이 영향을 미칠 방도를 찾기 위해 너무 분주합니다. 로뎀 나무 아래 엘리야는 하나님께서 먹이시고, 재우시고, 만져 주시고, 말씀으로 새롭게 재충전시켜 주셨습니다만 바울은 어떻게 하셨습니까?

하나님 나라의 리더십은 강함이 아닌 오히려 실패와 고통, 의문과 갈등을 통해 이끌어 가는 리더십입니다. 교만하고 방어적이 아니라 약하고 깨어지는 특성이 있습니다. 바울은 고린도후서 12

장에서 연약함에 기대어 자신의 리더십을 주장합니다.

리더십이란 강자가 되는 것이 아니라 하나님으로부터 힘을 얻는 약자가 되는 것입니다. 깨지고, 약하고, 상한 심령이 될 때 비로소 하나님의 종으로 사역할 수 있습니다.

1. 아굴라와 브리스길라 부부를 동역자로 붙여 주셨습니다

첫째, 아굴라와 브리스길라는 바울이 어려울 때에 붙들어 준 충실한 동역자였습니다.

로널드 롤하이저는 하나님이 인간의 피부와 살을 입으신 성육신의 이유를 이런 이야기로 설명했습니다. "한밤중에 잠을 깬 네 살짜리 꼬마는 두려움에 사로잡혔다. 어둠 속에 도깨비와 괴물들이 득실거릴 것 같았다. 부모님이 자는 방으로 갔다. 엄마는 다시 아이를 방으로 데리고 가며 '얘야, 무서워할 것 없다. 넌 혼자가 아니야. 하나님께서 네 곁에 계시거든'이라고 말했다. 꼬마는 '하나님이 여기 계시는 건 나도 알아요. 하지만 몸이 있는 사람이 방안에 함께 있었으면 좋겠어요'라고 말했다."

우리는 몸을 지닌 하나님이 필요합니다.

로마에 있던 유대인과 유대인 그리스도인들은 주후 49년에 추방이 되었습니다. 본도 출신인 아굴라와 브리스길라는 로마에서 그리스도인이 되어 고린도로 오게 된 것입니다. 고린도에서 이들은 바울을 자신들의 집으로 영접하였고, 기술이 같으므로 함께 천막을 만드는 일도 하고 바울에게 신앙적인 지도도 받으면서 그의 사역에 힘껏 조력하였습니다. 바울은 자비량 선교를 하였습니다. 바울은 주로 '할 수 있지만 하지 않는' 윤리를 가지고 있었습니다. 자기의 마땅한 권리를 내려놓는 것입니다. 이런 삶은 존경과 권위가 따라올 수 있지만 자신은 힘들었을 것입니다. 바울은 궁핍했습니다. 경제적으로 어려운 목회자나 선교사들이 많습니다. 선교지에서는 사역에 필요한 사역비, 자녀들을 위한 장학비를 마련하기가 힘이 듭니다. 시골 목회자들, 작은 교회 목회자들도 마찬가지입니다. 택시 운전하며, 택배, 청소, 경비원, 카페를 하는 사람들도 있습니다. 아굴라와 브리스가는 바울의 경제적 필요를 함께 채웠습니다. 천막을 만드는 일은 세상 일이 아닙니다. 사업을 사역으로 해야 합니다. 하나님 나라를 세우는 일로 했을 것입니다. 일을 거룩하게 만들었을 것입니다.

바울은 나중에 로마 교회에 편지를 쓸 때 이 일들을 생각하며 쓰기를 "너희는 그리스도 예수 안에서 나의 동역자들인 브리스가와 아굴라에게 문안하라 그들은 내 목숨을 위하여 자기들의 목까지도 내놓았나니 나뿐 아니라 이방인의 모든 교회도 그들에게 감사하느니라"(롬 16:3-4)라고 했습니다.

바울은 나중에 단두대에서 목이 잘려 순교했는데 브리스가와 아굴라 부부는 바울을 대신하여 목을 내놓을 만큼 바울의 사역에 동역자가 되었다는 것입니다. 바울 사역의 은인입니다.

바울은 이들의 집에 함께 거하면서 일하였고 그 후에도 계속하여 바울이 부탁한 사역을 위해 17년 이상 평생 동역했습니다.

사실 바울이 바울된 것은 이런 좋은 동역자들이 있었기 때문입니다. "우리가 위대하게 될 수 없다면 다른 사람들이 위대하게 되는 것을 도울 수는 있습니다."

하나님의 역사는 동역자들과의 만남으로 풍성해집니다. 동역자들은 예수님의 몸입니다. 이들의 만남은 고린도의 사역을 풍성하게 했습니다. 그때 바울의 고백은 "내가 약한 그 때에 강함이라"(고후 12:10)입니다.

바울은 나중에 합류하게 된 실라와 디모데 때문에 더욱 힘이 나서 "유대인들에게 예수는 그리스도라 밝히 증언"(행 18:5)했습니다. 간결한 복음입니다. 예수님이 그들이 고대하던 메시아 그리스도라는 말씀입니다. 그는 동역자들 때문에 더욱 힘을 내서 전했습니다.

실라와 디모데는 좋은 소식을 데살로니가로부터 가지고 왔고(살전 3:6), 빌립보 교회로부터 선교헌금을 가지고 합류하게 됩니다(빌 4:14-15). 바울은 다시 선교하는 일에 전념할 수 있었을 것입니다. 바울은 모든 궁핍과 환난으로부터 위로를 받았습니다.

우리는 함께 일해야 합니다. 함께해 주어야 합니다. 내가 할 수 있는 일을 해야 합니다. 우리는 함께 있으면서 물질적으로 도움을 줄 수 있고, 정서적으로 지지(Moral Support)해 줄 수 있고, 섬김과 말씀으로 동역할 수 있습니다. 정서적인 건강과 영적인 건강이 불가분의 관계에 있습니다.

둘째, 아굴라와 브리스길라는 교회를 세우는 사람들이었습니다. 이들은 본도(Pontus)에서 태어나 이탈리아 로마로 이민을 갔고 그곳에서 유대인이라는 이유로 박해를 받아 고린도로 오게 되었습니다. 브리스가와 아굴라는 바울뿐 아니라 실라와 디모데와 함께 고린도 교회를 집에 세우게 되는 훌륭한 믿음의 가정, 훌륭한 동역자였습니다. 바울에게 로마에 대한 정보도 제공해 주었습니다. 이들 때문에 바울은 한 번도 가보지 않은 로마 교회에 대해서 잘 알게 되었고 로마 교회에 편지를 씁니다.

이곳에서 바울을 만난 다음 이제는 신앙적인 이유로 바울을 따라 에베소로 이사를 가게 되고, 그곳에서 3여 년 살다가 나중에는 로마로 이사를 가서 10여 년을 거하다가 만년에는 다시 에베소로 돌아오게 됩니다.

그런데 놀라운 것은 가는 곳마다 자신의 집을 성도들이 모이는 장소로 제공하여 교회의 모체가 되게 한 것입니다. 사실 이들은 평신도이지만 천막을 만들어 파는 것도 주님의 일을 하기 위해서였고, 이사를 하는 것도 교회를 섬기기 위한 목적이었습니다. 사업을 사역으로 한 것입니다. 고린도에서 2년간 살면서 바울과 함께 그 집에 고린도 교회를 세웠습니다. 결과적으로 고린도 교회는 예루살렘과 안디옥에 이은 세 번째 선교의 전초기지가 되었습니다. 바울이 선교지를 에베소로 옮길 때 그들은 바울과 동행하여 삶의 터전을 에베소로 옮겨가게 됩니다(18절). 그리고 그곳에서 3년을 살게 됩니다. 아브라함은 말씀을 따라 이동하였는데, 아굴라와 브리스길라는 사명을 따라 이사를 합니다. 그래서 이번에도 자신의 집에서 에베소 교회가 시작됩니다. 에베소 교회는 고린도 교회에 이어 네 번째 전초기지가 됩니다. 바울은 이 교회를 아굴라, 브리스길라 부부에게 부탁하고 이제 3차 선교여행을 준비하기 위해 안디옥 교회로 돌아가게 됩니다. 그 어간에 에베소에서 아볼로를 만나서 함께 일하다가 아굴라와 브리스길라가 로마에 다시 이주를 하게 됩니다. 로마서 16장 5절에 보면 로마에 간 저들이 자신의 집에 또 교회를 세운 것을 알 수 있습니다. 그곳에서 10여 년을 지냈을 것이며 나중에 바울의 만년에 보낸 편지인 디모데후서에 보면 이들은 다시 에베소로 돌아가 디모데와 함께 에베소 교회를 섬기고 있는 것을 볼 수 있습니다(딤후 4:19).

셋째, 아굴라와 브리스길라는 동역자로서 바울을 뒷받침했을 뿐 아니라 드러나지 않게 말씀도 분별하여 가르쳤습니다.
아굴라와 브리스길라는 바울로부터 말씀을 잘 배웠습니다. 그래서 바울은 에베소 교회를 저들에게 부탁하고 안디옥으로 갈 수 있었습니다(행 18:21). 바울도 예수님처럼 공중전도나 개인 제자화 훈련을 동시에 했던 것 같습니다. 고린도에서 아굴라와 브리스길라는 1년 6개월을 바울과 함께 유숙하며 가르침을 받았습니다. 바울이 가장 오래 머문 곳입니다. 바울을 통하여 제자화 교육을 받은 것입니다. 아굴라와 브리스길라는 말씀에 대한 분별력이 있었습니다. 아볼로가 에베소에 와서 가르칠 때 학문도 많고, 성경도 잘 읽고, 젊고, 유능하고, 열심 있게 일하는 것을 보고 감명을 받았으나 아볼로에게 무엇이 부족한가를 분별하여 알게 되었습니다.

그러나 아굴라와 브리스길라는 무엇이 없는가를 부각시켜 배척하기보다는 무엇이 있으면 더 좋겠는가를 생각한 긍정적인 사람들이었습니다. 남의 약점을 보고 비판하기보다는 내가 어느 부분을 보충해 줄 것인가를 생각한 사람입니다. 서로 보완해 주는 관계가 동역입니다. 아마도 부부간에 상의했을 것입니다. 아볼로는 젊고, 아는 것도 많고, 말씀도 열심히 잘 전하는데, 한 가지 아쉬운 부분을 어떻게 하면 자신들이 채워 줄 수 있을 것인지 말입니다. 결국 이 부부는 아볼로를 자기의 집으로 초대를 하여 잘 대접한 후 자신들이 바울에게 배우고 직접 체험한 대로 예수님의 십자가와 부활, 성령세례에 대해 말씀에 기초하여 가르쳐 주었습니다. 여기에 아굴라와 브리스길라의 지혜가 있습니다. 그들은 공중 앞에서 아볼로에게 면박을 주거나 나서서 논쟁을 벌이지 않았습니다. 조용하게 자기의 집으로 데려다가 사적으로 가르쳤습니다.

후에 아굴라와 브리스길라는 아볼로가 아가야로 갈 때에 고린도 교회 형제들에게 아볼로를 천거하는 편지를 써서 주며 아볼로의 사역 길을 터주었습니다. 아볼로가 "은혜로 말미암아 믿은 자들에게 많은 유익"을 주며(행 18:27) 예수님을 힘 있게 증거하여 유대인들을 능히 이기는 사역자가 된 것도 아굴라와 브리스길라의 도움이 컸습니다. 나중에 아볼로는 바울의 좋은 동역자가 되었습니다.

바울이 고린도 교회에 씨를 뿌리고 아볼로가 물을 주었다면(고전 3:6) 아굴라와 브리스길라는 씨를 뿌리는 것과 물을 주는 것을 도운 사람입니다.

아굴라와 브리스길라는 만년에 젊은 디모데를 도와 에베소 교회에서 충실하게 사역하였습니다. 디모데후서에서 바울이 디모데에게 자신이 있는 로마로 속히 오라고(딤후 4:9) 편지를 쓸 수 있던 것은 아마도 브리스가와 아굴라가 에베소 교회를 대신 잘 돌볼 것을 확신했기 때문입니다(딤후 4:19). 제임스 포크너 감독이 만든 〈바울〉이라는 영화에서는 바울이 감옥에 갇힌 상황에서 로마 교회 지도자로 아굴라 부부가 나옵니다. 그들은 네로의 박해에도 성도들이 믿음을 지키며 교회가 위기를 잘 타계해 나가는 데 지도력을 발휘합니다. 이들은 주의 사역자들에게 인정받는 일꾼이었습니다.

2. 주님의 격려와 확신이 있었습니다

"바울이 하나님의 말씀에 붙잡혀"(행 18:5). 대적들과 비방하는 자들이 있었지만 하나님의 말씀이 바울을 붙들어 주셨습니다. 그는 하나님 말씀의 강력한 역사에 사로잡혀 사역했습니다. 말씀에 사로잡혀 살았습니다.

바울이 말씀을 붙드는 것과 말씀이 바울을 붙드는 것은 분명 차이가 있습니다. 내가 하나님을 붙드는 것과 하나님이 나를 붙드는 것의 차이와 같습니다. 내가 말씀에 붙들리고, 하나님께 붙들려야 합니다. 우리 자녀들이 평생 말씀에 붙들려 살아야 합니다. 그렇지 않으면 세상에 붙들립니다.

"붙잡혀"의 원어 '순에코'는 '무엇인가에 의해 지배당했다', '소유당했다'라는 뜻입니다. 바울이 말씀을 전하기보다 말씀이 바울을 사로잡아 역사를 나타냈습니다. 하나님은 말씀으로 바울을 붙들어 주셨습니다. 말씀에 붙잡힌 삶입니다. 세상, 욕심, 물질, 향략, 명예, 권력, 인기, 이념에 사로잡히면 안 됩니다.

주님께서 환상 가운데 바울에게 말씀하셨습니다. 9-10절에 보면 바울에게 말씀을 주심으로 확신을 주십니다.

"두려워하지 말며 침묵하지 말고 말하라 내가 너와 함께 있으매 어떤 사람도 너를 대적하여 해롭게 할 자가 없을 것이니 이는 이 성중에 내 백성이 많음이라."

이 말씀은 여호수아에게 주셨던 말씀을 상기시킵니다(수 1:5-6). 그리고 호렙산에서 엘리야에게 바알에게 무릎을 꿇지 않은 자 7000명을 두었다고 하신 말씀을 상기시킵니다.

바울도 두려움과 영적으로 침체에 빠질 가능성이 있습니다. 바울이 사역을 하지만 하나님이 바울에게 끊임없이 사역을 행하심을 볼 수 있습니다. 주님의 격려가 필요하고, 주님이 주시는 비전이 필요합니다. 우리의 약함을 아시는 하나님이 힘을 주시기에, 우리는 주님을 바라보며 힘을 얻어 일해야 합니다.

주님은 "두려워 말라", "함께하겠다", "내 백성이 많다"고 하셨습니다. 주님이 함께하시기 때문에 아무도 바울을 해치지 못할 것이니 두려워하지 말라는 것과 복음을 듣고 믿을 사람이 많이 있다는 소망을 부어 주셨습니다.

"나에게 속한 백성"(라오스 모이)이라는 말은 우리의 관심을 요구합니다. 세상 가운데서 하나님에게 속한 백성들을 찾아 복음을 전해야 하겠습니다. 전할 때 그들이 반응하고 나타날 것입니다.

새로운 교회의 가능성을 제시하셨습니다. 하나님의 놀라운 위로와 확신의 말씀으로 고린도에서 사역은 지속됩니다. 바울은 겐그리아에서 30일 금식한 후에 하나님께 감사하는 표시로 재차 헌신하게 됩니다. 이 서원은 이전의 바울의 상태와 하나님의 역사와 관계가 있습니다.

하나님은 이렇게 연약해진 바울을 아굴라와 브리스길라를 통해 조력하게 하시고, 다른 한편으로 "하나님의 말씀으로 붙잡아" 주십니다(행 18:5).

말씀으로 붙잡아 주시고, 비전을 보여 주십니다.

3. 사역의 열매를 통해 힘을 주십니다

회당 옆에 있는 하나님을 경외하는 디도 유스도(Titus Justus)의 집으로 사역의 본거지를 옮겼습니다. 회당장 그리스보가 온 집으로 더불어 주님을 영접하는 등 수많은 고린도 사람들이 믿고 세례를 받는 열매를 통해 확신을 더해 주십니다(행 18:8). 또 다른 회당장 소스데네도 믿게 되었습니다. 사역의 열매만큼 사역자들에게 큰 힘을 주는 것은 없습니다. 사역자에게 보람을 줍니다.

하나님은 우리가 연약했을 때에 여러 가지로 도우십니다. 바울에게 동역자를 붙여 주시고, 말씀으로 붙들어 주시고, 비전을 보여 주시고, 좋은 소식을 들려주십니다. 아굴라와 브리스길라처럼 훌륭한 동역자가 되십시오. 그들은 물질적으로, 정서적으로, 영적으로 바울과 아볼로와 디모데의 동역자가 되어 교회를 세웠습니다. 그들은 말씀을 배우고, 분별하고, 지혜롭게 가르치는 자였습니다.

24
너희가 믿을 때에

¹아볼로가 고린도에 있을 때에 바울이 윗지방으로 다녀 에베소에 와서 어떤 제자들을 만나 ²이르되 너희가 믿을 때에 성령을 받았느냐 이르되 아니라 우리는 성령이 계심도 듣지 못하였노라 ³바울이 이르되 그러면 너희가 무슨 세례를 받았느냐 대답하되 요한의 세례니라 ⁴바울이 이르되 요한이 회개의 세례를 베풀며 백성에게 말하되 내 뒤에 오시는 이를 믿으라 하였으니 이는 곧 예수라 하거늘 ⁵그들이 듣고 주 예수의 이름으로 세례를 받으니 ⁶바울이 그들에게 안수하매 성령이 그들에게 임하시므로 방언도 하고 예언도 하니 ⁷모두 열두 사람쯤 되니라 행 19:1-7

바울이 3차 선교 여행 중 에베소에 갔을 때 세례 요한을 따르는 제자들 열두 명을 만났습니다. 그들은 모두 하나님을 잘 믿고 성경을 잘 알고 있다고 생각했습니다. 바울은 그들에게 반문합니다. "너희가 믿을 때에 성령을 받았느냐?" 이 말은 '너희가 무엇을 믿느냐', '그리스도인은 누구인가', 또는 '너희는 어떻게 하나님의 자녀라고 확신하느냐'라는 질문과 같습니다.

하나님을 믿는다고 하면서도 예수 그리스도를 인정하지 않고, 예수님을 믿는다고 하면서도 성령님의 내주하심과 인도하심을 모르는 사람이 있습니다. 천국도 예수님의 은혜가 아니라 자신의 공로나 선행 때문에 간다고 말하는 사람도 있습니다.

그러므로 이 질문을 스스로에게 해보아야 합니다. "나는 믿을 때에 무엇을 받았는가?" "내게 하나님을 믿는다는 어떤 증거가 있는가?"

아굴라 부부의 가르침을 받기 전의 아볼로는 "언변이 좋고 성경에 능통하고" 예수님에 대해서도 열심히 배워서 알고 가르치는 생활을 했지만, 요한의 세례만을 알 뿐이었습니다. 아볼로는 지성적인 신자였지만 성령의 능력은 알지 못했습니다. 아굴라 부부는 아볼로를 개인적으로 데려다가 가르치어 훌륭한 전도자가 되게 했습니다. 그래서 은혜로 믿는 자들에게 많은 유익을 끼쳤고, 예수는 그리스도라고 힘 있게 전하는 사람이 되었습니다(행 18:24-28).

세례 요한 출신 제자들도 확실히 종교적인 사람이었지만 아직 온전한 그리스도인은 아니었습니다. 세례 요한의 세례 외에는 예수님의 죽음, 부활, 승천, 성령의 약속을 모릅니다. 1) 오실 분에 대하여 들었지만 이미 오신 것을 알지 못했습니다. 2) 과거의 죄를 씻기는 예비적인 "회개의 복음"은 들었으나, 십자가와 부활의 "구원의 복음"은 알지도 못했습니다. 3) 죄 사함을 주는 요한의 물세례는 받았지만 예수님의 성령과 불세례는 받지 못했습니다.

예수님을 마음에 영접하지 않았기 때문에 성령님이 내주하지 않으시고, 오순절의 성령강림의 역사와 성령 자체에 대해서도 들어본 적 없다고 했습니다. 사실 그들은 구약을 여러 번 보았기 때문에 요엘서 등에서 언급된 성령님의 사역과 약속에 대해 많이 읽었습니다만 전혀 경험한 바가 없기 때문에 무지했던 것입니다. 아직도 예수님 오시기 전 구약시대에 살고 있습니다. 세례 요한의 사역은 예수님의 사역으로 연속성을 가지고 이어져야 합니다. 복음서는 구약의 마지막 인물인 세례 요한에서 예수님에게로, 사도행전은 예수님에서 성령님에게로 나아가는 길을 보여 줍니다.

"나는 물로 너희에게 세례를 베풀거니와 나보다 능력이 많으신 이가 오시나니 나는 그의 신발끈을 풀기도 감당하지 못하겠노라 그는 성령과 불로 너희에게 세례를 베푸실 것이요"(눅 3:16).

이것이 요한에서 예수님에게로 이어지는 것입니다.

"내가 떠나가는 것이 너희에게 유익이라 내가 떠나가지 아니하면 보혜사가 너희에게로 오시지 아니할 것이요 가면 내가 그를 너희에게로 보내리니"(요 16:7).

예수님에서 성령님으로 나아갑니다.

오늘의 교인들 가운데에는 첫째, 세례 요한의 회개의 물세례도 못 받은 사람이 있습니다. "회개하라 천국이 가까이 왔느니라." 이것은 예수님을 모시는 천국에 들어가는 예비적인 단계입니다. 예수님의 길을 예비하는 단계입니다. 과거의 죄를 공적으로 회개하고 용서를 받는 것입니다.

둘째, 세례 요한의 회개의 세례만을 받는 사람이 있습니다. 아굴라 부부의 가르침을 받기 전의 아볼로처럼, 세례 요한의 제자들처럼, 예수님의 십자가와 부활과 오순절의 성령강림을 모른 채 약속만을 가지고 여전히 기다리는 사람입니다. 세례 요한은 분명히 자기 뒤에 오실 분에 대해 말했고 이미 그분이 오셨습니다.

세례 요한은 구약의 마지막 선지자로 예수님의 길을 예언한 사람입니다. 예수님이 오시자마자 그는 "그는 흥하여야 하겠고 나는 쇠하여야 하리라", "보라 하나님의 어린 양이로다"라고 말하였고 이 말을 듣고 세례 요한의 제자 중 안드레와 요한은 즉시로 세례 요한을 떠나 예수님의 제자가 되었습니다(요 1:40).

이것은 세례 요한의 제자에 머무르지 말고 예수님을 따르는 사람이 되어야 한다는 것입니다. 구약의 율법도, 선지자도, 예수님을 가리키는 길잡이 노릇을 하고 예수님이 오시자마자 그 역할을 다하는 것입니다.

아굴라 부부처럼 우리는 이 세례 요한의 제자들과 아볼로 같은 분들을 위해서 기도해야 합니다.

셋째, 죄 사함의 세례뿐 아니라 성령과 불세례를 받는 사람이 있습니다. 요한의 회개의 세례, 중생과 성결의 성령세례입니다. 세례는 구원의 확증, 신앙의 확증, 성령의 주권적 기름부음을 인치는 것입니다. 요한의 세례는 죄 사함과 성령의 선물을 예고하고 있습니다. 성령세례는 용서, 자녀 됨, 중생, 칭의, 성령의 능력을 서명 양도하는 것입니다. 예수님의 죽음과 부활에 참여하는 것입니다.

초대교회 성도들은 오순절에 마가의 다락방에서 이미 받은 죄 사함 위에 성령의 세례를 받았습니다(행 2장). 사마리아에도 성령의 세례가 임했습니다(행 8:17). 고넬료의 가정에도 성령의 세례가 임했습니다(행 10:44).

바울이 에베소에서 안수하며 기도할 때에 성령이 세례 요한의 제자들에게도 임하였습니다. 이것은 마가의 다락방에서 120문도가 체험한 성령의 역사에 비할 수 있는 12사람이 체험한 '에베소의 오순절' 사건입니다. 방언과 예언도 동반되었습니다.

왜 성령을 받아야 됩니까? 성령을 받아야 우리는 하나님의 인도하심을 받을 수 있습니다. 구름 기둥과 불 기둥으로 이스라엘을 애굽에서 가나안까지 인도하신 것처럼 성령님이 우리를 천국까지 인도해 주십니다. 네비게이션으로 비유하면 말씀은 지도이고, 성령님은 GPS(인공위성)입니다. 성령님은 성경의 모든 역사를 현재화시켜 줍니다. 성령님은 우리가 하나님의 자녀임을 증거해 줍니다. 그리고 우리가 하나님을 증언할 수 있는 힘을 줍니다. 성령님은 증거의 영입니다. 성령님은 우리의 연약함을 도와주십니다. 육체적, 정신적, 영적으로 약한 것을 도와주십니다. 성령님의 인도함을 받는 사람은 모든 것이 합력하여 선을 이루게 됩니다(롬 8장 참조).

그래서 예수님은 당신이 가시는 것이 우리에게 유익하다고 하셨습니다. 성령님이 오셔서 시간과 공간을 초월하여 우리를 인도하시고, 진리를 증거하시고, 연약함을 도와주시기 때문입니다. 그러므로 성령 충만을 받아야 합니다.

"너희가 회개하여 각각 예수 그리스도의 이름으로 세례를 받고 죄 사함을 받으라 그리하면 성령의 선물을 받으리니"(행 2:38).

이미 성령을 선물로 받았으나 내 안에서 성령이 충만하게 역사하시도록 해야 합니다. 성령 충만하기 위해서는 숨은 죄를 자백

하고, 믿음으로 구하고, 성령님을 환영하고 모셔드려야 합니다. 말씀과 찬양과 기도로 하나님께 가까이 나가십시오.

성령을 받는 표지는 내적 증거와 외적 증거가 있는데, 내적으로는

1. 사랑의 사람으로 변화가 일어납니다.

하나님의 역사는 물을 포도주로 변화시키는 역사입니다. 가장 먼저 나타나는 것이 사랑입니다. 모든 것이 사랑스러워 보입니다. 하나님을 사랑하고, 이웃을 사랑하고, 자연조차도 사랑하게 됩니다. 사랑할 수 없던 것을 사랑하고 용서할 마음이 생겨납니다.

기독교의 사랑은 세상의 사랑과는 다릅니다. 왜냐하면 성령님의 역사로 사랑하게 되는 것입니다. 세상은 사람의 정욕으로 사랑하지만 기독교의 사랑은 다릅니다. 모든 것에 감사하게 됩니다. 마음의 평안을 누립니다.

2. 거룩한 생활에 대한 강한 열망이 생깁니다.

성령은 거룩한 영이십니다. 죄를 미워하고 의로운 일을 사모하게 됩니다. 행복해지기보다 거룩하기를 열망하고, 잘못 살기보다는 바르게 죽겠다는 마음이 일어납니다.

성령님은 인격자이십니다. 성령을 근심시키거나, 소멸하거나, 훼방하면 안 됩니다. 성령을 소멸하는 것은 거룩한 생각을 저버릴 때입니다. 성령을 근심시키는 것은 죄악된 생활을 할 때입니다. 성령을 훼방하는 것은 성령의 역사를 방해할 때입니다. 성령이 떠나가시는 것은 거룩함이 없을 때입니다.

우리 평생의 기도는 "주의 성령을 내게서 거두지 마소서"(시 51:11)가 되어야 합니다. 성령님이 떠나 버리면 아무것도 아니기 때문입니다.

외적으로는
3. 성령의 능력이 나타납니다.
하나님의 나라는 말에 있지 아니하고 능력에 있습니다. 말로만 주여 주여 하는 자가 믿음이 있는 자가 아니고 능력이 있어야 합니다. 야고보는 행함으로 너의 믿음을 보이라고 했습니다.

성령님이 계시면 반드시 그 열매가 나타납니다. 열매를 보아 그 나무를 알 수 있다고 했습니다.

"오직 성령의 열매는 사랑과 희락과 화평과 오래 참음과 자비와 양선과 충성과 온유와 절제니"(갈 5:22-23).

사도행전 19장은 에베소 오순절 후 밖으로 나타나는 성령님의 역사를 기록하고 있습니다.

1) 방언도 하고 예언도 함(6절)
2) 놀라운 능력이 나타나고 병이 떠나고 악귀가 나감(11-12절)
3) 악령의 역사를 이김(13-15절)
4) 삶의 변화가 일어남(18-19절)
5) 말씀이 힘이 있어 흥왕하여 세력을 얻음(20절)

바울은 성령의 역사와 더불어 말씀을 가르칩니다. 두란노 서원을 세우고 바울의 사역 중 가장 긴 2년 동안 날마다 가르쳤습니다(행 19:9-10). 말씀과 성령이 함께할 때 놀라운 역사가 일어났습니다.

23절부터 40절까지는 사회에까지 파장을 일으킨 선한 영향력을 기록하고 있습니다. 신자들의 삶의 변화는 점술가, 신상 모형 만드는 자, 아데미 신전에서 생업을 유지하는 사람들 영업에 큰 타격을 주는 지경에 이르렀습니다. 그래서 우상을 만들어 먹고 사는 조합원들이 시위를 하는 상황으로 발전되게 됩니다. 개인의 변화가 사회의 변혁으로 이어지는 것입니다.

우리도 과거에 1907년 평양 부흥 운동이 일어났을 때, 평양의 술집, 기생들이 생계 위협을 받은 나머지 기생조합에서 대표적인 목사를 넘어뜨리려고 유혹 작전까지 꾸몄다는 기록이 있습니다.

오늘 기독교가 점집, 술집, 카지노, 포르노그래피 장사들을 위협하고 있습니까? 그들이 교회 앞에 와서 데모를 한 적이 있습니까?

"너희가 믿을 때" 성령을 받고, 능력을 받고, 개인과 사회에 변화가 일어나야 합니다. 개인의 변화뿐 아니라 도시 전체의 문화를 변화시키는 복음, 문화를 변혁하는 그리스도가 되어야 합니다. 2024년 한국에서 열리는 4차 로잔 대회는 복음전도와 사회책임을 감당하고자 시작된 선교운동입니다.

로버트 루이스 목사는 "만일 지역교회가 없어진다면, 그 교회 신자들 외에 교회를 그리워할 사람이 얼마나 있을까?"라고 말했습니다.

복음과 성령은 교회 내부에 있는 자들만을 위한 것이 아닙니다. 사회를 변혁시키고, 악한 영들을 쫓아내는 것입니다.

"너희가 믿을 때에 성령을 받았느냐?" 무슨 증거가 있습니까? 성령이 우리가 하나님의 자녀임을 증거하노라.

25
바울의 고별설교

[17]바울이 밀레도에서 사람을 에베소로 보내어 교회 장로들을 청하니 [18]오매 그들에게 말하되 아시아에 들어온 첫날부터 지금까지 내가 항상 여러분 가운데서 어떻게 행하였는지를 여러분도 아는 바니 [19]곧 모든 겸손과 눈물이며 유대인의 간계로 말미암아 당한 시험을 참고 주를 섬긴 것과 [20]유익한 것은 무엇이든지 공중 앞에서나 각 집에서나 거리낌이 없이 여러분에게 전하여 가르치고 [21]유대인과 헬라인들에게 하나님께 대한 회개와 우리 주 예수 그리스도께 대한 믿음을 증언한 것이라 [22]보라 이제 나는 성령에 매여 예루살렘으로 가는데 거기서 무슨 일을 당할는지 알지 못하노라 [23]오직 성령이 각 성에서 내게 증언하여 결박과 환난이 나를 기다린다 하시나 [24]내가 달려갈 길과 주 예수께 받은 사명 곧 하나님의 은혜의 복음을 증언하는 일을 마치려 함에는 나의 생명조차 조금도 귀한 것으로 여기지 아니하노라 [25]보라 내가 여러분 중에 왕래하며 하나님의 나라를 전파하였으나 이제는 여러분이 다 내 얼굴을 다시 보지 못할 줄 아노라 [26]그러므로 오늘 여러분에게 증언하거니와 모든 사람의 피에 대하여 내가 깨끗하니 [27]이는 내가 꺼리지 않고 하나님의 뜻을 다 여러분에게 전하였음이라 [28]여러분은 자기를 위하여 또는 온 양 떼를 위하여 삼가라 성령이 그들 가운데 여러분을 감독자로 삼고 하나님이 자기 피로 사신 교회를 보살피게 하셨느니라 [29]내가 떠난 후에 사나운 이리가 여러분에게 들어와서 그 양 떼를 아끼지 아니하며 [30]또한 여러분 중에서도 제자들을 끌어 자기를 따르게 하려고 어그러진 말을 하는 사람들이 일어날 줄을 내가 아노라 [31]그러므로 여러분이 일깨어 내가 삼 년이나 밤낮 쉬지 않고 눈물로 각 사람을 훈계하던 것을 기억하라 [32]지금 내가 여러분을 주와 및 그 은혜의 말씀에 부탁하노니 그 말씀이 여러분을 능히 든든히 세우사 거룩하게 하심을 입은 모든 자 가운데 기업이 있게 하시리라 [33]내가 아무의 은이나 금이나 의복을 탐하지 아니하였고 [34]여러분이 아는 바와 같이 이 손으로 나와 내 동행들이 쓰는 것을 충당하여 [35]범사에 여러분에게 모본을 보여준 바와 같이 수고하여 약한 사람들을 돕고 또 주 예수께서 친히 말씀하신 바 주는 것이 받는 것보다 복이 있다 하심을 기억하여야 할지니라 행 20:17-35(38)

「마지막 수업」은 프랑스 남부 출신의 작가 알퐁스 도데(1840-1897)의 작품입니다. 프란츠가 허둥지둥 학교에 가는 것으로 이야기가 시작됩니다. 공부도 못하고 숙제도 안 하고 그저 들판이나 쏘다니며 놀기 좋아하는 철부지 아이지요.

프란츠가 면사무소 앞을 지나가는데, 어른들이 여럿 모여 걱정을 하고 있었습니다. 그리고 대장장이 아저씨가 돌아보며 소리쳤습니다.

"애야, 그렇게 서두를 것 없다. 지금 학교에 가도 늦지 않을 거야."

무슨 뜻으로 그렇게 소리쳤을까요? 영문을 모르는 프란츠입니다. 늘 그래왔던 것처럼 학교로 달려가 몰래 교실 뒷문으로 들어갈 생각이었지요.

그런데 평소 엄하기로 소문난 아멜 선생님에게 들키고 말았습니다. 프란츠는 겁먹은 얼굴로 잔뜩 긴장했습니다. 하지만 아멜 선생님은 야단치지 않았습니다. 오히려 다정하게 말하지 뭐예요.

"프란츠, 어서 네 자리에 가 앉거라. 하마터면 너를 빼고 수업을 할 뻔했구나."

그날따라 교실 분위기가 모두 이상했습니다. 너무 엄숙했습니다. 그런데 늘 비어 있던 교실 뒤쪽 의자에 마을 어른들이 학생처럼 조용히 앉아 있는 것입니다. 삼각 모자를 손에 든 오제 영감, 예전의 면장님, 우편배달부, 그밖에도 많은 어른들이 보였습니다.

아멜 선생님이 말했습니다.

"여러분! 이것이 여러분과의 마지막 수업입니다. 알자스와 로렌 지방의 학교에서는 독일어만 가르치라는 명령이 베를린으로부터 내려왔습니다. 내일 새로운 선생님이 오십니다. 오늘로 여러분의 프랑스어 수업은 마지막입니다. 여러분, 열심히 수업을 들어주기 바랍니다."

프랑스어 마지막 수업! 너무나 놀라운 일이었지요. 그동안 자주 수업을 빼먹고 새집을 찾아다닌 프란츠입니다. 강가에서 얼음을 지치면서 시간을 헛되이 보낸 프란츠입니다. 마지막 수업이라니! 프란츠는 잠시 전까지만 해도 진절머리가 났던 책들이며 성경을 만져 보았습니다. 그것들이 정말 헤어지기 싫은 친구로 가슴에 와닿았습니다.

아멜 선생님에 대한 생각도 마찬가지였습니다. 선생님과 헤어져야 하고 다시는 만날 수 없다고 생각하니 눈물이 났습니다. 평소 공부를 못한다며 막대기로 얻어맞곤 했는데….

'오, 가엾은 선생님!'

프랑스어 마지막 수업을 위하여 정장으로 옷을 입은 아멜 선생님입니다. 프란츠는 교실 뒤쪽을 쳐다보았습니다. 왜 동네 어른들이 엄숙하게 앉아 있을까요? 그 어른들은 40년 동안이나 정성껏 아이들을 가르쳐온 아멜 선생님에게 감사하고, 떠나가는 조국에 경의를 표하기 위해서랍니다. 그런데 아멜 선생님이 프란츠의 이름을 불렀습니다. 프란츠가 책을 읽어야 했습니다.

하지만 프란츠는 첫마디부터 막혔습니다. 부끄럽고 안타까운 마음에 고개를 들지 못했습니다. 어정쩡하게 서 있기만 했지요. 아멜 선생님이 다가오더니 말했습니다.

"프란츠, 나는 너를 야단치지 않겠다. 이미 충분히 벌을 받은 셈이니까. 사람들은 이렇게 말한단다. 그까짓 것 서두를 것 없어. 내일 하면 되니까. 그 결과 우리는 이렇게 되었단다. 생각해 보렴. 교육을 언제나 내일로 미루었던 것이 우리 알자스의 큰 불행이었어. 지금 프로이센 사람들이 비웃고 있단다. '뭐라고? 너희는 프랑스 사람이면서 프랑스어를 쓰지도 읽지도 못한다고!' 그렇게 비웃는데도 우리는 할 말이 없구나."

"……."

「마지막 강의」는 췌장암과 사투를 벌이면서도 삶에 대한 긍정적 태도를 통해 미국인을 비롯한 전 세계인들에게 희망, 감동, 사랑을 선사해온 랜디 포시의 글입니다. 포시 교수는 버지니아 체사피크에 있는 자신의 집에서 47세의 짧은 생을 마감했습니다. 자신이 그토록 사랑하고 아끼던 부인 제이와 어린 세 자녀 딜런(6), 로건(3), 클로에(2)와의 고별이었습니다. 포시 교수는 6개월 시한부 삶을 선고받은 지난해 9월 "당신의 어릴 적 꿈을 진정으로 성취하는 일"이라는 주제로 마지막 강의를 했습니다.

그는 인터뷰에서 "나는 '마지막 강연'을 할 때 나를 병(甁) 속에 집어넣으려고 했다. 그래서 그 병이 언제가 해변에 닿아 우리 애들에게 전해지길 소망했다"라고 말했습니다. 자신의 시한부 삶이 마감되면 들려줄 수 없는 얘기들을 모아서 자식들에게 남겨둔다는 의미로 강연을 했다는 얘기입니다. 그는 강연에서 유년 시절의 꿈 가운데 '무중력 상태 경험하기', '백과사전에 글 싣기', '월트 디즈니에서 일해 보기' 등은 모두 성취했다고 말했습니다. 그는 당시 방송에서 "나는 비록 암에 걸렸지만 그것이 불공정하다고 생각하지는 않는다. 내가 화를 낸다고 상황이 바뀌는 것도 아니다"라며 긍정적인 태도로 병마와 싸워나가겠다는 의연함을 보였습니다. 그는 또 "세상에서 가장 소중한 세 단어가 있는데 그건 'to be honest(정직하라)'이다. 거기에다 세 단어를 추가한다면 'all the time(언제나)'이다"라고 말했습니다.

최근에는 죽음 뒤에 슬픔의 눈물로 보내는 장례식 대신 건강할 때 많은 분들에게 감사의 인사와 편지를 전하며 의미 있는 시간을 보내는 생전 장례식이 많아지고 있습니다.

"죽은 다음 장례는 아무 의미도 없습니다. 임종 전 지인과 함께 이별 인사를 나누고 싶습니다. 검은 옷 대신 밝고 예쁜 옷을 입고 함께 춤추고 노래 부릅시다."

소크라테스의 유언도 유명합니다.

"여보게 크리톤. 아스클레피오스에게 닭 한 마리를 빚졌네. 자네가 대신 갚아 주게."

사형집행일에 소크라테스는 '영혼의 존재'와 '영혼의 불멸 여부'에 대한 철학적인 토론을 벌이고 "영혼은 존재하며 불멸한다"고 설파했습니다. 친구 크리톤이 간수가 오늘은 말을 많이 하면 독약이 잘 들지 않아 독배를 두 잔, 세 잔 마실 수 있다고 하자, 독

배를 마시고 독 기운이 심장까지 올라오자 한 말입니다. 당시 아테네 사람들은 병이 나으면 의술의 신 아스클레피오스에게 감사의 표시로 닭 한 마리를 신전에 바쳤는데, '독약 약발이 제대로 받는군. 신에게 고맙다고 전해 줘'라는 뜻의 농담입니다.

저희 교회 주정순 권사님은 유언장을 만들어 자신의 아들과 저에게 주었습니다.

"화장하여 뿌리고, 천국환송예배는 간소하게, 간단하게 하여라. 나는 믿음으로 하늘나라에 간다. 울지 말고 요한복음 14장을 읽어라. 예수님 잘 믿고 축복받고, 세계 선교하고, 어려운 주의 종님들 도와드리고, 어려운 장학생들 도와주면서 살아라. 조사는 사양한다. 향은 피우지 말라. 가족 대표 인사는 2분 정도 하여라. 순종하라. 소망성가대원들 감사합니다."

좋은 죽음이란 무엇일까요? 선물이 되는 죽음, 영원히 기억되는(사는) 죽음, 생명으로 이어지는 죽음입니다.

신명기는 모세가 느보산에서 약속의 땅 가나안을 바라보며 이스라엘 백성들에게 과거의 하나님의 역사를 회상하며 앞으로의 신앙생활을 교훈하는 세 개의 긴 고별설교로 되어 있습니다. 모세는 "너는 마음을 다하고 뜻을 다하고 힘을 다하여 네 하나님 여호와를 사랑하라"(신 6:5)는 요지의 유언적인 말씀을 남겼습니다.

여호수아는 110세에 하나님의 역사를 회상하며 "너희가 섬길 자를 오늘 택하라 오직 나와 내 집은 여호와를 섬기겠노라"(수 24:15)고 말하고 증거의 돌을 세웠습니다.

사무엘은 퇴임사에서 "내가 누구의 소를 빼앗았느냐 누구의 나귀를 빼앗았느냐 누구를 속였느냐 누구를 압제하였느냐 내 눈을 흐리게 하는 뇌물을 누구의 손에서 받았느냐"(삼상 12:3)라고 백성들에게 물었습니다. 백성들은 그런 일 없었다고 대답합니다. 그러자 "여호와를 따르는 데에서 돌아서지 말고 오직 너희의 마음을 다하여 여호와를 섬기라", "너희를 위하여 행하신 그 큰 일을 생각하여 오직 그를 경외하며 너희의 마음을 다하여 진실히 섬기라"라는 말을 남기고 떠났습니다.

다윗도 임종할 때에 자기 아들 솔로몬과 백성을 모아놓고 "너는 네 아비의 하나님을 알고 온전한 마음과 기쁜 뜻으로 섬길지어다"(대상 28:9; 왕상 2:1 참조)라며 자신이 못다 한 성전봉헌을 부탁했습니다.

이런 고별설교의 공통적인 특징은 다음과 같습니다. 첫째, 설교자의 친지들을 모은다. 둘째, 설교자가 떠나거나 죽는다. 셋째, 장차 될 일들을 말하고, 마지막 권고의 말씀을 나눈다.

본문의 말씀은 바울이 사역지 중 가장 오래 머물렀던(3년) 에베소를 떠나면서 교회 지도자들과 나누는 고별의 말씀입니다. 그는 이제 1, 2, 3차 전도여행을 마치고 예루살렘에 가는 길에 앞으로 자신에게 당할 일들을 이미 알고 있는 상황에서 다시 못 볼 에베소 교인들에게 유언과 같은 말씀을 남깁니다. 바울의 말씀에는 눈물, 성령, 모본, 사명 같은 키워드가 등장합니다. 바울은 진정한 사역자로서 사역의 본질과 사명 선언서를 남기고 있습니다.

이 말씀들은 흡사 예수님이 유월절에 제자들과 더불어 떡과 잔을 나누며 하신 말씀들을 생각나게 합니다(요 14-17장 고별설교와 기도). 누가복음과 사도행전의 기자인 누가는 예수님의 뒤를 따르는 사도 바울의 모습을 이렇게 마지막 행적에 있어서도 주님의 뒤를 따르는 모습으로 상세하게 묘사하고 있습니다.

바울은 성령님이 가르쳐 주심을 따라 이번 예루살렘을 향한 길에 환란과 결박이 기다리고 있다는 사실을 미리 여러 번에 걸쳐서 잘 알고 있었습니다(행 20:23). 그리고 다시는 에베소 교인들을 못 보게 될 것이라는 사실도 잘 알고 있었습니다(행 20:25). 예언의 은사를 받거나 성령의 감동하심을 받은 성도들도 수차에 걸쳐서 바울의 고난을 미리 알게 되고 그래서 예루살렘에 들어가지 말라고 간곡하게 말리는 상황이었습니다(행 21:4, 11).

그러나 바울은 예언과 성령님을 통하여 앞으로 일어날 고난을 알고 있었으나 그 고난을 회피하고자 하지 않고 하나님이 자신에게 주신 본래의 사명에 목숨을 걸고 충실하기로 재차 삼차 다짐을 합니다. 그러니까 예언은 바울로 하여금 미리 알고 피하라는 것이 아니라 더욱 각오를 새롭게 함으로 순교적인 신앙으로 본래의 사명을 잘 준비하여 감당하라는 것입니다.

바울의 메시지는 주로 교회의 지도자들을 향한 말씀입니다. 바울은 교회 장로들을 에베소에서 약 50킬로미터 떨어져 있는 밀레도까지 오도록 했습니다. 이제까지 바울의 설교는 주로 불신자들에 대한 복음 전도설교나 유대인들에게 기독교 신앙을 변증하는 것이었으나 이번에는 처음으로 교회의 지도자와 신자들을 향한 설교입니다.

1. 먼저 바울은 과거 3년 동안 자신이 에베소에서 한 사역을 상기합니다. 이것은 장로들이 이미 잘 알고 있는 일들입니다. "여러분도 아는 바니"(18-21절), 'you know' 시점은 과거입니다. 바울의 목회 철학과 원칙이 나옵니다. 겸손과 눈물로 시험을 참고 주를 섬긴 것, 유익한 것은 어디서든지 전하고 가르친 것, 회개와 믿음을 증언한 것입니다.

2. 다음으로 바울은 앞으로의 자신에게 미칠 미래적인 일을 말하고 있습니다. "보라, 이제 나는~"(22-27절)는 바울의 각오를 보여줍니다. "성령에 매여"는 성령의 강권하심을 따라, 성령의 포로가 되어, 어디든 무엇이든 성령님이 인도하시는 대로 간다는 뜻입니다. 예루살렘으로 올라가는 바울의 비장한 각오를 엿볼 수 있습니다. "내가 달려갈 길과 주 예수께 받은 사명 곧 하나님의 은혜의 복음을 증언하는 일을 마치려 함에는 나의 생명조차 조금도 귀한 것으로 여기지 아니하노라"(행 20:24).

바울은 쉬운 길, 안전한 길, 명예스러운 길, 생존하는 길이 아니라 오직 사명을 위한 길을 갑니다. 성도들이 울며 만류할 때 그는 이렇게 말했습니다. "나는 주 예수의 이름을 위하여 결박 당할 뿐 아니라 예루살렘에서 죽을 것도 각오하였노라"(행 21:13). 결국 성도들도 "주의 뜻대로 이루어지이다"(행 21:14)라고 말합니다.

실제로 바울은 예루살렘에서 잡혀 옥에 갇히고 갖은 고난을 받습니다. 바울이 로마 황제에게 재판받는 것을 청원하여 죄수의 몸으로 로마까지 호송되어 가고, 그곳 감옥에 약 2년 동안 있는 동안 여러 가지 편지를 썼는데, 에베소의 교회로 편지를 보낸 것이 에베소서입니다. 바울은 그 후 석방되었다가 로마의 기독교 박해가 시작될 때에 베드로와 함께 참수형을 당해 순교를 하게 됩니다. 그러므로 이것이 에베소 교회와 이 땅에서 마지막 대면입니다. "이제는 여러분이 다 내 얼굴을 다시 보지 못할 줄 아노라"(행 20:25).

그러나 바울은 자신이 에베소에서 파수꾼의 사역을 다 완수했다고 했습니다. 에스겔을 이스라엘의 파수꾼으로 세움같이(겔 33:6) 바울을 에베소의 파수꾼으로 세웠는데, 파수꾼이 충분히 경고하였는데도 준비하지 않으면 악인은 자기 죄 때문에 죽고 파수꾼은 무죄하며, 만일 파수꾼이 경고하지 않으므로 죽게 되면 피 값을 파수꾼이 치르게 된다고 했는데 바울은 충분히 하나님의 뜻을 다 전하였으므로 하나님 앞에 섰을 때 저들의 멸망에 대해 아무 책임이 없다는 말씀입니다(행 20:26).

3. 끝으로 바울은 교회의 지도자 장로들에게 현재의 사역을 당부합니다(28-35절). 우선 "삼가라"(28절)라고 했는데, 이는 "주의하여 살피라"는 뜻으로 먼저는 자신을 살피고 온 양 떼를 보살피라

는 것입니다. 또한 눈물로 훈계하던 것을 "기억하라"(31절)고 했으며, 하나님의 은혜의 말씀에 여러분을 부탁한다고 했습니다. 그리고 "모본을 보여준 바와 같이" 본받으라고 했습니다(35절). 바울은 아무의 은이나 금이나 의복을 탐하지 아니하고, 자신의 손으로 자신과 동행들이 쓰는 것을 충당했으며, 약한 자를 돕는 생활을 했습니다.

"이 말을 한 후 무릎을 꿇고 그 모든 사람들과 함께 기도하니 다 크게 울며 바울의 목을 안고 입을 맞추고"(36-37절). 기도와 눈물의 입맞춤 그리고 전송입니다. 에베소의 사역을 회고하는 바울은 너무나 아름다웠을 뿐 아니라 성령의 이끌림을 받아 나아가는 사역에 비장함을 더합니다. 오직 말씀에 붙들려 복음을 증언하기 위해 생명을 바친 바울의 모습이 감동적입니다. 양 떼들을 부탁하는 목회자의 마음을 엿보게 합니다.

26
바울의 변명: 나와 같이 되기를

²⁰먼저 다메섹과 예루살렘에 있는 사람과 유대 온 땅과 이방인에게까지 회개하고 하나님께로 돌아와서 회개에 합당한 일을 하라 전하므로 ²¹유대인들이 성전에서 나를 잡아 죽이고자 하였으나 ²²하나님의 도우심을 받아 내가 오늘까지 서서 높고 낮은 사람 앞에서 증언하는 것은 선지자들과 모세가 반드시 되리라고 말한 것밖에 없으니 ²³곧 그리스도가 고난을 받으실 것과 죽은 자 가운데서 먼저 다시 살아나사 이스라엘과 이방인들에게 빛을 전하시리라 함이니이다 하나 ²⁴바울이 이같이 변명하매 베스도가 크게 소리 내어 이르되 바울아 네가 미쳤도다 네 많은 학문이 너를 미치게 한다 하니 ²⁵바울이 이르되 베스도 각하여 내가 미친 것이 아니요 참되고 온전한 말을 하나이다 ²⁶왕께서는 이 일을 아시기로 내가 왕께 담대히 말하노니 이 일에 하나라도 아시지 못함이 없는 줄 믿나이다 이 일은 한쪽 구석에서 행한 것이 아니니이다 ²⁷아그립바 왕이여 선지자를 믿으시나이까 믿으시는 줄 아나이다 ²⁸아그립바가 바울에게 이르되 네가 적은 말로 나를 권하여 그리스도인이 되게 하려 하는도다 ²⁹바울이 이르되 말이 적으나 많으나 당신뿐만 아니라 오늘 내 말을 듣는 모든 사람도 다 이렇게 결박된 것 외에는 나와 같이 되기를 하나님께 원하나이다 하나라 행 26:20-29(21:17-26:32)

사도행전의 마지막 부분인 21장부터 26장까지는 바울의 예루살렘 여행과 행적, 그리고 가이사랴로의 이송과 일련의 심문이 기록되어 있습니다. 바울의 예루살렘 여정은 매우 위험한 것으로 이미 여러 차례 예견되어 있었고 바울은 이 사실을 잘 알면서도 죽음을 각오하고 갔습니다. 예루살렘으로 가는 것은 바울의 뜻이 아니라, "성령에 매여" 성령님의 인도하심을 따르는 길입니다(행 20:22). 이것은 복음이 예루살렘에서 로마로 향하는 여정을 보여 주는 것입니다. 물론 이번 여정에서 바울은 자유로운 몸이 아니라 결박된 몸으로 나아갑니다. 신앙의 성장은 내가 주도적인 삶에서 성령께 의존하는 삶으로 나아가는 것입니다. 내 뜻대로가 아니라 아버지의 뜻대로입니다. 그러나 세상은 정반대입니다. 세상은 의존적인 삶에서 주도적인 것으로 나아가는 것을 성장이라고 합니다. 그러나 신앙의 성숙은 주도적에서 의존적으로 맡기며 나아가는 것입니다. 성령의 포로가 되어 살아가는 것입니다. "주님 말씀하시면 내가 나아가리다."

예수님은 베드로에게 "네가 젊어서는 스스로 띠 띠고 원하는 곳으로 다녔거니와 늙어서는 네 팔을 벌리리니 남이 네게 띠 띠우고 원하지 아니하는 곳으로 데려가리라"(요 21:18)라고 하셨습니다. 이제 우리는 바울에게서 진정한 사명자의 모습을 보게 됩니다.

사도행전 21-26장에는 바울이 결박되어 재판을 받는 일련의 다섯 번의 재판 기록이 소개되어 있습니다. 예수님은 제자들에게 "이방인들에게 증거하기 위하여 총독들과 임금들 앞에 끌려갈 것이다"(마 10:18; 막 13:9 참고)라고 말씀하셨는데, 그 말씀의 증거를 보는 것 같습니다. 이런 방식이 아니고는 바울이 고관들과 이방 통치자들을 직접 만나 증언할 기회가 없었을 것입니다. 사도행전의 저자인 누가는 예수님의 예루살렘에서의 마지막 행적을 연상시키면서 바울의 예루살렘에서의 마지막 행적을 기록하고 있습니다. 바울도 예수님처럼 사람들의 만류에도 불구하고 예루살렘에 들어갑니다(마 16:22). 예수님과 바울은 예루살렘에서 체포됩니다. 예수님은 대제사장과 서기관 바리새인들에게 고난을 받으시면서 다섯 번의 재판을 받습니다. 안나 제사장에게, 산헤드린에서, 헤롯에게, 그리고 빌라도에게 두 번입니다. 바울도 예루살렘 영문에서 유대인 무리와 천부장 앞에서(22장), 예루살렘 공회(산헤드린)에서 제사장들에게(23장), 가이사랴로 내려가 벨릭스 로마 총독 앞에서 대제사장 아나니아와 장로들 변호사 더둘로가 고소하므로(24장), 가이사랴에서 벨릭스 후임으로 새로 부임한 베스도 총독 앞에서(25장), 가이사랴에서 헤롯 아그립바 2세 분봉왕이 베스도를 방문했다가 모든 귀족이 함께 모인 자리에서(26장) 재판을 받습니다. 사도행전 21-26장은 다섯 번에 걸친 재판 변론 시리즈입니다. 사실상 바울은 다섯 차례의 증언을 하게 됩니다. 예루살렘 백성들에게, 산헤드린 공회 앞에서, 두 명의 로마 총독에게 각각, 그리고 유대왕 아그립바에게입니다.

예수님의 재판 이야기도 그렇지만 선서도 없고, 변호인도 없고, 교차 심문도 없고, 증거 제시도 없습니다. 실제 재판에는 분명한 고발 내용이 공표되고, 검사와 변호인의 법리가 진행되고, 유무죄에 대한 증거 제시가 있어야 합니다.

그래도 바울의 경우는 로마시민이어서 그런지 보호를 받으면서 예수님에 비하면 나름의 절차를 가지고 진행되었고, 변론할 수 있는 기회도 얻고 상소도 받아들여졌습니다.

바울에 대한 고발은 있었지만 모두 다 소문에 근거한 것이고, 날조된 것입니다. "카더라"에 근거한 것입니다. 죄목도 예수님과 비슷하게 율법 문제로, 성전과 신성을 모독하고 무리를 선동했다는 것입니다. 예수님을 십자가에 못 박으라고 외치던 무리들은 이제 바울을 죽이기 위하여 소리치고 갖은 음모를 다 꾸미고 있습니다. 바울도 역시 이 재판 과정을 통과하면서 예수님처럼 채찍에 맞고, 결박당하고, 구금당하고, 조롱당하고, 수많은 시련을 겪었습니다.

그러나 예수님은 온 인류를 위한 대속적인 고난을 받는 대신 바울은 예수님의 복음을 위한 고난을 받는 것입니다.

일련의 긴 바울의 마지막 여정(행 21:17-26:32까지)을 여러 번 읽으면서 "사람이 오해를 받을 때 어떻게 해야 되는가"를 생각해 봅니다.

랄프 왈도 에머슨은 "위대하게 되는 것은 오해받는 자가 되는 것이다"라고 하면서 위대함의 대가는 오해를 받는 것이라고 설파한 적이 있습니다. 그러고 보니까 성경의 많은 위대한 인물들은 다 끊임없이 오해와 곡해에 시달렸던 사람들입니다.

방주를 예비했던 노아는 세상 사람들이 볼 때 어리석은 늙은 이로밖에 보이지 않았습니다. 다 미쳤다고 했습니다. 이스라엘을 영도한 모세도 이스라엘에게 훼방꾼이고 자기의 야망을 성취하기 위해 이스라엘을 이용한다는 말도 들은 사람입니다. 요셉 같은 이는 백일몽에 사는 자라는 비난을 들었고, 다윗 같은 사람은 정권을 노린다는 오해를 받아 사울의 끊임없는 추격을 받았습니다. 예수님은 두말할 것도 없고 모든 사도가 오해의 희생물이 되었습니다. 사실 세상은 이분들을 이해할 수 없었습니다. 어떻게 보면 이들은 세상을 거꾸로 사신 분들이니까요.

그리고 보니 오해는 사탄이 태초부터 즐겨 쓰는 무기인 것 같습니다. 사탄은 아담과 하와에게 찾아와 하나님의 선한 의도를 오해하도록 만들었습니다. "너희가 먹는 날에는 눈이 밝아져 하나님과 같이 될 것을 그가 아심이라." 결국 아담과 하와는 하나님을 오해하였습니다. 역사상 오해의 희생자들은 어떤 질병이나 전쟁의 희생자보다 더 많을 것입니다.

여러분은 오해를 받으신 적이 있습니까? 어떻게 대처하였습니까? 특별히 무고하게 또는 의로운 일을 하다가 오해받은 적이 있습니까? 그래서 의욕이 떨어지고 포기하신 적은 없습니까?

본문에서 심문을 받는 바울을 살펴보겠습니다.

1. 그들은 바울을 어떻게 오해했습니까?

"모세를 배반하고 아들들에게 할례를 행하지 말고 또 관습을 지키지 말라 한다"(행 21:21). "각처에서 우리 백성과 율법과 이 곳을 비방하여 모든 사람을 가르치는 그 자", "헬라인을 데리고 성전에 들어가서 이 거룩한 곳을 더럽혔다"(행 21:28). "네가 이전에 소요를 일으켜 자객 사천 명을 거느리고 광야로 가던 애굽인이 아니냐"(행 21:38).

고용한 변사 더둘로를 동원하여 고소합니다.

"우리가 보니 이 사람은 전염병 같은 자라 천하에 흩어진 유대인을 다 소요하게 하는 자요 나사렛 이단의 우두머리라"(행 24:5). "그가 또 성전을 더럽게 하려 하므로 우리가 잡았사오니"(행 24:6).

바울은 민족의 반역자, 모세 율법 파괴자, 성전 훼방자, 풍기문란자, 이단의 괴수, 소요를 일으키는 자, 자객을 거느린 무장 테러리스트로 오해받았습니다. 그리고 그들은 바울을 붙들고, 잡고, 끌고, 죽이려 하고, 치고, 쇠사슬에 결박하고, 모함하고, 폭행, 소동을 일으켰습니다. 떠들며, 옷을 벗어 던지고, 채찍질하고, 신문(고문)하고, 가죽 줄로 묶고, 구류하고 호송하였습니다. 자객 40여 명이 암살을 계획했으며, 돈을 받고 인기를 얻으려고 이용했습니다.

2. 바울은 어떻게 했습니까?

첫째, 바울은 자신을 변호하기보다 자신의 체험을 증언하고, 예수님을 변호하였습니다.

바울이 받은 다섯 번의 재판은 예수님을 증언하는 다섯 번의 전도 설교가 됩니다. 사람들은 우리를 오해로 괴롭히기도 하지만 하나님은 이것을 뜻을 이루는 재료로 사용하십니다.

바울은 모든 고관 앞에 서서 믿음을 변론할 기회를 갖게 되었습니다. 수없이 "높고 낮은 사람 앞에서"(행 26:22) 예수님을 증언했습니다. 복음을 전할 기회로 활용했습니다. 자신을 변론하기보다는 예수님의 십자가와 부활을 증언하였습니다. "너는 말씀을 전파하라 때를 얻든지 못 얻든지 항상 힘쓰라"(딤후 4:2).

19세기 유명한 부흥사 찰스 피니는 변호사에서 하나님의 종으로 부름을 받았는데 어떤 기업으로부터 변호사가 되어 줄 것을 제의받았을 때 "저는 주 예수 그리스도로부터 그의 의를 변호해 달라는 의뢰를 받았으므로 당신의 제의를 받아 줄 수가 없습니다"라고 했습니다.

바울은 우선 자신의 신앙사건을 간증했습니다. 자신의 회심과 다메섹에서 주님을 만났던 체험을 두 번씩 간증하였습니다(행 22:5-16; 26:12-18). 그다음 바울은 예수님의 의로운 대속의 죽음에 대하여 변호하였습니다. 예수님의 갈보리 십자가는 구약의 성취, 율법의 완성이었습니다. 바울은 특별히 예수님의 부활과 그 부활의 소망을 증언했습니다. 예수님의 십자가와 부활의 증인이 된 것입니다. 이어서 바울은 미래의 소망과 심판을 증언하고 결단을 촉구했습니다.

벨릭스(Antonius Felix) 총독(AD 52-60)에게 "의와 절제와 장차 오는 심판을 강론"(행 24:25)하며 결단을 촉구하니 두려운 마음은 생겼지만 믿음으로 발전을 하지 못하고 미룹니다. "지금은 가라 내가 틈이 있으면 너를 부르리라." "지금은 시간이 없어서 안 되고 나중에 틈이 나면 믿겠다"고 말하는 현대인과 똑같습니다. "차차 마귀"에 빠져 미루는 것을 볼 수 있습니다. 복음은 틈을 내서 믿는 것이 아닙니다. 지금 바로 우선적으로 시간을 내어 믿어야 하는 것입니다.

그러다 그는 경질되고 베스도(Porcius Festus)가 후임 총독(60-62년)으로 왔습니다. 그 사이 2년 동안 바울은 가이사랴에 구금되어 있었습니다. 그는 벨릭스의 미제 사건을 다시 거론합니다. 바울이 다시 베스도 총독 앞에 섰을 때에 그에게도 전도하였습니다. 베스도는 바울에게 "네가 미쳤도다"라는 반응을 보입니다(행 26:24). 그렇게 학문이 출중한 바울이 모든 기득권을 포기하면서까지 감옥에 있을 이유가 없다는 것입니다. 그러나 바울은 "내가 참되고 온전한 말을 한다"고 반문했습니다.

유대 종교와 풍습에 대하여 잘 알고 있는 아그립바(Marcus Julius Agrippa II) 왕과 그의 누이 버니게(Bernice)에게는 그들이 알아들을 수 있도록 쉽게 이야기를 했습니다. 그리고 "선지자를 믿느냐"고 믿음을 촉구하였습니다(행 26:27). 아그립바는 "네가 적은 말로 나를 권하여 그리스도인이 되게 하려 하는도다"(행 26:28)라고 도망을 갑니다. 그는 자존심을 내세웁니다. 말을 많이 한다고 능력이 있는 것이 아닙니다. 쉽게 믿는다고 어리석은 사람이 되는 것은 아닙니다. 그러나 바울은 "말이 적으나 많으나 당신뿐만 아니라 오늘 내 말을 듣는 모든 사람도 다 이렇게 결박된 것 외에는 나와 같이 되기를 하나님께 원하나이다"(행 26:29)라고 말했습니다. 바울은 입장을 바꿀 수 있다면, 모면할 수 있다면 더 원할 것이 없다고 하지 않았습니다. 왕이나 총독같이 되기를 원하지 않았습니다. 오히려 왕이나 총독이 자신과 같이 되기를 원했습니다. 믿음의 사람의 자부심입니다. 예수님 믿는 기쁨과 행복이 있어야 전도를 합니다.

바울은 담대하게 말씀을 전하는 반면에 듣는 이들의 반응에는 세상 군상들의 모습이 그대로 드러납니다. 특별히 정치인들은 옳고 그름보다 자기의 이익에 관계된 것이 기준입니다.

벨릭스는 바울에게 돈을 받을까 하여(행 24:26), 유대인의 마음을 얻고자 하여(행 24:27), 베스도도 빌라도처럼 유대인의 마음을 얻고자 하여(행 25:9), 아그립바는 허위의식, 권위의식이 있는 태도(행 26:28)로 바울을 대했습니다.

사실상 아그립바, 버니게, 베스도 삼자가 바울은 "사형이나 결박을 당할 만한 행위가 없다"(행 26:31)라고 결론을 내리고 있습니다. 가이사에게 상소하지 않았다면 석방될 수 있었다고 무죄를 선언합니다(행 26:32). 그러나 소신 있게 행동하지는 않습니다. 왜 바울이 그런 어려움을 무릅쓰고 전하는지 진심을 알려고도 하지 않습니다.

둘째, 바울은 용감하게 대처하였습니다.
그는 자기를 둘러싸고 있는 높고 낮은 수많은 사람들과 수많은 위험과 수없는 고난과 말할 수 없는 오해의 어려운 상황에서도 초지일관 진리를 위하여 담대히 말하고 죽음을 두려워하지 않는 의지를 보였습니다.

"하나님이 우리를 위하시면 누가 우리를 대적하리요"(롬 8:31),

"누가 … 고발하리요"(롬 8:33), "누가 정죄하리요"(롬 8:34), "누가 우리를 그리스도의 사랑에서 끊으리요"(롬 8:35), "우리가 넉넉히 이기느니라"(롬 8:37).

바울은 끝까지 포기하지 않았습니다. 오직 의로우신 재판장 그리스도께서 심판하심을 알았기에 구차하게 피하고자 하지 않았습니다. 대법원 판결이 최종심이 아닙니다. 하나님 앞에 심판이 남았습니다.

결박되어 있는 자가 심문하는 자들에게 이렇게 말하는 것은 참으로 아이러니입니다. 누가 진정 자유인이며, 누가 결박되어 있는지 모르겠습니다.

셋째, 사랑과 온유함으로 핍박자들을 대하였습니다.
이러한 바울의 태도는 예수님과 스데반 집사에게서 배운 것입니다. 그는 처음 그들의 고소를 받았을 때에 "부형들아"(행 22:1)라고 하며 그들을 자신의 형제와 부모로 친근하게 불렀습니다. 그리고 자신의 과거 모습을 그들에게 고백하면서 자신도 다메섹 체험 전에는 그들과 똑같이 예수님과 스데반 등 그리스도인들을 욕하고 핍박했다는 사실을 상기시키며 동질감을 강화시켰습니다. 이제라도 자신처럼 예수 그리스도의 부활을 믿자고 설득하는 것입니다. 그들이 욕하고, 매질을 하고, 가두고, 죽이려고 공모를 해도 바울은 악을 악으로 갚지 않았습니다. 선으로 악을 이겼습니다.

"너희 마음에 그리스도를 주로 삼아 거룩하게 하고 너희 속에 있는 소망에 관한 이유를 묻는 자에게는 대답할 것을 항상 준비하되 온유와 두려움으로 하고"(벧전 3:15).

그는 거듭 반복되는 음해에 대해서도 한결같이 사랑과 온유로 일관하였습니다. 그리고 잘 참아 견디었습니다. 그는 가이사랴 감옥에서만도 2년을 보냈습니다(행 24:27).

3. 예수님은 어떻게 하셨습니까?

"그 날 밤에 주께서 바울 곁에 서서 이르시되 담대하라 네가 예루살렘에서 나의 일을 증언한 것 같이 로마에서도 증언하여야 하리라 하시니라"(행 23:11).

바울이 담대하게, 사랑으로, 주님을 증거할 수 있었던 것은 시종 주님이 그의 곁에 계셔서 그를 응원하셨기 때문입니다. 확실한 보증을 주시는데 "예루살렘"에서 끝나지 않고 로마까지 가서 증거할 확신을 주셨습니다. 그러므로 실제로 유대인들은 여러 번 비밀리에 암살을 계획하였지만 주님께서는 이것들을 다 수포로 만드셨습니다.

하나님이 지켜주셔야지, 사람의 보증은 다 쓸데없는 일입니다. 사람의 인기를 얻어 보려고 뇌물을 쓰고 문제를 해결해 보려고 궁리를 합니다만 그건 얼마 가지 못합니다. 뇌물 좋아하던 벨릭스는 유대에 유혈 충돌이 일어난 일로 총독에서 해임되는 것을 볼 수 있습니다.

바울을 죽이기 전에는 먹지도 마시지도 않겠다고 맹세한 유대인 결사대 40여 명이 바울을 노립니다. 천부장은 호위하는 로마 군대 보병 200명, 기병 70명, 창병 200명을 동원하여 바울을 보호합니다(행 23:23). 그런데 이 군대보다도 주님은 더 위대한 힘이 있습니다. 사명을 완수할 때까지 하나님은 바울을 지켜주십니다.

저들이 자신들의 입을 통하여 바울이 무죄임을 선언하게 하십니다(행 26:31-32).

27
구원의 여망

[9]여러 날이 걸려 금식하는 절기가 이미 지났으므로 항해하기가 위태한지라 바울이 그들을 권하여 [10]말하되 여러분이여 내가 보니 이번 항해가 하물과 배만 아니라 우리 생명에도 타격과 많은 손해를 끼치리라 하되 [11]백부장이 선장과 선주의 말을 바울의 말보다 더 믿더라 [12]그 항구가 겨울을 지내기에 불편하므로 거기서 떠나 아무쪼록 뵈닉스에 가서 겨울을 지내자 하는 자가 더 많으니 뵈닉스는 그레데 항구라 한쪽은 서남을, 한쪽은 서북을 향하였더라 [13]남풍이 순하게 불매 그들이 뜻을 이룬 줄 알고 닻을 감아 그레데 해변을 끼고 항해하더니 [14]얼마 안 되어 섬 가운데로부터 유라굴로라는 광풍이 크게 일어나니 [15]배가 밀려 바람을 맞추어 갈 수 없어 가는 대로 두고 쫓겨가다가 [16]가우다라는 작은 섬 아래로 지나 간신히 거루를 잡아 [17]끌어 올리고 줄을 가지고 선체를 둘러 감고 스르디스에 걸릴까 두려워하여 연장을 내리고 그냥 쫓겨가더니 [18]우리가 풍랑으로 심히 애쓰다가 이튿날 사공들이 짐을 바다에 풀어 버리고 [19]사흘째 되는 날에 배의 기구를 그들의 손으로 내버리니라 [20]여러 날 동안 해도 별도 보이지 아니하고 큰 풍랑이 그대로 있으매 구원의 여망마저 없어졌더라 [21]여러 사람이 오래 먹지 못하였으매 바울이 가운데 서서 말하되 여러분이여 내 말을 듣고 그레데에서 떠나지 아니하여 이 타격과 손상을 면하였더라면 좋을 뻔하였느니라 [22]내가 너희를 권하노니 이제는 안심하라 너희 중 아무도 생명에는 아무런 손상이 없겠고 오직 배뿐이리라 [23]내가 속한 바 곧 내가 섬기는 하나님의 사자가 어제 밤에 내 곁에 서서 말하되 [24]바울아 두려워하지 말라 네가 가이사 앞에 서야 하겠고 또 하나님께서 너와 함께 항해하는 자를 다 네게 주셨다 하였으니 [25]그러므로 여러분이여 안심하라 나는 내게 말씀하신 그대로 되리라고 하나님을 믿노라 [26]그런즉 우리가 반드시 한 섬에 걸리리라 하더라 행 27:9-26

사도행전 27-28장은 로마에 이르는 긴 항해일지를 소상하게 기록하고 있습니다. 몇몇 학자들은 실제로 바울이 항해하였던 항로를 따라 항해해 보고 누가의 정확한 기록에 놀라움을 금치 못하였습니다. 그는 왜 이렇게 항해일지를 사도행전 마지막에 길게 기록하고 있을까요? 물론 27장부터 "우리가"로 시작하는 것을 보아 그는 직접 같은 배를 타고 갔으므로 정확하게 보는 것들을 기록할 수 있었을 것입니다. 그렇다고 해도 왜 배에서 당하는 어려움들로 연속되는 항해일지를 썼을까요?

누가는 인생을 항해에 비유하여 생각했음이 확실합니다. 그는 그들이 당한 항해에서 우리가 인생을 사는 동안 당하는 모든 것을 종합적으로 체험하고 있습니다. 역시 인생은 망망한 바다를 항해하는 배와 같다 하겠습니다. 가다 보면 순풍에 돛을 달고 잘 나아가는 때도 있습니다(행 27:13). 바람이 거스를 때도 있습니다(행 27:4). 생각보다 더디 가는 때도 있습니다(행 27:7). 그러다가 유라굴로와 같은 광풍을 만나(행 27:14) 이리저리 방향을 잃고 헤매며 살 소망까지 끊어지는 시련을 당하고 어두움과 절망 가운데 있을 때도 있습니다. 갖은 고생을 하며 자지 못하고, 먹지 못하고, 가지고 있던 모든 것을 송두리째 바다에 쳐 넣고 겨우 자기의 목숨 하나만 부지할 수도 있습니다. 아니면 배와 함께 파선할 수도 있습니다. 이것이 인생항해인 것입니다.

당신의 인생 항해는 어떻습니까? 순풍에 돛을 달고 있습니까? 시속 몇 노트로 항해를 하고 있습니까? 혹시 배 멀미는 안 납니까? 바람에 거슬려 풍랑이 일어 지금 정체 상태에 있지는 않습니까? 아니면 유라굴로 광풍이 불어 극심한 고난 중에 있습니까?

바울과 일행은 로마에 가서도 복음을 전하기를 소원하였는데, 드디어 로마로 가는 배를 타게 됩니다. 그러나 가기는 가지만 자유의 몸이 아니라 미결수의 몸으로 가이사 앞에서 재판을 받기 위하여 병사들에 의해 로마로 압송되는 상황입니다. 호송 책임자는 백부장 율리오(Julius)입니다.

아드라뭇데노 배를 타고 시돈, 구브로, 길리기아, 밤빌리아, 무라에서 알렉산드리아 배로 갈아타고 배는 여러 날 만에 살모네 그레데 해안을 지나 미항에 도착합니다. 이제 다시 항해를 시작하려고 할 때에 바울은 백부장에게 미항에서 겨울을 지나고 출발할 것을 조언하였습니다. "내가 보니 이번 항해가 하물과 배만 아니라 우리 생명에도 타격과 많은 손해를 끼치리라"(행 27:10). 바울은 닥칠 어려움을 경고하였습니다. 그러나 선장과 선주는 그 항구에서 겨울을 보내기가 불편하므로 그레데 해안을 따라 가면 뵈닉스까지 갈 수 있으니 그곳에서 겨울을 나자고 하였고, 배에 타고 있는 많은 사람들이 그 의견에 찬성하였습니다(행 27:9-12). 그들도 그때가 항해하기에 위험한 시기라는 것을 알고 있었지만 편리하게 겨울을 나기 위해 그 항해를 강행했던 것입니다. 일시적인 편리함을 위해 행동을 하고 있는 것입니다. 바울의 의견은 무시되었습니다. 백부장이 볼 때 바울은 일개 죄인의 몸으로 끌려가는 하찮은 사람(노예보다도 못한)에 불과합니다. 선장과 선주는 항해의 전문지식을 가지고 있을 뿐 아니라 그 지역을 여러 번 항해한 경험을 가지고 있었으므로 사람들은 그들의 말을 더 신뢰하였습니다. 더구나 출발하자는 사람들이 절대다수였으므로 "백부장이 선장과 선주의 말을 바울의 말보다 더 믿더라"(행 27:11)고 했습니다. "믿더라"(페이도)는 '설득되다', '끌리다'라는 뜻입니다.

이 말이 좀 불안하게 들리지 않습니까? 무슨 복선을 깔고 있는 것 같지 않습니까? "백부장이 선장과 선주의 말을 바울의 말보다 더 믿더라." 하나님의 말씀(성령)보다 자기의 경험과 지식, 전문가의 말을 더 믿더라.

우리 가운데도 "내가 백부장이라도 항해 전문가인 선장의 말을 들었을 것"이라고 말할 사람이 많을 것입니다. 요사이 전문가를 좋아하는데 바다의 전문가는 선장이 아니라 바다와 바람을 창조하시고 다스리시는 하나님입니다. 모든 지각에 뛰어난 하나님을 경험하려면 지식과 경험을 초월한 믿음의 선택을 해야 합니다.

더구나 인생을 지으신 하나님은 인생항해에 전문가이십니다. 그러므로 하나님의 말씀을 들어야 합니다. 제일 신뢰할 수 있는 사람은 하나님과 가까운 사람, 즉 기도 많이 하는 사람입니다. 하나님의 말씀이 표준이 되어야 합니다.

베드로가 예수님 만나고 인생이 변화되었던 기적은 어부이면서도 밤새 고기 한 마리 못 잡았을 때 일어났습니다. 예수님이 깊은 곳에 가서 그물을 내리라 하셨을 때, 자기의 전문가적 식견과 경험은 접어두고 "말씀에 의지하여" 순종할 때 능력을 체험했습니다. 좌우지간 인생항로가 평탄하려면 하나님의 말씀대로 따라야 하고 기도 많이 하는 사람 말을 따라가야 합니다. 그러므로 남편이라고 주장하지 말고 가정의 배의 키를 기도 많이 하는 사람이 쥐어야 합니다. 인생의 모든 문제들, 가정 상황, 자녀 교육, 사업, 건강, 무엇이든지 전문가를 찾기 전에 하나님을 찾으시고 하나님의 응답을 받도록 노력하십시오. 그것이 배의 파선을 미연에 방지하는 것입니다. 하나님에게 먼저 묻지 않는 것이 죄입니다. 말씀대로 순종하지 않으면 환난이 옵니다.

어쨌든 그들은 항해를 강행하였고 얼마간 잘 나가다가 유라굴로라는 광풍(태풍)을 만나게 되었습니다. 우리가 경험하다시피 아무리 과학이 발달했다고 해도 자연의 재해를 당해 낼 재간이 없습니다. 미국에서 빈번히 일어나는 토네이도, 지진도 그렇고, 지구촌 곳곳에서 일어나는 자연재해 앞에 인간은 속수무책입니다.

바다에서 광풍이 불고, 배는 정처 없이 흔들리고, 여러 날 동안 해와 별을 볼 수 없는 캄캄한 밤이 지속된다면 온통 공포에 싸이고 말 것입니다.

20절에 보니 모두 다 "구원의 여망"이 없어졌습니다. 사람들은 이런 지경을 만나면 자신의 참된 모습을 비로소 보게 됩니다. 자기 혼자 살려고 수를 쓰는 이기적인 사람도 보게 됩니다. 배를 가볍게 하기 위해 그동안 소중하게 여기던 모든 물건을 바다로 던지는 모습도 나옵니다. 14일 동안 죽음의 공포에서 아무것도 먹지 못하고 사경을 헤매는 형편도 나옵니다.

유영만이 쓴 「끈기보다 끊기」에서는 어니스트 섀클턴을 가장 위대한 탐험가라고 말하고 있습니다. 그는 1914년 8월 27명의 대원을 이끌고 남극대륙 횡단에 나섭니다. 그런데 6개월 후 1915년 1월, 150km 남기고 실패했습니다. 탐험선은 떠다니는 얼음덩이에 갇혀 움직이지 않았고 암흑과 추위에 떨어야 했습니다. 그는 대원들에게 "살아남는 데 필요한 것만 빼고 모든 물건을 버려라. 각자 소지품은 일 인당 2파운드(907g)으로 제한한다"라고 했고, 결국은 탐험선도 포기했습니다. 경제 빙하기에는 끈기(grit)로 버티는 것이 아니라 항복을 선언하는 끊기(quit)가 필요하다는 것입니다. 인생의 위기 앞에 견디기보다는 하나님께 항복 선언을 하고 나가야 합니다.

요나서에 보면 풍랑이 일었을 때 제각기 자신의 신을 부르며 살기 위해 아우성을 쳤습니다. 예수님의 제자들은 예수님을 옆에 모시고도 그 좋던 믿음은 다 어디로 가고 죽음의 불안에 휩싸였습니다. 믿음의 진가는 광풍이 불 때 나타납니다. "너희 믿음이 어디 있느냐?" 요한 웨슬리가 미국 조지아 주에 선교사로 갔다가 돌아올 때 대서양을 횡단하여 영국으로 돌아오는 배가 큰 풍랑을 만나자 그는 비록 목사요, 선교지에서 오는 몸이지만 죽음의 공포에 아무것도 못하고 안절부절못하였습니다. 그런데 배 한편에서 평화스럽게 찬양을 하는 모라비안 교도들을 보고 충격을 받았습니다. 그 전에는 무식하게 믿는다고 생각했던 모라비안 교도들입니다. 나도 저들과 같은 하나님을 믿고 있는데, 왜 나는 이 풍랑 속에서 저들과 같은 확신이 없는 것인가? "당신은 하나님을 아십니까?"

　기독교에서 말하는 평안은 무엇을 의미합니까? 어떤 화가들이 마음의 평안을 어떻게 화폭에 담아 볼까 하고 의논하던 중, 한 사람은 깊은 골짜기에 맑고 잔잔한 은빛 호수를 그렸다고 합니다. 그런데 다른 사람은 정반대로 물보라를 일으키며 우렁차게 절벽을 향해 떨어지는 폭포수를 그리고 그 폭포 옆 자작나무 위에 둥지를 짓고 물에 흠뻑 젖은 채 가만히 앉아 노래를 부르는 종달새 한 마리를 그렸답니다. 어떤 것이 마음의 평안을 더 잘 그렸습니까? 아무래도 후자인 것 같습니다. 전자는 비가 더 오고 바람이 불고 천둥이 치면 바로 깨지고 말 평화입니다. 일시적이고 사라질 수 있는 불안한 평화입니다. 그러나 후자는 폭풍과 풍랑 속에서도 누릴 수 있는 평안, 바로 기독교가 말하는 평안입니다. 제가 화가라면 풍랑을 만난 배에서 베개를 베고 주무시는 예수님의 모습을 그렸을 것 같습니다.

　어떻게 이 인생길에서 당하는 유라굴로 광풍에도 평안을 유지할 수 있으며 구원의 여망을 가질 수 있습니까?

　이 유라굴로 광풍은 인생길을 사노라면 정도의 차이는 있어도 누구에게나 다가오는 것입니다. 그렇기 때문에 예수님도 풍랑을 잔잔케 하시고, 풍랑 위를 걸어오시는 주님으로 표현되어 있습니다.

　가정에 유라굴로 태풍이 붑니다. 사업에 건강에 교회에…. 어떻게 그 속에서도 평안을 유지할 수 있으며, 구원의 여망을 가질 수 있습니까?

바울의 경고의 말을 듣지 않고 항해를 강행하여 어려움에 봉착하였지만 바울은 그들을 비난하고 있지 않습니다. 경고를 듣지 않아 당한 일이라도 이제는 수습을 위해 방책을 제공하고 있습니다. 태풍을 만나 모든 희망을 포기한 저들에게 바울은 소망을 불어 넣고 격려를 하고 있습니다. 미결수로 끌려가는 몸이었지만 바울의 영적 지도력이 드러나고 있습니다. 위기 가운데 위인이 나타납니다. 바울은 같은 배를 타고 있는 276명에게(굉장히 큰 배였던 것 같습니다) "안심하라"고 여러 번 말씀을 전하는데(22, 25, 34, 36절) 무슨 근거로 안심하라는 것입니까?

1. 하나님의 말씀 때문입니다

23절에 바울은 지난밤에 하나님의 말씀을 받았다고 합니다. 그 혼란 중에 바울은 하나님께 기도를 하였고 응답을 받았습니다. 다른 사람들은 폭풍 소리, 파도 소리, 빗소리, 아우성밖에 못 들었는데, 바울은 지난밤에 하나님의 말씀을 들었습니다. 하나님께서 "두려워 말라"고 하셨습니다. 그러므로 두려워할 필요가 없고 안심입니다. 나는 하나님께 속해 있기 때문입니다. 내가 누구인가도 중요하지만 내가 누구에게 속했는가는 더 중요합니다. 나는 하나님의 것이라는 정체성입니다. "나의 속한 바" 소속이 분명한 사람은 확신을 가질 수 있습니다. 하나님께서 같이 행선하는 275명의 생명을 다 바울에게 맡겨 주셨다고 했습니다. 요나의 경우에는 한 사람 때문에 다른 사람들도 죽을 뻔했는데, 이번에는 의로운 바울 하나님의 사람 하나 때문에 나머지 275명의 죄인이 구원을 받게 되는 것입니다. 군목훈련 받을 때 교회 여선교회에서 목사님들 수고하신다고 떡, 과일, 고기를 잘 차려서 위문을 오셨는데 같은 특별간부훈련생 중에 법사, 신부, 법무관, 간호사, 회계사, 한의사가 함께 있었습니다. 목사님들만 따로 부를 수 없어서 다 같이 먹게 되니 다른 사람들이 "목사님들 덕에 잘 먹었습니다" 하면서 훈련 중에도 깍듯이 목사님 대접을 한 적이 있습니다.

본문에서 바울 덕택에 저들이 죽을 몸에서 살게 되니 바울을 어떻게 대접했겠습니까? 하나님의 사자로 대하게 되니 바울이 배에 오를 때는 한낱 죄수의 몸으로 천대하고 그의 말을 믿지 않다가, 유라굴로 광풍을 만난 후로는 그 배에서 백부장, 선주, 선장이 바울의 말씀에 따라 움직입니다(31절). 사공들이 도망하려 할 때 바울의 말을 따라 거룻줄을 끊어 도망하지 못하게 하고(32절), 먹지 못하는 무리들을 권하여 먹게 하고(34-36절), 백부장은 바울을 귀하게 여기고(43절)…. 하나님의 말씀을 받은 사람은 풍랑 속에서도, 죄수의 몸으로도 평안을 소유할 수 있으며 남들을 구원할 수 있습니다.

2. 풍랑 속에도 사명을 자각할 때 평안이 옵니다

바울은 자신의 목적지를 분명히 알고 있었습니다. 이전에 사도행전 23장 11절에 나오는 대로 바울은 '로마에도 하나님의 말씀을 증거'하게 되리라는 사명을 알고 있었고 이번에 다시 '가이사 황제 앞에 서게 될 것'을 재차 듣게 됩니다(행 27:24). 그러므로 바울은 배가 파선하여 바다로 빠지는 것이 아니라 결국 로마에 들어가서 하나님의 말씀을 전하게 되는 사명을 확신하고 있습니다. 이전에 바울이 죽을 고비를 많이 넘기면서도 아직까지 살아있는 것은 그의 목숨이 질기기 때문이 아니라 그의 사명이 질기기 때문입니다. "나의 사명이 다 할 때까지 나는 결코 죽지 않는다." 하나님께 받은 사명이야말로 나의 유라굴로의 광풍을 이길 수 있는 위대한 힘입니다.

주님은 우리에게 잔잔한 곳에서만 항해하도록 보장해 주지 않으시지만 한 가지 확실한 것은 우리의 목적지, 우리의 소원의 항구에 결국 닿게 해주신다는 사실입니다. 이 결과적인 확신은 모든 과정을 극복할 수 있는 힘의 원천입니다. 그것이 사명입니다. 목적이 이끄는 삶입니다.

3. 바울의 확신은 하나님을 믿는 믿음에서 왔습니다

"나는 내게 말씀하신 그대로 되리라고 하나님을 믿노라"(25절). 구원의 여망이 다 없어진 그 순간에도 그는 "나는 하나님을 믿노라"라며 역경 중에 있는 모든 자에게 구원과 소망을 설교하였습니다.

바울은 배의 성능을 믿는다고 하지 않았습니다. 날씨가 호전될 가능성을 믿는다고 하지 않았습니다. 백부장의 지도력을 믿는다고 하지 않았습니다. 선장의 경험과 능력을 믿는다고 하지 않았습니다. "하나님을 믿는다"라고 말했습니다.

내 인생 항해의 선장은 오직 주님이시기 때문입니다. 내 영혼의 돛과 닻을 주님께 믿음으로 내리고 있다는 것입니다. 그렇습니다. 주님은 풍랑을 잔잔케 하며, 우리의 믿음을 통하여 역사하시는 분이십니다.

바울은 캄캄한 밤중에 있는 자들에게 소망의 빛을 전하였습니다. 여기서 바울은 하나님의 선지자로 그들을 충고하고, 위로하고, 강하게 하고, 믿게 하였습니다. 물론 실제적인 조언도 하였습니다. 이들은 로마까지 7개월 이상을 함께 지내게 되었는데 바울은 하나님의 종으로서 그들을 위한 사역을 감당하였습니다.

풍랑 만난 것이 그들에게 유익이 되었습니다. 이로써 그들이 하나님을 경험하게 되었습니다.

사도행전 27장 35절에 보면 바울은 마치 성찬식을 하는 것과 같은 방식으로 떡을 가져다가 축사하고 떼어 나누어 주는 것을 볼 수 있습니다. 절망과 죽음을 이기고 부활의 승리를 주신 하나님께 감사하는 성찬입니다.

바울의 믿음은 구원을 받고 미리 하나님께 감사하는 확신 있는 믿음이었고 그 믿음으로 모든 자가 구원의 은혜를 받게 되었습니다. 그들은 바울로 인해 멜리데 섬에서 후하게 대접을 받고 먹을 것을 얻어 배에 실었습니다(행 28:10).

확신 있는 믿음은 어떠한 상황 속에도 평안을 가져다주며 결국 구원의 여망이 없어 보이던 항해에서 "구원을 얻게" 됩니다.

이로써 말씀을 듣지 않고 항해하다가 죽음에 봉착하는 위험과, 다시 말씀에 의지하여 구원을 얻는 영적인 항해도 말해 주고 있습니다.

바울 때문에 배에 탄 모든 사람이 구원을 받고, (바울을 로마에 보내려는 하나님의 뜻으로 그 배에 탄자들을 구원해 주심으로.) 바울 때문에 죄수들이 구원을 받았습니다. (바울을 살릴 목적으로 백부장이 죄수들을 죽이는 것을 막음으로.) 바울은 죄수의 몸으로 끌려가면서도 남을 구원하는 삶을 산 것입니다.

백부장, 선장, 선원만이 아니라, 로마시민, 군인, 상인, 로마시민, 여행객, 죄수 등 다양한 사람들 276명이 배에서 동고동락하며 7개월을 함께 보냈으니 배에서 내릴 때에는 생사를 함께한 형제자매가 되었을 것입니다. 이것은 노아의 방주를 보는 것 같고, 움직이는 교회를 보는 것 같습니다. 교회는 항해하는 아쿠아 교회입니다.

28
사도행전 29장을 향하여

²³그들이 날짜를 정하고 그가 유숙하는 집에 많이 오니 바울이 아침부터 저녁까지 강론하여 하나님의 나라를 증언하고 모세의 율법과 선지자의 말을 가지고 예수에 대하여 권하더라 ²⁴그 말을 믿는 사람도 있고 믿지 아니하는 사람도 있어 ²⁵서로 맞지 아니하여 흩어질 때에 바울이 한 말로 이르되 성령이 선지자 이사야를 통하여 너희 조상들에게 말씀하신 것이 옳도다 ²⁶일렀으되 이 백성에게 가서 말하기를 너희가 듣기는 들어도 도무지 깨닫지 못하며 보기는 보아도 도무지 알지 못하는도다 ²⁷이 백성들의 마음이 우둔하여져서 그 귀로는 둔하게 듣고 그 눈은 감았으니 이는 눈으로 보고 귀로 듣고 마음으로 깨달아 돌아오면 내가 고쳐 줄까 함이라 하였으니 ²⁸그런즉 하나님의 이 구원이 이방인에게로 보내어진 줄 알라 그들은 그것을 들으리라 하더라 ²⁹(없음) ³⁰바울이 온 이태를 자기 셋집에 머물면서 자기에게 오는 사람을 다 영접하고 ³¹하나님의 나라를 전파하며 주 예수 그리스도에 관한 모든 것을 담대하게 거침없이 가르치더라 행 28:23-31

드라마를 보면 1막, 2막, 3막… 계속되는데, 그 막은 ACTS입니다. 사도행전은 영어로 Acts라고 표기하는데, Acts는 28장에서 끝나지 않고 계속됩니다.

사도행전은 일반서신 형태로 시작했지만 끝맺음 인사 대신 "하나님의 나라를 전파하며 주 예수 그리스도에 관한 모든 것을 담대하게 거침없이 가르치더라"라는 말로 끝납니다. 누가는 미종

결 상태로 마무리를 하는 셈입니다. 바울이 로마에서 가이사에게 재판을 받는 광경, 바울이 순교하는 것에 대한 언급이 없습니다. 누가가 사도행전을 기록할 때 바울의 순교를 알고 있었다고 하더라도 이렇게 종결을 지었을 것입니다. 거기에 누가의 깊은 뜻이 있습니다. 누가복음은 예수님의 죽음과 부활에 대한 기사로 완결을 보였다 할지라도 사도행전은 바울의 죽음으로 끝을 맺지 않습니다. 사도행전의 주인공은 바울이 아니기 때문입니다. 사도행전은 어떤 인물이 중심이 아니라 "땅 끝까지" 이르는 복음의 확장이 중심 시각이었기 때문입니다. 사도행전을 "땅 끝까지" 증거되는 복음의 관점과 교회의 역사로 이해한다면 바울의 죽음도 과정입니다.

복음서도 예수님의 죽음으로 끝나지 않고 예수님이 죽음 가운데 부활하심으로 새로운 역사를 예고하고 있었습니다. 사도행전 28장을 보아도 바울의 마지막 재판이나 순교로 끝나지 않습니다. 어떻게 보면 바울이 로마에 이르기까지의 숱한 역경은 많이 기록했으면서도 진작 로마에 도착한 후에는 자세하게 기록하지 않습니다. 그곳에서 바울이 어떻게 설교를 했다든지, 가이사 앞에서 어떻게 변론을 했다든지, 어떤 과정을 거쳐 놓임을 받았다든지 기록을 하지 않습니다. 로마에 기독교가 어떻게 확장되었는가 하는 일련의 기사를 다 생략한 채 바울이 로마에 죄수의 몸으로 들어가 2년여 동안 머물면서 집에 감금된 상태로 찾아오는 이들에게 복음을 전파했다는 기사로 28장을 맺고 있습니다. 이것은 앞으로 있을 많은 역사에 대한 복선입니다. 계속되는 말씀 전파에 대해 언급하는 끝맺음은 사실상 끝맺는 것이 아니라 29장으로 계속된다는 의미를 담고 있습니다. 신학적으로 사도행전은 "open ending"(열린 결말)이라고 불립니다.

사도행전을 기록한 누가는 데오빌로에게 보내는 보고서 형식의 편지에서 1부 누가복음은 예수님의 행적을 중심으로, 2부 사도행전은 성령님의 인도하심을 따라 움직이는 사도들의 행적을 기록하고 있습니다. 그리고 당연히 3부는 우리에 의해 기록되어야 합니다.

그렇다면 우리가 기록해야 할 사도행전 29장에는 어떤 것들이 언급되어야 할 것인가를 생각해 보게 됩니다. 그것은 아무래도 1부 복음서와 2부 사도행전에서 보아온 것들의 연장선상에 놓여야 할 것입니다. 전혀 다른 이야기로 바뀌어 지난 이야기와 단절되면 같은 버전(version)의 연속이라고 볼 수가 없습니다. 영화 후편 만드는 것과 같은 이치이지요. 주인공이나, 스토리 구성이나, 메시지에서 연속성이 있어야 합니다.

시대와 상황, 인종, 문화, 언어, 지역은 다를 수 있으나 최소한 네 가지 것은 반드시 연속성을 지녀야 합니다. 이것은 어떻게 보면 사도행전 전체의 요약이라고도 볼 수 있습니다. 초대교회로 돌아가자는 말을 많이 합니다만 어떻게 그때로 다시 돌아갈 수 있겠습니까? 그때 교회의 본래적인 모습을 재현하는 것이 바로 초대교회로 돌아가는 운동이라고 할 수 있습니다. 사도행전의 교회는 당시의 사회를 송두리째 변화시켰습니다. 우리는 사도행전적, 선교지향적 교회가 되어야 합니다. 교회가 쓸 사도행전 29장에는 다음의 것들이 있어야 합니다. 이것은 사도행전 어느 장을 보든지 공통적으로 발견되는 것들입니다.

1. 성령님의 역사가 있어야 합니다

사도행전은 시작부터 성령행전입니다. 사도행전은 예수님이 승천하시면서 성령강림에 대해 예언하신 것부터 시작됩니다.

> "예루살렘을 떠나지 말고 내게서 들은 바 아버지께서 약속하신 것을 기다리라 … 너희는 몇 날이 못되어 성령으로 세례를 받으리라"(행 1:4-5).

그러므로 사도들의 행전은 성령강림절 이후에 시작됩니다. 교회의 시작도 오순절 성령강림으로 말미암습니다. 성령으로 교회가 탄생되었습니다. 성령님이 주인공이십니다. 예루살렘의 오순절에서 사마리아의 오순절, 에베소의 오순절로 이어집니다. 그리고 사도행전은 성령님이 베드로를 통해 역사하시고, 스데반, 빌립 집사를 통해 역사하시고, 바나바, 바울을 통해 역사하시고, 교회를 통해 역사하시는 성령님의 역사입니다. 사람은 바뀌어도 동일한 성령님께서 여러 가지 모양으로 나타나십니다. 그러므로 사도행전을 읽으면서 베드로, 바울, 스데반, 빌립, 바나바 같은 인물이 뛰어난 것을 배우고, 그들이 행한 위대한 일의 업적을 나열한다면 아직 볼 것을 제대로 보지 못한 것입니다. 그들이 주인공이 아닙니다. 그들을 통해 역사하시는 성령님을 보아야 합니다. 주인공은 언제나 성령님 한 분이십니다. 여기에 동원된 모든 하나님의 사람들은 보이지 않는 성령님의 역사를 보여 주기 위하여 쓰임 받는 사람들입니다. 그러므로 성령님은 어떤 사람을 불러 쓰시며, 어떻게 역사하시는지가 우리의 초점이 되어야 합니다.

이제 사도행전 29장은 베드로도 가고, 바울도 가고, 빌립도 갔지만, 그것이 문제가 되지 않습니다. 바로 내가 성령님의 파트너가 되어 성령님이 하시는 일을 드러내는 것입니다.

성령님의 역사는 능력을 동반하고 있습니다. 모든 참된 능력의 원천은 성령님입니다. 성령의 능력을 받고 (땅 끝까지 이르는) 비전과 (증인 되라는) 사명이 필요합니다. 사도행전 1장 8절에 보면 "성령"이 임하시면 너희가 "권능"을 받는다고 하였습니다. 초대 성도와 같은 성령님의 역사를 믿고 받아들이십시오. 능력 있는 신앙생활은 성령님을 받을 때 가능합니다. 성령님의 능력이 은사로 나타납니다. 축복은 우리 안에 들어오시는 하나님이고, 능력은 우리에게서 나가는 하나님이십니다.

바울은 멜리데에서 불을 피우다가 독사에 물렸습니다. 처음에 원주민들은 그가 살인한 자라 바다에서는 살아나왔지만 공의가 그를 심판하는 것이라고 말했습니다. 그러나 시간이 지나도 상처가 붓지도 않고 바울이 죽지 않는 것을 보고 이번에는 신으로 받들 정도였습니다(행 28:1-6). 사실 성령님이 함께하시면 신적인 역사가 나타납니다. 그들의 상식을 뛰어넘는 역사를 보여 줍니다. 그 섬의 높은 사람 보블리오의 부친이 열병과 이질로 사경을 헤매는데 바울이 안수 기도하여 고치는 능력도 나타납니다. 수없이 많은 사람이 고침을 받음으로 후하게 대접을 받고 떠날 때 배에 쓸 것을 잔뜩 채워 주는 일이 있었습니다(행 28:7-10). 지금도 성령님은 믿는 자들에게 동일하게 역사하십니다. 병든 자에게 손을 얹고 기도하면 병이 낫고, 불식간에 독을 마셔도 죽지를 않습니다. 예수님은 제자들에게 뱀과 전갈을 밟으며 원수들을 제어할 권세를 준다고 말씀하셨습니다(눅 10:19).

성령님의 인도하심을 따라 나아가십시오. 성령님이 이끌어 가는 생활을 해야 됩니다. 성령님은 나갈 길을 가르치시며, 길을 열어 주시기도 하고, 다른 길로 나가도록 길을 막기도 하십니다. 성령의 인도하심을 따라 나가고, 멈추고, 돌아서십시오. 성령님은 선교사로 파송하시고(안디옥), 만나야 할 사람을 만나도록 전도의 길로 인도하십니다(마케도니아, 고넬료). 성령님의 인도하심을 구하고 따르십시오.

2. 말씀의 증인이 되어야 합니다

성령님의 역사도, 사도행전의 역사도 말씀 증거의 역사입니다. 땅 끝까지 증인이 되는 비전이 이끌어 간 교회가 바로 사도행전이었습니다.

"예루살렘과 온 유대와 사마리아와 땅 끝까지 이르러 내 증인이 되리라"(행 1:8).

흩어진 전도자들의 이야기, 목숨 바쳐 증언한 사람들, 1차, 2차, 3차 전도여행이 사도행전입니다. 증인과 순교자(martyr)는 동일한 어원을 가지고 있습니다. 사실 초대교회 시절에 증인이 되는 것은 순교자를 의미했습니다. 스데반이 증거하다가 순교했고, 바울의 선교여정이 그랬고, 모든 제자의 사역이 그랬습니다. 죽기까지 말씀을 증거하는 것입니다.

돌에 맞으면서도, 매를 맞으면서도, 옥에 갇혔을 때에도, 재판을 받을 때에도, 죽음을 당할 때에도 말씀을 전파했습니다. 시장에서도, 회당에서도, 가정에서도, 감옥에서도, 길에서도, 재판정에서도, 태풍이 치는 배 안에서도 복음을 전파했습니다. 그러므로 어느 때든지, 어느 곳에서든지 복음을 전했습니다.

"너는 말씀을 전파하라 때를 얻든지 못 얻든지 항상 힘쓰라"(딤후 4:2).

예루살렘에서 로마까지 복음이 전파되는 과정을 보는 것은 정말 꿈같은 이야기입니다. 그러나 그러한 꿈이 이루어지는 과정이 구체적으로 기록되어 있습니다. 이것은 기적입니다. 그러나 거기에서 끝나지 않습니다. 예수님은 땅 끝까지 이른다고 말씀하셨기 때문입니다. 로마는 땅 끝이 아닙니다. 아직 땅 끝까지 전파되지 않았으므로 사도행전은 계속되고 있습니다. 그것이 ACTS 29입니다. 사도행전은 예루살렘과 온 유대와 갈릴리와 사마리아, 안디옥, 마케도니아, 에베소와 소아시아 그리고 마침내 로마까지의 여정을 기록하고 있습니다. 이제는 로마를 교두보로 하여 사도행전을 읽는 사람들이 나가야 할 차례인 것입니다.

본문 28장에서도 바울은 감금당한 상태에서 사람들이 찾아오니 아침부터 저녁까지 "강론"하며, "증거"하고, "권면"했습니다. 물론 전파하는 내용은 "하나님 나라"와 "예수 그리스도"였습니다. 23절은 "바울이 아침부터 저녁까지 강론하여 하나님의 나라를 증언하고 모세의 율법과 선지자의 말을 가지고 예수에 대하여 권하더라"라고 했습니다. 31절에도 "하나님의 나라를 전파하며 주 예수 그리스도에 관한 모든 것을 담대하게 거침없이 가르치더라"라고 했습니다. 그런데 "금하는 사람"이 없었다고 했습니다. 방해받음 없이 "담대하게 거침없이" 증거하는 것이 사도행전의 마지막 단어입니다. 저항할 수 없는 복음의 힘입니다. 방해받음 없이 담대하게 전하는 하나님 나라가 복음의 능력입니다. 이것을 우리가 이어 나가야 하는 것입니다. 이것이 사도행전의 핵심입니다. "하나님의 나라와 예수그리스도"를 담대하게 증거하는 것입니다.

> "그들이 날마다 성전에 있든지 집에 있든지 예수는 그리스도라고 가르치기와 전도하기를 그치지 아니하니라"(행 5:42).

이 복음은 오늘도 어떠한 방해에도 중단 없이 계속되어야 하는 것입니다. 바울은 2년 동안 가택 감금 상태에 있으면서도 하나님의 말씀 증거의 일을 계속했습니다. 바울은 이때 일을 회상하며 "내가 당한 일이 도리어 복음 전파에 진전이 된 줄을 너희가 알기를 원하노라"(빌 1:12)라고 했습니다. 바울은 옥중에서 에베소서, 빌립보서, 골로새서, 빌레몬서를 썼습니다. 모두 다 예수님에 대한 증언입니다.

이것이 "이스라엘의 소망"(행 28:20)이요, 이 땅에 사는 모든 이들의 참된 소망입니다. 세상에 많은 가르침과 소식이 있지만 생명을 주는 기쁜 소식은 오직 하나님의 말씀뿐입니다.

말씀을 전하는 것과 기도에 전념하는 것이 사도행전적 교회입니다. 우리 교회는 재활성화되어야 합니다. 다시 복음으로 불타올라야 합니다. 전통적인 교회일수록 생동감이 부족합니다. 현 상태에 안주합니다. 말씀을 전하는 교회가 되어야 합니다.

3. 성도의 교제가 있어야 합니다

바울은 비록 죄수의 몸으로 로마에 끌려오게 되지만 믿는 형제들이 소식을 듣고 40마일이나 되는 트레이스 타베르네(삼관)까지 마중을 나왔습니다(15절). 바울은 저들을 보고 "하나님께 감사하고 담대한 마음을 얻었다"고 했습니다. 바울이 그냥 절로 바울이 된 것이 아닙니다. 성도들의 사랑과 격려가 있었기 때문입니다. 바울만 보아도 스데반, 아나니아, 바나바, 아굴라와 브리스길라, 실라,

디모데 같은 동역자들이 있었습니다.

사도행전 2장 43-47절은 초대교회 모습을 보여 주고 있는데 더불어 살아가며, 필요를 따라 내 것, 네 것 없이 서로 물질도 나누어 주고, 마음도 같이하고, 모이기를 힘쓰고, 음식도 나누어 먹고, 서로 위하여 기도해 주고, 남을 나보다 낫게 여겼습니다. 섬기는 마음, 사랑하는 마음, 겸손한 마음, 받아들이는 마음(이해), 상부상조가 넘쳐 (불신자들에게) 칭찬받는 교회가 되었습니다. 하나님 앞에 남는 삶은 누리는 것보다 나누고 섬기는 삶입니다.

예루살렘 교회는 이방 교회를 위한 배려를 하고, 안디옥 교회는 모교회 예루살렘 교회가 어려움을 겪을 때 구제헌금을 모아 보내고 각 지역으로 선교사를 보내었습니다.

교회 안에 가난한 자, 과부를 구제하고, 이방인들과 구별도 없애고, 남녀, 주인과 종, 배운 자와 못 배운 자 모두 공동체의 사귐과 나눔과 섬김과 치유가 있었습니다.

4. 교회의 확장이 있어야 합니다

사도행전에서 여러 번 읽을 수 있는 말씀은 "주께서 구원 받는 사람을 날마다 더하게 하시니라"(행 2:47, 행 16:5; 19:20 참고)입니다. 많이 모여 있는 교회보다 계속 자라는 교회가 더 좋습니다. 생명력이 있다는 말씀입니다. 생명력이 있는 교회는 자라게 되어 있습니다.

탐스럽게 잘 자란 과일과 채소를 보면 농부가 얼마나 보람이 있었을까 생각해 봅니다. 비록 많은 돈을 벌지 못한다고 해도 농부들은 땀 흘린 농작물의 수확에서 보람을 느끼지 않을까 생각을 합니다. 그래서 돈이 안 되는 농사를 또 짓지 않나 싶습니다. 농사를 짓는 이유가 돈 때문만은 아니라고 생각합니다. 예수님은 하나님 나라를 씨 뿌리는 것에 비유하셨습니다. 때로 돌밭에도, 길가에도 뿌려지지만 밭만 탓하지 말고 많이 뿌려야 합니다. 많이 뿌려야 많이 납니다. 또 하나님의 나라를 누룩에 비유하셨습니다. 누룩 하나가 온 떡을 부풀게 하지 않습니까? 생명력입니다.

예루살렘에서 온 유다와 사마리아 그리고 소아시아와 그리스 로마까지 번져갑니다. 바울이 바라던 로마까지 교회가 확장되고 결국 그가 그곳까지 가게 되었는데, 바울은 결박당한 채 그곳에 가게 될 줄은 몰랐을 것입니다.

28장 24절에도 '믿는 자'가 더했습니다. 물론 믿지 않는 사람도 있습니다. 이렇게 미결수의 몸으로 셋방에서 말씀을 가르치기 시작했는데, 결국 250여 년이 지나 로마 제국이 기독교를 국교로 공인하는 역사로 발전하게 됩니다. 바울이 전한 복음이 로마 제국을 송두리째 바꿔 버린 것입니다. 바울은 이것을 알았을까요? 이스라엘의 소망이 온 인류의 소망이 된 것입니다.

사도행전은 다른 교회, 특별한 사람들의 이야기가 아니라 우리 교회, 성도들의 모범으로 읽어야 합니다. 사도행전의 역사는 과거의 역사가 아니라 오늘 우리에게 일어난 역사입니다. 사도행전도 시작에 예수님이 하신 일 "하나님 나라의 일을 말씀하시니라"와

끝에 바울 사도가 했던 일 "하나님의 나라를 전파하며"가 같습니다. 우리도 마찬가지입니다.

    성령님이 주인공인 교회, 증언이 목적이 된 교회, 안으로 사귐이 있는 교회, 밖으로 확장되는 교회를 위해 "담대하게(용감하게) 거침없이(방해 없이)" 나가야 하겠습니다.

사도행전, 삶으로 읽다
ⓒ 한기채, 2023

1판 1쇄 인쇄 2023년 12월 15일
1판 1쇄 발행 2023년 12월 20일

지은이　　한기채
발행인　　조애신
편집　　　이소연
디자인　　임은미
마케팅　　전필영, 권희정
경영지원　전두표

발행처　　도서출판 토기장이
주소　　　서울시 마포구 동교로 71-1 2F
출판등록　1998년 5월 29일 제1998-000070호
전화　　　02-3143-0400
팩스　　　0505-300-0646
이메일　　tletter77@naver.com
인스타그램　togijangi_books_

ISBN　　　978-89-7782-513-0

- 이 책은 저작권 법에 따라 보호를 받는 저작물이므로 무단 전재와 무단 복제를 금합니다.
- 이 책의 전부 또는 일부를 이용하려면 반드시 저자와 도서출판 토기장이의 동의를 받아야 합니다.

도서출판 토기장이는 생명 있는 책만 만듭니다.
"우리는 진흙이요 주는 토기장이시니 우리는 다 주의 손으로 지으신 것이니이다" (이사야 64:8)